suhrkamp taschenbuch 831

Helm Stierlin, geboren 1926, studierte Philosophie und Medizin in Heidelberg, Freiburg und Zürich. Von 1957 bis 1974 arbeitete er als Psychiater und Psychotherapeut hauptsächlich in den Vereinigten Staaten. In der Zeit von 1966 bis 1974 betrieb er klinische Forschung am National Institute of Mental Health in Bethesda, und zwar mit den Schwerpunkten Schizophrenie, Psychopathologie der Adoleszenz sowie Familientherapie. Seit Herbst 1974 ist er an der Universität Heidelberg als Leiter der Abteilung für psychoanalytische Grundlagenforschung tätig. – Wichtige Veröffentlichungen: *Conflict and Reconciliation. A Study in Human Relations and Schizophrenia*, 1968; *Das Tun des Einen ist das Tun des Andern*, 1971; *Separating Parents and Adolescents*, 1974; *Adolf Hitler. Familienperspektiven*, 1975; *Eltern und Kinder im Prozeß der Ablösung*, 1975.

Das Kernelement der Delegation ist das Loyalitätsband, das Delegierende und Delegierte – hier meist Eltern und Kinder – miteinander verbindet. Verschiedenste, aus der Psychiatrie bekannte Störungen lassen sich als Folge und/oder Ausdruck entgleister Delegationsprozesse verstehen, z. B. Überforderungen durch elterliche Aufträge, Überforderung durch Auftrags- und Überforderung durch Loyalitätskonflikte.

Themen des ersten Teils sind u. a.: Rolle und Auftrag in der Familientheorie und -therapie; Innerer Besitz und Zwang zur Wahrheit; Übertragung und Gegenübertragung im Lichte der Familientherapie und -theorie. Die Kapitel des zweiten Teils behandeln auf der Basis des Delegationskonzepts die Theorie und Therapie schizophrener Störungen. Der dritte Teil schließlich befaßt sich mit der Thematik von Befreiung und Selbstzerstörung im kreativen Prozeß, den Konflikten des Einzelnen, der Familie und der Gesellschaft sowie den psychologischen und familiendynamischen Hintergründen des Terrorismus in der Bundesrepublik Deutschland.

Helm Stierlin
Delegation und Familie

*Beiträge zum Heidelberger
familiendynamischen Konzept*

Suhrkamp

Umschlagbild: Alberto Giacometti, Projet pour un livre III, 1951
Fondation Maeght, Saint-Paul
Photo Claude Gaspari, © 1982 Copyright
by A.D.A.G.P., Paris, & COSMOPRESS, Genf

suhrkamp taschenbuch 831
Erste Auflage 1982
© Suhrkamp Verlag Frankfurt am Main 1978
Suhrkamp Taschenbuch Verlag
Alle Rechte vorbehalten, insbesondere das
des öffentlichen Vortrags, der Übertragung
durch Rundfunk und Fernsehen
sowie der Übersetzung, auch einzelner Teile.
Druck: Nomos Verlagsgesellschaft, Baden-Baden
Printed in Germany
Umschlag nach Entwürfen von
Willy Fleckhaus und Rolf Staudt

Inhalt

Vorwort 7

Theoretische Perspektiven

1. Kapitel
»Rolle« und »Auftrag« in der Familientheorie
und -therapie 11
2. Kapitel
Innerer Besitz und Zwang zur Wahrheit:
psychoanalytische und Familienperspektiven 37
3. Kapitel
Familientherapeutische Aspekte der Übertragung
und Gegenübertragung 60
4. Kapitel
»Familienpsychosomatik« 78

Schizophrenie und Familie

5. Kapitel
Überlegungen zur Entstehung schizophrener
Störungen 105
6. Kapitel
Schizophrener Konflikt und/oder Defekt 121
7. Kapitel
Einzel- versus Familientherapie schizophrener
Patienten: ein Ausblick 132

Kreativität und Destruktivität: Konflikte des Einzelnen, der Familie und der Gesellschaft

8. Kapitel
Befreiung und Selbstzerstörung im kreativen Prozeß . 145
9. Kapitel
Der mißlungene Dialog und seine Folgen 164

10. Kapitel
Familienterrorismus und öffentlicher Terrorismus . . 186

Literaturverzeichnis 247
Quellenangaben 256

Vorwort

Die Arbeiten dieses Bandes – sie alle entstanden während der letzten drei bis vier Jahre – behandeln unter anderem die Beziehungen zwischen Psychoanalyse, Familientheorie und -therapie, die Schizophrenie (oder besser das, was wir gewöhnlich Schizophrenie nennen), das Wesen des Dialogs, sowie Kreativität, Selbstzerstörung und Terrorismus. All diese Themen verbindet die Klammer einer Theorie: das Heidelberger familiendynamische Konzept.
Der Begriff der Delegation, der im Titel des Bandes erscheint, kennzeichnet nur eine der vier in diesem Konzept enthaltenen und im folgenden untersuchten Hauptperspektiven. Dennoch ist seine Bedeutung zentral. Denn vor allem an diesem Begriff zeigt sich die Brisanz eines familien- und beziehungsdynamischen Paradigmas, das, so meine ich, eine neue Sicht eröffnet, unser Krankheitsverständnis tiefgreifend verändert und die psychotherapeutische Praxis revolutioniert. Gerade der moderne Terrorismus, dem mit herkömmlichen Verstehensmodellen kaum beizukommen ist, bietet sich als Test für die Erklärungskraft eines solchen Konzeptes an.
Da die Kapitel des Buches als in sich geschlossene Einzelarbeiten entstanden, ließen sich auch bei der Überarbeitung einige Wiederholungen und Überschneidungen nicht ganz vermeiden. Dafür bitte ich den Leser um Entschuldigung.
Um sich das Ganze systematisch anzueignen, empfiehlt sich die Lektüre in der vorgezeichneten Kapitel-Reihenfolge. Ein Einstieg ist aber auch bei den drei letzten mehr anschauungs- und gegenwartsbezogenen Kapiteln – über Befreiung und Selbstzerstörung im kreativen Prozeß, den gescheiterten Dialog und den Terrorismus – möglich.
Die in diesem Buch entwickelten Ideen kristallisierten sich im ständigen Austausch mit den Mitgliedern unseres Heidelberger Teams – Ingeborg Rücker-Embden-Jonasch, Norbert Wetzel, Michael Wirsching, Gunthard Weber, Barbara Wirsching – denen ich hiermit danken möchte. Weitere wichtige Personen, denen ich für ihre Hilfe und Anregung verpflichtet

bin, wurden bereits in der Einleitung zu »Das erste Familiengespräch« (von H. Stierlin, I. Rücker-Embden, N. Wetzel, M. Wirsching) genannt, in dem das Heidelberger familiendynamische Konzept zusammengefaßt ist. Hier bleibt daher nur noch eine Person zu erwähnen, von der ich besonders viel gelernt habe und der ich besonders viel verdanke: Satu Stierlin, meine Frau, Freundin, enge Mitarbeiterin und ebenfalls Teammitglied.

Theoretische Perspektiven

1. KAPITEL

»Rolle« und »Auftrag« in der Familientheorie und -therapie

In der Entwicklung der Sozialwissenschaften hat ein Konzept eine ständig wachsende, ja paradigmatische Bedeutung erlangt: das der sozialen *Rollen;* ich verweise unter anderem auf die Arbeiten von G. H. Mead (1956), M. Weber (1925), T. Parsons (1951), R. Dahrendorf (1964), E. H. Richter (1968) und J. Spiegel (1971). Stärker wohl als jedes andere verbindet zudem dieses Konzept die Sozialtheorie mit der psychiatrischen Praxis. Und hier war es vor allem in der Familie als Forschungs- und Behandlungsproblem, wo sich die theoretischen und klinischen Belange, so wie sie in diesem Konzept artikuliert sind, begegnen.

Im folgenden will ich das Rollenkonzept im Lichte meiner eigenen Erfahrungen als Familienforscher und -therapeut betrachten. Ich möchte es mit einem Teleskop vergleichen, das, je nach seiner Einstellung und Brennweite, enthüllt, aber auch verbirgt. Damit will ich sagen, daß das Rollenkonzept, so wie es heute verwendet wird, vieles Wesentliche nicht erfaßt, oder richtiger, unerklärt läßt. Ich werde dann ein anderes Konzept vorlegen, das mir geeignet erscheint, unseren Gesichtskreis zu erweitern: das der »Mission« oder »Beauftragung«.

Zunächst seien einige wesentliche Züge und Implikationen des Rollenkonzepts umrissen.

KLASSIFIZIERENDE DYNAMISCHE BETRACHTUNGSWEISE

Man kann bei der Verwendung des Rollenkonzepts zwei Ansätze unterscheiden: den klassifizierenden und den dynamischen Ansatz.

Der erste inventarisiert und ist der Linnéschen Methode in der Naturkunde vergleichbar. Der zweite, mehr der Darwinschen Methode verwandt, untersucht, wie sich Rollen entwickeln, ändern, miteinander – wie auch mit den Systemen, denen sie dienen – in Harmonie oder Disharmonie stehen.

Die Klassifizierung der sozialen Rollen ist nicht einfach. Menschliche Gesellschaften bringen im Laufe ihrer Entwicklung immer mehr – formale wie auch informelle – Untersysteme und Institutionen hervor: so die Familie, die Kirche, den Staat, die Altersgruppen, Schulen, Berufsorganisationen und viele andere. In all diesen Gruppierungen haben die einzelnen Mitglieder der Gesellschaft Rollen zu übernehmen. So spielt z. B. jeder, der der gegenwärtigen westdeutschen Gesellschaft angehört, nebeneinander und gleichzeitig Rollen als Staatsbürger, Mitglied seiner Kirchengemeinde, seine Geschlechtsrolle als Mann oder Frau, seine Rolle als Vater oder Mutter, Ehegatte, Kind seiner Eltern, seine Berufsrolle, seine Rolle als Mitglied des Elternbeirats in der Schule, als Wähler, Sportler usw., um nur einige wenige zu nennen. Je nach Art der Mitgliedschaft sind einige der Rollen klar umrissen und definiert, andere nicht; einige sind zentral, andere randständig; einige sind stabil, andere instabil; zu einigen bekennt er sich bewußt, andere weist er von sich usw. Um diesen Komplex überschaubar zu machen, hat man u. a. zwischen formalen und informellen, zugeschriebenen und wirklich übernommenen, legitimen und illegitimen, impliziten und expliziten Rollen unterschieden. Alle diese Rollen sind miteinander verflochten, überschneiden sich und stehen nicht selten in Konflikt miteinander.

Wenn wir dagegen die dynamische Perspektive anlegen, konzentrieren wir uns zunächst auf die Frage, wie bestimmte Rollen, z. B. von Eltern-Kind, Mann-Frau usw., einander bedingen und ergänzen. Zweitens erkennen wir einen Interaktionsprozeß oder eine Beziehungsdialektik, worin die Rollen aufleben oder untergehen. Die handelnden Personen beeinflussen einander dabei wechselseitig. Die einen weisen mittels Erwartungen, Sanktionen, Manipulierung anderen ihre Rollen zu (oder unterlassen das, indem sie ihren Part nicht spielen) – man könnte sie Rollengeber nennen; die anderen übernehmen die Rollen (oder lehnen sie ab), erlernen sie (oder weigern sich, sie zu lernen), internalisieren (oder externalisieren) sie, absorbieren sie in ihre persönliche Motivation (oder verdrängen sie daraus) – nennen wir sie die Rollen-Empfänger. Aber Rollengeber und Rollenempfänger können, je nachdem, um welche Rollen es sich handelt, ihre Plätze tauschen und dadurch die Beziehungs-Dialektik weiter komplizieren.

Drittens wird beim dynamischen Vorgehen untersucht, wodurch die Rollen für das Individuum (den Rollenempfänger) wie auch für das System, dem es untersteht, funktionsfördernd oder -hemmend, harmonisch oder disharmonisch werden können.

Je genauer wir die Rollen und die Systeme, an die sie gebunden sind, definieren, um so besser können wir ihre Entwicklung, ihr Zusammenspiel und ihre Konflikte erfassen. Dies zeigt sich besonders, wenn wir uns dem System zuwenden, dem diese Studie speziell gewidmet ist: der Familie.

FAMILIE UND ROLLEN

Aus zwei Gründen ist hier die Familie besonders augenfällig. Erstens sind die Familienbeziehungen im großen und ganzen der enge Kanal, durch den die Kernrollen der Gesellschaft an die neu eintretenden Mitglieder weitergeleitet werden. Mit anderen Worten: Die Familie ist der wichtigste Sozialisierungs- – d. h. rollen-induzierende – Arm der Gesellschaft, denn sie entwirft, lehrt oder verstärkt die grundlegenden Geschlechts-, Eltern-, Kind-, Ehepartner-, Alters- und anderen Rollen. Sie bewirkt die Erziehung des Kindes und formt die für sein Leben entscheidenden Berufsrollen.

Dies sind die sogenannten formalen Rollen, die mehr oder weniger »natürlich« mit dem anatomischen Geschlecht, dem Alter, der Lebensstellung usw. des Individuums übereinstimmen, die jedoch nichtsdestoweniger eine subjektive Bereitschaft und Einwilligung verlangen; und eben dafür sorgt die Familie. Wenn diese fehlen, wenn z. B. ein Mann sich wie eine Frau fühlt und verhält oder ein alter Mensch wie ein Kind, dann droht dem sozialen System Anomie und dem Individuum psychische Störung.

Zweitens ist die Familie, die diese Sozialisierungsaufgaben übernimmt, selbst ein komplexes System, das seinen Mitgliedern Sinnhaftigkeit, Sicherheit und lebenswichtige Befriedigungen verschafft. Dementsprechend hat sie ihre eigene komplizierte Rollenstruktur, die mit ihren Sozialisierungsfunktionen harmonisieren oder in Konflikt stehen kann.

So bietet die Familie ein vielfältiges Rollen-Panorama dar. Es waren besonders T. Parsons und R. Bales (1955), die dieses Bild entworfen und dabei sowohl die klassifizierende als auch die dynamische Perspektive angelegt haben. Da ihr Werk paradigmatisch erscheint und ich meine Kritik besonders bei ihm ansetze, will ich kurz darauf eingehen.

Unter dem Aspekt der Klassifizierung definieren Parsons und Bales diejenigen Familienrollen, die ihrer Meinung nach die Rollenstruktur der amerikanischen Familie begründen und gleichzeitig deren Sozialisierungsfunktionen vermitteln. Hier interessiert besonders ihre Unterscheidung zwischen instrumentalen und expressiven Rollen. Unter dem zweiten, dynamischen Aspekt begriffen Parsons und Bales den Sozialisierungs-, d. h. rolleninduzierenden Prozeß in der Familie im Sinne eines psychoanalytischen Modells: Dieser Prozeß erfordere einerseits Eltern, die als Angehörige einer bestimmten Gesellschaft modellhaft handeln und Belohnungen bzw. altersspezifische Sanktionen (z. B. orale Befriedigungen, die gewährt oder verweigert werden) benutzen, um ihre Kinder gemäß den Vorbildern dieser Gesellschaft zu erziehen, und er erfordere andererseits Kinder, die (z. B. durch Internalisierung) auf solche Modelle und auf die Erziehungsmaßnahmen der Eltern im gewünschten Sinne reagieren. Der Sozialisierungsprozeß hängt also u. a. vom Ausgang der einzelnen Entwicklungsphasen (z. B. der oralen, analen, ödipalen Phase), von der Ich- und Überich-Reifung, vom Vorhandensein und von der Art der elterlichen Modelle, von ihren Belohnungen und Strafen ab. Mit Hilfe dieses theoretischen Modells untersuchten die Autoren dann, wie die notwendigen rolleninduzierenden und rollen-aufrechterhaltenden Prozesse in der Familie entgleisen und damit zu individueller, familiärer und sozialer Pathologie führen können.

T. Lidz et al. (1965) verwendeten Parsons' und Bales' Ideen, um gestörte Familien näher zu untersuchen. Vor allem bei Familien mit schizophrenen Kindern zeigten diese Autoren, daß der Sozialisierungsprozeß, d. h. der rolleninduzierende Prozeß entgleist, wenn die Eltern als Modelle versagen und ihre Kinder die lebenswichtigen Rollen nicht lehren. So beschrieben diese Autoren, wie Eltern, deren Kinder später schizophren wurden, ihre Söhne und Töchter massiv zu ihren Vertrauten, Verbündeten oder Quasi-Liebsten machten und dadurch störend in deren angemessene Alters-, Geschlechts- und sonstigen Rollenentwicklungen eingriffen. Dies führt zu einem spezifisch schiefen oder undifferenzierten Rollenpanorama der Familie, in dem die zwischenmenschliche Dialektik auf den Kopf gestellt erscheint. D. Jackson (1959) und andere Untersucher, die mit solchen Familien arbeiteten, zeichneten ein scheinbar entgegengesetztes Bild – eines mit zu streng und scharf differenzierten Rollen, das sich ihnen als eine »Familien-Homöostase« enthüllte. Wie ich jedoch an anderer Stelle (1974) gezeigt habe, schließen diese beiden Panoramen sich gegenseitig nicht aus, denn gerade die Überspanntheit der einzelnen Familienmitglieder, ihre Verwirrung und Unsicherheit bezüglich ihrer Rollen kann sie veranlassen, sozusagen nach rückwärts auszuweichen und sich in übermäßig einschränkenden und fast unveränderbaren Rollen zu verschanzen. L. Wynne et al. (1958) haben in der Folge Familiendramen der Pseudogemeinschaft und Pseudofeindseligkeit beschrieben, die eben solche eingefrorenen Homöostasen unter einem anderen Blickwinkel sichtbar machen.[1]

WEITERE ENTWICKLUNGEN DER FAMILIEN-ROLLENTHERAPIE

Als im Laufe der Zeit mehr Familien untersucht worden waren, wurde die klassifizierende und die dynamische Perspektive erweitert und das Familienrollen-Panorama als noch komplizierter erwiesen.
So fand man, daß sehr oft ein Widerspruch zwischen manifesten und verdeckten Rollen bestand, so wenn Kinder wie El-

---

[1] Auch wo das Homöostase-Konzept kritisiert wurde – z. B. durch Ackermann (1958), Wynne (1972), Stierlin (1974) –, ist sein heuristischer Wert nicht bestritten worden.

tern und Eltern wie Kinder behandelt wurden. Im ersteren Fall sprechen wir von Parentifikation, im zweiten fehlt noch eine geeignete Bezeichnung. Parentifikation kommt z. B. in vielen Familien mit mißhandelten Kindern vor, weil die Eltern hier den Kindern die Rolle von Eltern zuweisen, die sie, die eigentlichen Eltern, emotional nähren und trösten müssen. Wenn die Kinder dem nicht nachkommen, werden sie von den Eltern geschlagen.

Ferner erkannte man verschiedene informelle Rollen, wie die des Clowns, des starken Mannes (oder der starken Frau), des Führers, des Kriminellen, des Vermittlers, des Kranken, des Opfers oder des Folterknechts. Diese Rollen haften jedoch nicht unbedingt nur an einem einzelnen Familienmitglied, sie können vielmehr wie in einem Spiel den Platz wechseln. So kann z. B. die Krankenrolle in Gestalt depressiver Symptome von der Mutter über die Tochter zum Vater und wieder zurück zur Mutter wandern. Oder der Vater kommt mit dem Gesetz in Konflikt, verläßt die Familie, macht undurchsichtige Geschäfte, begeht Unterschlagungen etc., während gleichzeitig der bis dahin delinquente Sohn »zur Vernunft« kommt.

Diese Erkenntnisse – daß verdeckte Rollen manifesten widersprechen können und daß Rollen in einer Familie »zirkulieren« können – hat in der Folge die Richtung der Familientheorie und -praxis beeinflußt.

SPIEGELS THEORIE DER ROLLENKONFLIKTE

J. Spiegel (1971) baute auf der ersteren Entdeckung auf; er beschrieb die intrapsychischen und zwischenmenschlichen Konflikte, die in der Koexistenz von verdeckten und manifesten oder, wie er sagt, expliziten und impliziten Rollen angelegt sind. Solche Konflikte gestalten nach Spiegel die zwischenmenschliche Dialektik von Rollengebern und Rollenempfängern. Dabei beleuchtet Spiegel den Kampf, den jeder Versuch einer Rollenänderung entfesselt. Er unterschied besonders zwischen Rollen-Modifikation, Rollen-Induktion und Rollen-Dislokation. Wenn die Konflikte relativ milde sind, kommt es häufig zu einer Rollen-Modifikation, die mittels Verhandlung und Kompromiß in einem »liebevollen Ringen« erreicht wird. Wenn die Konflikte ernst sind, ist der Kampf härter, und die Positionen polarisieren sich, sobald ein Partner versucht, dem anderen gewisse Rollen aufzuoktroyieren oder sie ihm zu entreißen. Typischerweise ruft jede Technik (oder Strategie) des Rolleninduzierens eine Gegentechnik hervor nach der Formel »Herrsche oder werde beherrscht«. So ruft die von Spiegel beschriebene Technik der Rollen-Induktion, die er coartierend (»mit dem anderen Schindluder treiben«) nennt, die Gegentechnik des Trotzes hervor; die Technik des Überredens (Manipulierens mittels Belohnungen, die gleich angeboten oder für die Zukunft versprochen werden) erzeugt eigensinniges Festhalten; hohe Bewertung (seine dritte Technik) ruft Verneinung, Maskierung (die vierte Technik) Demaskierung und Aufschub (die fünfte und letzte Technik) Provokation hervor. Ein analoger Kampf entbrennt, wenn die Partner versuchen, die Rollen zu dislozieren, entweder durch Austausch, Verlagerung oder Schwächung der Rollen. Rollenverlagerungen z. B. seien »hochwichtig bei vielen der komplizierten, auf immer andere Ebenen ausweichenden Abwehrprozessen, die zwischen Arzt und Patient in der Psychotherapie vor sich gehen« (S. 137), aber genauso wichtig sind sie natürlich in der Familie. Das gilt auch für das, was Spiegel »Rollen-Minderung« nennt, worunter er folgende Vorgänge versteht: Ausschluß-Beschränkung auf Reservate, Absonderung, Zermürbung, die alle eine »Verminderung der Zahl der für das Glied des betreffenden Rollensystems erreichbaren Rollen und eine Verarmung der Qualität dieser Rollen« bedeuten (S. 137).

In der Therapie benutzt Spiegel mit Vorliebe die Strategie der Rollen-Modifikation, die Verhandlung und Versöhnung voraussetzt; er verwendet weniger gern die Techniken von Rollen-Induktion und Rollen-Dislokation, welche die Partner in Gegenpositionen festnageln. Die Gegner versuchen dann, einander zu kontrollieren und zu überlisten, und das endet oft in Sackgassen und Polarisierung. Wenn dies geschieht, empfiehlt Spiegel die Einschaltung eines dritten Partners als Mittler. Wenn der Mittler objektiv und fair ist, kann er die festgefahrenen Parteien zu einem Kompromiß bewegen, ähnlich wie es in Arbeitskämpfen zwischen Unternehmern und Gewerkschaften geschieht. Auf dem Gebiet der seelischen Gesundheit kann der Mittler ein Psychiater, ein Sozialarbeiter oder anderer Angehöriger der helfenden Berufe sein.

Systematisches zur Rollenänderung

Die zweite Erkenntnis: daß (informelle) Rollen in der Familie zirkulieren können, führte dazu, daß die Familienforscher sich auf etwas andere Erscheinungen als die von Spiegel beobachteten zu konzentrieren begannen. Vor allem betrachteten sie andere Systemaspekte der Rollenänderung und fragten: Bedeuten Rollenverschiebungen in der Familie – z. B. der Kranken- oder Delinquentenrolle, wie oben erwähnt – tiefere Systemänderungen? Die Antwort lautete in den meisten Fällen: nein. Obwohl die Rollen anders verteilt waren, zeigte sich bei näherem Hinsehen, daß sich sonst wenig geändert hatte, die Mitglieder der betreffenden Familie nach wie vor eingeengt, ihre Wahrnehmungen unverändert waren und die alten Spiele, sich gegenseitig die Schuld zuzuschieben, ein Familienmitglied zum Sündenbock zu machen usw. weitergingen. Wohl hatte sich eine Veränderung innerhalb des Systems ereignet, aber das System als solches war das alte geblieben. Daher wandte sich die Aufmerksamkeit zunehmend Rollenänderungen zu, die tiefere – wenn man will, strukturelle – Systemveränderungen herbeiführten, bei denen also gänzlich neue Rollen, ein grundsätzlich anderes System auftraten.

Um hier theoretisch und praktisch voranzukommen, mußte die Forschung den Unterschied zwischen Veränderungen *innerhalb eines* Systems und solchen *des* Systems herausarbeiten. Dies gelang meines Erachtens vor allem P. Watzlawick et al. (1967), die, gestützt auf die Arbeiten von G. Bateson et al. (1956), M. Erickson (1967) und anderen, eine z. T. mathematisch begründete Gruppentheorie entwarfen. Danach unterschieden sie Veränderungen erster und zweiter Ordnung und erarbeiteten eine differenzierende Phänomenologie und deren Implikationen. Ich zitiere:

»Die Gruppentheorie gibt uns ein Denkgerüst hinsichtlich der Art der Veränderung, die in einem selbst invariant bleibenden System vor sich gehen kann; dagegen beschäftigt sich die Theorie der logischen Typen nicht mit dem, was innerhalb einer Klasse, d. h. bei deren Mitgliedern, vor sich geht, sondern liefert einen Rahmen für die Betrachtung der Beziehungen zwischen dem Individuum und seiner Klasse sowie der spezifischen Metamorphose, die einer Verschiebung von einem logischen Niveau zum nächsthöheren entspricht. Wenn wir diese grundlegende Unterscheidung zwischen den beiden Theorien annehmen, so folgt, daß es zwei Typen von Veränderung gibt: eine, die innerhalb eines gegebenen Systems vor sich geht, das selbst unverändert bleibt, und eine, durch welche sich das System selbst ändert. Man kann diesen Unterschied auch behavioristisch ausdrücken: Ein Mensch, der einen Alptraum hat, kann im Traum mancherlei tun: fortlaufen, sich verstecken, kämpfen, schreien, von einer Klippe herunterspringen usw., aber durch keine dieser Aktionen wird sein Alptraum beendet. *Diese Art von Verhaltensänderungen soll von nun an Veränderung erster Ordnung genannt werden.* Der einzige wirkliche Ausweg aus dem Alptraum ist der Übergang vom Zustand des Träumens in den des Wachseins, also das Aufwachen. *Diese Art von Veränderung soll von nun an als Veränderung zweiter Ordnung bezeichnet werden.«* (S. 10–11)
Solche Veränderungen zweiter Ordnung hängen, wie die Autoren des weiteren zeigen, davon ab, daß eine Meta-Perspektive erreicht, d. h. eine Position oder ein Gesichtspunkt außerhalb des betreffenden Systems gewonnen wird. Wenn es sich folglich um eine therapeutische Veränderung handelt, dann muß diese Meta-Perspektive einen Ort zu manipulativer Intervention bieten, einen Ort, der die Möglichkeit gibt, nicht nur die Rollen neu zu verteilen, sondern die bestehenden Rollen dauerhaft zu verändern und zu erweitern.
G. Bateson et al. (1956), J. Haley (1973), S. Minuchin (1974), P. Watzlawick et al. (1974), M. Selvini-Palazzoli (1974) und andere haben die Grundlagen solcher manipulierender Intervention erarbeitet und mit Beispielen belegt: Der Therapeut »verschreibt das Symptom«, redefiniert seine Bedeutung, rüt-

telt auf, gibt wohlmeinende Gegenbefehle, kurz, interveniert, um das System »aus den Angeln zu heben«. Um erfolgreich zu sein, muß er das Positive hervorheben, muß er energisch, aktiv, erfinderisch und auf das eingestimmt sein, was der betreffende Patient und die Familie darbieten; die ständig wachsende Literatur über strategische und strukturierende Therapien gibt dafür Beispiele genug.

Wenn wir die beiden soeben dargestellten Richtungen in der Familien-Rollentherapie vergleichen – die von J. Spiegel und die von den Befürwortern strategischer und strukturierender Therapien vertretene –, so sehen wir, daß sie vieles gemeinsam haben. Beide konzentrieren sich – wenn auch von verschiedenen Ausgangspunkten her – darauf, wie die zwischenmenschliche Dialektik von Rollengeber und Rollenempfänger veröden und entgleisen kann. Für Spiegel bedeutet das ein Patt im Machtkampf zwischen polarisierten Rollenpartnern; die Vertreter strategischer Therapien sprechen von einem eingefrorenen, d. h. sich nicht mehr ändernden System. Um den toten Punkt zu überwinden und zugleich mit dem System die Rollen zu verändern, bedarf es jeweils eines neuen Ausblicks und eines neuen Anfangs durch eine Intervention von außen, außerhalb des Systems, die durch einen Vermittler als dritter Partei, z. B. den strategisch intervenierenden Therapeuten beigebracht werden.

ENTGLEISUNG DES SOZIALISIERUNGSPROZESSES

Mit den oben skizzierten Entwicklungen der Familienrollen-Theorie im Sinn, wenden wir uns nun wieder dem Sozialisierungsprozeß, d. h. dem sich in Familien abspielenden Prozeß zu, in dem entscheidende Geschlechts-, Alters-, Berufs- und andere Rollen gelehrt und zugewiesen werden. Wir sind jetzt in der Lage, die Entgleisungen dieses Prozesses besser zu verstehen. Der Prozeß entgleist, wenn das Familiensystem zu idiosynkratisch, zu schwach verankert oder zu konfliktreich ist, um seine Funktion der Sozialisierung, d. h. der Rollenzuweisung zu erfüllen. Er entgleist vor allem dann, wenn die Zuweisung bestimmter, besonders der informellen Familienrollen – z. B. der Rolle des Kranken oder des Sündenbocks – mit der Vorbereitung des Kindes auf die formaleren Rollen interferiert, die die größere Gesellschaft für es absteckt und fordert.

Marvin und seine Familie – ein Beispiel entgleister Sozialisierung

Um eine solche von der Familie induzierte Entgleisung der Sozialisierung zu zeigen, sei hier kurz die Fallgeschichte des Patienten Marvin und seiner Familie dargestellt, die ich mehrere Jahre lang in einer Familientherapie sah. Es seien nur einige der Züge der Beziehungen zwischen dem Patienten und seinen Eltern, vor allem der Mutter mitgeteilt, die für den hier verfolgten Zusammenhang wichtig sind.
Marvins Familie – nennen wir sie Schultz – bestand aus den Eltern, beide Mitte der vierzig, und zwei Kindern, dem Sohn und der etwas jüngeren Tochter, beide Anfang zwanzig. Frau Schultz, schlank, aber vollbusig (sie hatte sich mittels Silicon die Brust vergrößern lassen), war schön, leicht erregbar und ging, so schien es, ganz in ihrer Familie auf, wobei sie besonders Marvin, ihrem einzigen Sohn, zugewandt war. Herr Schultz, dick und jovial und daher in Sorge um sein Herz und seinen Cholesterolspiegel, betete seine schöne, großzügige Frau an. Die Tochter Mary, College-Studentin, ähnelte ihrer Mutter; auch sie war sexy, robust und gebefreudig; nur Marvin hatte zu der Zeit, als ich ihn sah, scheinbar zu jedermanns Überraschung sich zum Schandfleck und zur Quelle des Kummers der Familie entwickelt, denn sein Leben glich einem Trümmerhaufen. Nach einem vielversprechenden Anlauf hatte er das College verlassen, hatte sich herumgetrieben, sich bizarr und unverantwortlich benommen und war schließlich nach einem Selbstmordversuch in eine psychiatrische Klinik eingewiesen worden. Die Diagnose lautete Schizophrenie des schizo-affektiven Typs. Als er nach etwa zehn Monaten entlassen wurde, versuchte er sich als Angestellter in einem Kaufhaus, hörte aber bald zu arbeiten auf und verzog sich mit einem anderen entlassenen psychiatrischen Patienten in eine

Wohnung, die von seinen Eltern bezahlt wurde. Hier schlief er gewöhnlich bis mittags, saß vor dem Fernseher, onanierte, überließ sich Tagträumen, hatte lange Gespräche mit seinem Zimmergenossen und ging nur gelegentlich ins Kino. Er traf sich nicht mit Mädchen und suchte auch keine neue Arbeit. Nachdem er ein halbes Jahr auf diese Weise verbracht hatte, suchten er und seine Eltern doch noch einmal die psychiatrische Beratung auf, und so kam es, daß ich mit der Familie Schultz zu arbeiten begann.

Störungen in Marvins Rollenentwicklung

Um diesen Fall entgleister Sozialisation zu skizzieren, beschränke ich mich auf diejenigen zentralen Rollen wie die Geschlechts-, Alters- und Berufsrolle, für welche die Familie, als der hauptsächliche Sozialisierungsfaktor der Gesellschaft, die nächste Generation vorzubereiten pflegt. Bei Marvin lag hier offenbar vieles im argen.

Erstens war Marvins Geschlechtsrolle unsicher und undifferenziert, falls nicht schon unnormal: Bis dahin hatte er noch nie aus eigener Initiative eine Verabredung mit einem Mädchen getroffen. Die wenigen Mädchen, mit denen er im letzten Schuljahr ausgegangen war, waren vom aggressiven Typ gewesen, die sich – mit seiner stillschweigenden Billigung – wie Jungen benahmen, während er die Mädchenrolle übernahm. Er hatte immer sowohl heterosexuelle als homosexuelle Kontakte gescheut und es vorgezogen zu onanieren. Hierbei phantasierte er manchmal, er sei ein Mädchen, das der Zudringlichkeit eines Stärkeren zum Opfer fiel, wobei er nicht genau definierte, ob diese stärkere Persönlichkeit männlich, weiblich oder beides war.

Zweitens stimmte etwas mit seiner Altersrolle nicht. Dies hatte mit seinen Körpererlebnissen zu tun; äußerlich war er nun ein junger Erwachsener (obwohl mangels Training schwächlich), während er selbst sich noch immer als einen Adoleszenten erlebte; es hatte aber auch mit seiner Scheu vor Verantwortung zu tun.

Drittens waren seine Vorbereitungen für eine passende Berufsrolle fehlgegangen. Anfangs hatte er sich anscheinend für die Laufbahn eines Musikers entschieden, da er als Kind große Begabung gezeigt hatte und zum Komponisten und Virtuosen bestimmt schien. Nachdem er aber ein Jahr lang an einer Musikakademie studiert hatte, schien seine Begabung versickert zu sein, und er musizierte später nur noch selten. Es war dann von seiner und der Seite seiner Eltern die Rede von einer kaufmännischen Ausbildung zum Bankbeamten, Manager eines Kaufhauses oder dergleichen, aber es kam zu nichts, denn er konnte sich nicht entschließen, auf Stellenanzeigen zu antworten oder sich in Firmen vorzustellen.

Eine andere Einstellung des Teleskops

Welches waren die Ursachen für die Entgleisung der Sozialisierung dieses jungen Mannes? Um hierauf im Rahmen der heutigen Rollentheorien zu antworten, müßten wir die homöostatischen Blockierungen der Familie und die Struktur ihrer informellen Rollen untersuchen. Hierbei müßten wir Erscheinungen wie die Pseudogemeinschaft der Familie Schultz, die eheliche »Rollenumkehrung« (wie von Lidz et al. beschrieben) in Betracht ziehen, die Art und Weise, wie die Familie dem willigen Sohn die Rolle des Kranken und Sündenbocks zuschob und weitere ähnliche Phänomene, die in der Familienliteratur beschrieben werden und die ich in diesem Fall auch beobachtete.

Ich will hier jedoch einmal anders verfahren und auch nicht die oben beschriebenen Behandlungsgrundsätze anwenden, die das Ziel verfolgen, die Rollenstruktur der Familie zu verändern und den Sozialisierungsprozeß wieder ins rechte Gleis zu bringen, wie es sich aus jener Perspektive ergeben würde. Statt dessen will ich eine verwandte, aber doch abweichende Perspektive einführen, die die Grenzen des Rollenkonzepts übersteigt. Es ist das Konzept der »Mission«, der Beauftragung und Sendung.

KENNZEICHEN DES DELEGATIONSPROZESSES

Während das Rollenkonzept vor allem den *Sozialisierungsprozeß* im Auge hat, bezieht sich das Sendungs-Konzept auf den Prozeß der *Delegation*. An anderer Stelle (Stierlin 1973, 1974, 1975) habe ich diesen Vorgang im einzelnen beschrieben, so daß ich mich hier auf eine Kurzfassung derjenigen Einzelzüge beschränken kann, die die Unterschiede der beiden Konzepte herausstellen.

Ein Kind (vorzugsweise ein Jugendlicher), das »delegiert« wird, erhält die Erlaubnis und Ermutigung, aus dem elterlichen Umkreis herauszutreten – aber nur bis zu einem gewissen Punkt. Es wird sozusagen an langer Leine gehalten, und seine Freilassung erfolgt nur bedingt und begrenzt. Eine solche spezielle Bedingung ist bereits in dem ursprünglichen lateinischen Verbum *delegare* enthalten, das erstens aussenden und zweitens mit einer Mission betrauen bedeutet. Letzteres besagt, daß der Delegierte zwar fortgeschickt wird, aber dem Sender verpflichtet bleibt. Das ist nur möglich auf der Grundlage einer starken, obwohl oft unsichtbaren und selektiven Loyalität. Im typischen Falle hat der Delegierte lebenswichtige Aufgaben für seine Eltern zu erfüllen. Es können Aufträge auf der Es-Ebene sein, z. B. wenn der Delegierte Vater oder Mutter mit »Es-Nahrung« versorgt, welche diese aus irgendeinem Grunde sich nicht selbst verschaffen können und daher mittelbar erlangen müssen. Dann erregt das Kind etwa die Phantasie von Vater oder Mutter durch Andeutungen oder auch farbige Beschreibungen seiner Abenteuer – z. B. seiner Sex-Orgien oder Drogen-Parties – und beliefert sie so mit Lusterlebnissen aus zweiter Hand. Oder aber der Delegierte hat Missionen im Ich-Bereich zu erfüllen, z. B. wenn er die Abwehrorganisation seiner Eltern aufrechtzuerhalten hilft, indem er das schwache Ich von Vater oder Mutter zu »schützen« und zu stützen hat, indem er ihnen Konflikte und Ambivalenz erspart. Schließlich kann er auch dem Über-Ich der Eltern zu dienen haben, das sich nach Freud in Ich-Ideal, Selbstbeobachtung und Gewissen aufteilt. Die Mission des Kindes kann sich dann auf einen dieser Aspekte oder auf alle zusammen beziehen.

Wenn es sich um das Ich-Ideal des betreffenden Elternteils handelt, wird das Kind ins Leben hinausgesandt, um die unerfüllten Strebungen von Vater oder Mutter zu verwirklichen, also der berühmte Schauspieler, Forscher, Arzt, Finanzlöwe, die Sportgröße zu werden, d. h. Karrieren zu vollbringen, die diesen selbst unerreichbar waren.

Handelt es sich um die Selbst-Beobachtung und Selbst-Bestätigung der Eltern, so kann es die Mission des Kindes sein, ein Gegenbild der Schlechtigkeit zu liefern. Seine Mission ist dann ähnlich derjenigen der Neger in den Südstaaten, deren weiße Herren ihre eigene, unsichere innere »Überlegenheit« dadurch stützten, daß sie sich durch die angebliche »Minderwertigkeit« ihrer Negersklaven immer wieder bestätigt fanden.

Schließlich kann das Kind vor allem die Aufgabe haben, das überstrenge Gewissen eines Elternteils zu erleichtern, z. B. indem es kriminelle Handlungen begeht und sühnen muß, die jener in der Tat oder der Phantasie auch begangen hat, jetzt aber ableugnet.

Entgleisung des Delegationsprozesses

Der Delegationsprozeß kann, wie ich ferner gezeigt habe, auf ganz typische Weise entgleisen. Erstens können die Aufträge an den Delegierten von der Art sein, daß sie miteinander in Konflikt stehen – so wenn der Sohn der lasterhafte Lieferant lustvoller Erregungen und zugleich ein tugendhafter Student sein soll. In solchen Fällen entgleist der Delegierungsprozeß wegen des Konflikts der Aufträge. Oder seine Missionen können von der Art sein, daß sie ihn schweren Treuekonflikten aussetzen, z. B. wenn er als Delegierter des einen Elternteils beauftragt wird, den anderen herabzusetzen oder zu vernichten. Hier ergibt die Entgleisung sich aus einem Loyalitätskonflikt ähnlich dem des am Rande des Wahnsinns taumelnden Hamlet.

Ferner kann der Delegationsprozeß auf eine andere, im vorliegenden Zusammenhang noch ominösere Weise entgleisen. Um dies zu verstehen, müssen wir uns erinnern, daß »delegare« erstens aussenden und zweitens »betrauen mit einer Mission« bedeutet. Diese zwei Bedeutungen enthalten zwei Möglichkeiten der Paralysierung des Delegierten: wenn er zwar Missionen auferlegt erhält, aber nicht ausgesandt wird, oder wenn er zwar weggeschickt wird, aber keine Mission hat. Wir haben es dann mit Extremen der Beziehung zu tun, die beide den Delegationsprozeß negieren, jedoch auf entgegengesetzte Weise.

Im ersteren Fall, wenn der Delegierte wohl eine Mission erhält, aber nicht ausgesandt wird, bleibt er in den Umkreis der Eltern gebannt. Psychologisch kann ein solches Kind etwa immer das Kleinkind bleiben müssen, das von seinen Eltern infantilisiert wird; oder es muß der unaufhörlichen Selbstbeobachtung der Eltern auf eine Weise dienen, die sein eigenes Wachstum im höchsten Grade behindert. Die Eltern können dieses Kind niemals aus ihrem psychischen Blickfeld entlassen. Oder das Kind bleibt gebunden, weil seine Eltern ihm falsche Definitionen über sich selbst, über seine Gefühle, Bedürfnisse, über das, was es wünscht und ist, gegeben haben. Ich habe auch eine kognitive, also Ich-Bindung beschrieben: dann wird das Kind gezwungen, sich des entstellten und entstellenden Ichs des bindenden Elternteils zu bedienen, statt sich entwickeln und sein eigenes urteilendes Ich verwenden zu dürfen (1974). Schließlich kann das Kind gebunden bleiben, weil seine Eltern ihm eine harte, archaische Treueverpflichtung auferlegt haben, so daß es bei der Ablösung eine enorme »Ausbruchsschuld« entwickeln kann, die oft unbewußt bleibt und zu Akten von Selbstzerstörung oder zu heroischen Sühnetaten führt.

Im anderen Extremfall der Entgleisung des Delegationsprozesses wird das Kind (oft sehr früh) ausgesandt, hat aber keine Mission zu erfüllen. Die Lage dieses Kindes ist der oben beschriebenen entgegengesetzt: Statt daß die Eltern sich um ihrer seelischen Selbsterhaltung willen an es klammern, ist es überflüssig, hat es ihnen wenig oder nichts zu bieten. Psychologisch und ökonomisch ist ein solches Kind nur ein Anhängsel der Familie, bestenfalls ungern geduldet, schlimmstenfalls brutal verstoßen, aber immer vernachlässigt. Es erscheint eher zentrifugal davonzutreiben als zentripetal gebunden zu sein. Viele solcher Kinder gehen auf die Straße, durch die normalen kindlichen Bande und elterlichen Besorgnisse zwar nicht gefesselt, aber auch nicht gestützt.

Vergleich zwischen Missionen und Rollen

Im Lichte des oben Gesagten soll nun ein Vergleich zwischen dem Rollen- und dem Missionsmodell angestellt werden. Man sieht auf den ersten Blick, daß viele Missionen, wie die oben beschriebenen, auch als Rollen betrachtet werden können. So kann der Delegierte, der mit seinen Ausschweifungen das Lustbedürfnis der Eltern nährt, auch als Träger einer Delinquentenrolle gesehen werden, die ihm von einem Elternteil oder beiden Eltern zugeschoben wurde und dem Familiensystem dient. Ein überspannt-auffälliges (z. B. schizophrenes) Mitglied kann die Aufgabe haben, der Selbstbeobachtung der Eltern zu dienen, kann aber auch eine lebensnotwendige Krankenrolle zu spielen scheinen usw. Offenbar beziehen sich die Begriffe Rolle und Mission hier auf ähnliche, wenn nicht gar identische Phänomene. Ist hier nun beidemal das gleiche gemeint und nur anders benannt? Ich glaube nicht. Meines Erachtens wird hier etwas Verschiedenes begrifflich erfaßt, das für die zwischenmenschlichen Beziehungen Bedeutung hat und wodurch zugleich für das Individuum wie für die Familie unterschiedliche Behandlungsperspektiven festgelegt werden.

Mein Argument geht von den Wortstämmen *lex* (Recht, Gesetz) und *ligare* (binden) aus, die in »delegieren« enthalten sind. Es ist in diesem Begriff eine Dimension des Vertrauens, der Verpflichtung, der persönlichen Bedeutung und Treue enthalten, kurz eine vertragsartige, ethische Dimension, die in den Worten Rolle und Sozialisierung nicht enthalten ist. Zwei Aspekte dieser ethischen Dimension sind auffallend: Die persönliche Loyalitätsbindung, auf der die Missionen sich gründen, und die seelische Ausbeutung, die in den Missionen oft impliziert ist.

Die aus einer Loyalitätsverpflichtung abgeleitete persönliche Empfindung von Bedeutung und Sinnhaftigkeit

Der Ort, mit dem der Begriff der Rollen am meisten verbunden zu sein scheint, ist bekanntlich die Bühne. Dort spielen Schauspieler »ihre Rollen«, d. h. sie führen mehr oder minder willig auf, was andere ihnen auferlegen. Das gilt auch, wenn wir die ganze Welt als Bühne betrachten, wie es zum Beispiel R. Dahrendorf (1964) tut, der bei der Darstellung seines Begriffs der sozialen Rollen auf Shakespeares Verse zurückgreift:

Die ganze Welt ist Bühne

Und alle Fraun und Männer bloße Spieler.
Sie treten auf und gehen wieder ab,
Sein Leben lang spielt einer manche Rollen
Durch sieben Akte hin. Zuerst das Kind,
Das in der Wärtrin Armen greint und sprudelt;
Der weinerliche Bube, der mit Bündel
Und glattem Morgenantlitz wie die Schnecke
Ungern zur Schule kriecht; dann der Verliebte,
Der wie ein Ofen seufzt, mit Kummerlied
Auf seiner Liebsten Brau'n; dann der Soldat,
Voll toller Flüch und wie ein Pardel bärtig,
Auf Ehre eifersüchtig, schnell zu Händeln,
Bis in die Mündung der Kanone suchend
Die Seifenblase Ruhm. Und dann der Richter,
In rundem Bauche, mit Kapaun gestopft,
Mit strengem Blick und regelrechtem Bart,
Voll weiser Sprüch und neuester Exempel,
Spielt seine Rolle so. Das sechste Alter
Macht den besockten hagern Pantalon,
Brill auf der Nase, Beutel an der Seite;
Die jugendliche Hose, wohl geschont,
'ne Welt zu weit für die verschrumpften Lenden;
Die tiefe Männerstimme, umgewandelt
Zum kindischen Diskante, pfeift und quäkt
In seinem Ton. Der letzte Akt, mit dem
Die seltsam wechselnde Geschichte schließt,
Ist zweite Kindheit, gänzliches Vergessen,
Ohn Augen, ohne Zahn, Geschmack und alles.

(Shakespeare, Wie es Euch gefällt. II, 7)

Vergleichen wir nun die beiden Aussagen: »Ich spiele (oder verkörpere) eine Rolle« und »Ich erfülle eine Mission«.
Im ersteren Fall nehmen wir nicht an, daß es sich um eine totale Verpflichtung handele. So wie der Begriff der Rolle im allgemeinen verstanden wird, bleibt sie dem wahren Selbst mehr oder weniger äußerlich aufgesetzt. Wenn einer eine Rolle spielt, so ist er ein Schauspieler, der sich eines Parts entledigt.
Bei der Aussage: »Ich erfülle eine Mission« ist das anders, da »Mission« die Vorstellung von Verpflichtung und Hingabe (auch von Eifer und sogar Fanatismus) hervorruft. Hier denken wir etwa an Kreuzfahrer, Missionare, Ideologen, die, von ihrem Sendungsbewußtsein erfüllt, weder Ungemach noch Opfer scheuen, da sie mit dem, was sie tun, verschmelzen und zugleich ihre Kraft daraus beziehen. So sind sie willens, und nicht selten auch imstande, Berge zu versetzen. »Wer auf die Fahne des Führers schwört, hat nichts mehr, was ihm selber gehört«, sangen die jungen Anhänger Hitlers, ihres Delegators, der ihnen das Gefühl unerhörter Bedeutung einflößte, während sie sich zu seinen blind gehorsamen Werkzeugen machen ließen.[2]
Ein solches Gefühl von Wichtigkeit und Sinnhaltigkeit des eigenen Tuns, das aus dem Auftrag abgeleitet wird, stammt gewöhnlich aus einer höchst persönlichen (oder zumindest personalisierten) Treuebeziehung.
Als Beispiel könnte man die Beziehung zwischen mittelalterlichem Lehnsherrn und Vasallen nennen, die auf einem starken Treueverhältnis aufbaute. Weil diese Bindung stark, persönlich und sinnhaltig war, konnte sie höchste Befriedigung, wie auch tiefstes Leid hervorrufen; letzteres dann, wenn die Treue real oder in der Phantasie verraten wurde, was immer dann geschah, wenn der delegierte Vasall seine Mission schlecht erfüllte oder, schlimmer noch, wenn er es wagte, sich von seinem Herrn und Delegator loszusagen. Wenn dies geschah,

---

[2] In meiner Studie »Adolf Hitler – Familienperspektiven« (1975) habe ich gezeigt, wie Hitlers eigenes enormes – und katastrophales – Sendungsbewußtsein damit zusammenhing, wie er selbst von seinen Eltern, vor allem seiner Mutter, delegiert wurde.

litt der Delegierte gewöhnlich unter massivster Ausbruchsschuld, die oft unbewußt war und grausame Selbstbestrafung und heroische Sühnetaten bewirkte. Die Stärke dieser Ausbruchsschuld war das Maß für die Bedeutung und Stärke des Treueverhältnisses, das gebrochen worden war.

Seelische Ausbeutung

Hinsichtlich des zweiten Aspekts, der durch das Missionskonzept aufgedeckt wird – den der seelischen Ausbeutung –, müssen wir uns der Konflikte erinnern, um die es geht. Auf diese Konflikte, die die Rollenpartner in entgegengesetzte Rollenpositionen plazieren, haben Spiegel und andere Rollentheoretiker hingewiesen. Auch unter dem Aspekt der Delegierung handelt es sich im wesentlichen um Konflikte zwischen Partnern, aber der Akzent liegt nun auf der Dynamik von seelischer Ausbeutung und Gegen-Ausbeutung, die eine ethische Dimension hat. Diese hängt von der Art der (mehr oder weniger verhüllten) Abmachung oder des Vertrags ab, den Delegierter und Delegator miteinander schließen: Während der Delegierte in der Ausführung seiner Mission (oder seiner Missionen) den Sinn seines Lebens und ein Gefühl seiner Wichtigkeit findet, willigt er zugleich in eine Abhängigkeit ein, die oft seine Freiheit beschneidet, seine Initiative beschränkt und sein Wachstum unterdrückt. Der Handel ist verschieden, je nach der Mission, um die es sich dreht. In manchen Fällen kann er sich für den Delegierten gut auswirken, wenn etwa das Kind, beauftragt, dem Ich-Ideal von Vater oder Mutter zu dienen, wirklich ein schöpferischer Künstler wird und sich in der Erfüllung seiner Mission auch selbst verwirklichen kann. Anders ist es, wenn seine Mission hauptsächlich darin besteht, die verleugnete Bosheit oder Verrücktheit des delegierenden Elternteils zu absorbieren. Denn hier ruiniert er sich, statt sich zu verwirklichen, oder richtiger, er verwirklicht sich, indem er sich ruiniert, da er gebunden bleibt, sein Wachstum verwirkt, vielleicht schizophren wird. Dann hat er einen in jeder Hinsicht schlechten Handel abgeschlossen.

Er kann jedoch immer noch Sieger bleiben, wenn es ihm gelingt, den Schuldhebel bei seinen ihn ausbeutenden Eltern anzusetzen und sie seinerseits auszubeuten. Er kann das paradoxerweise am einfachsten tun, wenn er seine Mission exakt erfüllt, z. B. unentwegt verrückt, kriminell, unheilbar usw. bleibt und damit seinen Eltern beweist, wie unfähig und schlecht sie als Eltern sind.

MARVIN UND SEINE FAMILIE: BEISPIEL EINES ENTGLEISTEN DELEGATIONSPROZESSES

Zur Erhellung der gemeinten Dynamik sei noch einmal die Familie Schultz angeführt. Weiter oben skizzierte ich die Entgleisung des Sozialisierungsprozesses des Sohnes mit ihren negativen Folgen für Marvins Geschlechts-, Alters- und Berufsrollen. Im Sinne der von mir vorgeschlagenen anderen Akzentuierung will ich jetzt die Entgleisung des Delegationsprozesses zeichnen und dabei wieder von den schon genannten klinischen Erscheinungen ausgehen. Auch hier kann ich nur selektiv vorgehen und muß mich auf die Beschreibung einiger hauptsächlicher Missionen beschränken, die Marvin von seiner Mutter auferlegt worden waren – dem Elternteil mit der »stärkeren Realität« (Stierlin, 1959), von dem auch die Delegierung Marvins weitgehend ausging.

Seine erste Aufgabe war es gewesen, Empfänger der »Großzügigkeit« seiner Mutter zu sein und dadurch ihr Selbstbild einer spendenden, liebenden und starken Mutter zu bestätigen – ein Selbstbild, an dem sie dennoch innerlich zweifelte. Diese Mission, die ihrer Selbstbeobachtung diente, erforderte von Marvin (wie auch von den anderen Familienmitgliedern), hilfsbedürftig und Empfänger von Fürsorge zu sein. Folglich mußte er immer der kleine Junge bleiben, den sie mit Nahrung und Fürsorge für sein körperliches Wohl überschütten konnte. Die Mutter schien nicht zu merken, daß sie ihn damit infantilisierte (also in der Entfaltung seiner richtigen Altersrolle behinderte), daß sie ihn mästete und sexuell erregte, daß sie ihn also ausbeutete, indem sie ihn ihrem eigenen Selbstwertgefühl und der Regulierung ihres Selbstbildes dienen ließ.

Zweitens beauftragte sie Marvin, ihr unerfülltes Ich-Ideal zu verwirklichen, d. h. ein berühmter Musiker zu werden. Während sie selbst ihre Tage vertrödelte und um ihre schwindende Schönheit bangte, verlangte sie von Marvin, ihr das zu verschaffen, wonach sie sich sehnte, aber nicht durch eigene Anstrengung zu erlangen vermochte: Spannung, Glanz, Hochleistung. Diese Mission überforderte den Sohn, setzte ihn Konflikten aus und hinderte ihn an der Verfolgung erreichbarer Berufsrollen.

Drittens, und das war vielleicht die verhängnisvollste Mission, übertrug sie auf Marvin eine Wiedergutmachungsaufgabe, die aus der Zeit vor Marvins Geburt stammte. Sie hatte vor Marvin eine Tochter gehabt, die einen Geburtsfehler hatte und ein Jahr später gestorben war. Geleitet – oder eher, mißgeleitet – von ihrer eigenen Mutter, zu der sie in einem Bindungsverhältnis stand, hatte sie es gestattet, daß alle Spuren dieses Kindes: Fotos, Spielsachen usw., sogleich fortgeschafft wurden. So hatte sie den Verlust dieses Kindes auch niemals betrauert und Schuld- und Schamgefühle nie aufkommen lassen. Als Marvin geboren wurde, machte sie ihn (mehr oder weniger unbewußt) zum Ersatz für das tote Kind und störte damit vielleicht die Entwicklung seiner Geschlechtsrolle. Sie wachte ängstlich über jedem seiner Schritte, nannte ihn beim Kosenamen des toten Mädchens und suchte unentwegt nach Zeichen eines Geburtsfehlers; sie überfütterte ihn und behütete ihn im Übermaß. Marvin hatte also die Mission auferlegt bekommen, das Gewissen der Mutter zu beruhigen, d. h. sie von der unaufhörlichen Furcht zu befreien, sie sei eine schlechte, nachlässige Mutter. Auch hierin mußte er ihrer Selbstbeobachtung dienen, denn unbewußt brauchte sie seine Unvollkommenheit als Kontrast zu ihrer eigenen (innerlich bezweifelten) Perfektion und Schönheit.

Diese Missionen setzten Marvin starken inneren Konflikten aus. Wie konnte er gleichzeitig der passive, sie verehrende Empfänger ihrer Güte sein und zugleich stark und undurchsetzungsfähig werden; wie konnte er stellvertretend für sie ihre künstlerischen Strebungen erfüllen und zugleich Gegenstand ihrer ängstlichen, übermäßig behüteten Sorge bleiben; wie konnte er ein Mann werden, wenn sie ein Mädchen in ihm sah; wie konnte er ein unversehrtes Körper-Ich entwickeln, wenn sie, verfolgt von der Erinnerung an die unbetrauerte tote Tochter, ständig bei ihm nach Erbfehlern forschte?

Mit diesen Missionskonflikten waren ebenso starke Treuekonflikte verwoben. Dadurch, daß Marvin so eng und loyal an seine Mutter gebunden blieb, erlebte er den Vater als verachteten Rivalen und Störenfried, den er nicht als männliches Vorbild respektieren konnte.

Bei solchen Konflikten von Missionen und Bindungen mußte der Delegierungsprozeß entgleisen, um so mehr als die Art dieser Missionen Marvin an die Mutter kettete und in ihrem Umkreis festhielt, so daß er nicht als Delegierter wirklich *ausgesandt* wurde, und vielmehr ein *gebundener Delegierter* blieb.[3]

Die Entgleisung des Delegierungsprozesses war es vor allem, wodurch die beiden oben erwähnten Aspekte hervortraten – das Gefühl persönlicher Bedeutung und Sinnhaftigkeit, das der Delegierte aus der Erfüllung sogar selbstzerstörerischer Missionen ableiten kann, und die Dynamik der seelischen Ausbeutung und Gegenausbeutung – und sie treten hervor, wenn wir unsere Aufmerksamkeit nicht auf die Rollen, sondern auf die Missionen richten.

Es bestand kein Zweifel daran, daß Marvin ein starkes Gefühl seiner Wichtigkeit davon herleitete, daß er der getreue, aufopfernde (wenn auch entgleiste) Delegierte seiner Mutter war: Auch wenn er in seiner passiven Gebundenheit aktiven Delegierten wie den oben genannten Kreuzfahrern und Missionaren, den rechtschaffenden Puritanern, den fanatischen Parteigängern, höchst unähnlich war, teilte er mit diesen die Bereitschaft, Untergang und Selbstzerstörung hinzunehmen um den Preis einer Sinnerfüllung, Selbstgewißheit, des Gefühls, geliebt und gebraucht zu werden, kurz, des Gefühls seiner Wichtigkeit.

---

[3] Ähnlich wie ich Hitler als den gebundenen Delegierten seiner Mutter beschrieben habe (Stierlin, 1975).

Seelische Ausbeutung und Gegenausbeutung in der Beziehung zwischen Marvin und seiner Mutter

Obwohl Marvin fühlte, wie wichtig er seiner Mutter war, zog er bei dem Handel, den er mit ihr abgeschlossen hatte, den kürzeren. Während er sich bemühte, ihre Aufträge auszuführen, hörte er mit seinem eigenen emotionalen Wachstum auf und vertat seine Lebensaussichten. Zugleich aber hatte er auch als ihr Delegierter versagt, da sein ausgewachsener Körper wie auch seine passive Existenz sein Selbstbild und das Bild, das seine Mutter von ihm hegte, als eines jugendlichen, dem Erfolg entgegenschreitenden Virtuosen, Lügen strafte.

Seine Reaktion auf diese üble Lage war Wut – Wut auf seine ihn bindende, delegierende und ausbeutende Mutter. Er rächte sich durch Gegenausbeutung und indem er ihr nun wirklich Grund zur Sorge gab. Seine wirkungsvollste Strategie bestand darin, echt »krank« zu sein. Indem er ein schlaffer, fauler Schmarotzer war, lieferte er ihr den lebenden Beweis für ihr Versagen als Mutter und vertiefte ihre Scham- und Schuldgefühle. Er demonstrierte sozusagen eine dauernde Trotzreaktion und quälte sie unter der Maske von Krankheit und Hilflosigkeit aufs sadistischste. Daher mußte er auch alle Versuche von Therapeuten, Freunden, Verwandten, ihm zu helfen, sabotieren, da jegliche Besserung ja seine Macht, sie zu quälen, den Scham- und Schuldhebel bei ihr anzusetzen, verringert hätte. Daher aber auch sein Bedürfnis, sich wegen der Tortur, der er die Mutter unterwarf, selbst zu bestrafen, indem er alle seine Chancen zu Wachstum und Glück gewaltsam zerstörte.

Interpersonale Dialektik

Der Aspekt der Delegation erhellt zugleich eine zwischenmenschliche Dialektik. Die Perspektive, wer Geber oder Nehmer ist, wer Ausbeuter oder Ausgebeuteter, Folterknecht oder Opfer, wechselt dauernd hin und her. Im Falle der Familie Schultz fanden wir, daß die Mutter, als Delegierte ihrer eigenen Eltern, ursprünglich großzügig gebend sein wollte, und daß sie Marvin wie auch die übrigen Familienmitglieder mit Liebesbezeugungen und Gaben überschüttete. Bei den Empfängern wurden diese Gaben zu ausbeuterischen Banden. Schließlich entpuppte Marvin, der gebundene Delegierte, sich als der eigentliche Geber. Während er sein eigenes Wachstum, sein Glück opferte, sicherte er seiner Mutter ihre psychische Selbsterhaltung. Aber indem er so zum Geber wurde, wurde er zugleich zum Folterknecht und verwandelte die Mutter zum Schuldner und Opfer, wodurch er sie und sich immer mehr in eine negative Gegenseitigkeit, wie ich sie 1971 beschrieb, einkapselte.

AUSWIRKUNGEN AUF DIE THERAPIE

Wenn wir die Aufmerksamkeit auf die Missionen und den Delegationsprozeß und nicht in erster Linie auf die Rollen und die Sozialisierung richten, kommen wir in die Lage, einige abweichende Folgen für die Therapie abzuleiten. Wir sehen, daß die beiden Ansätze verschiedene Zugänge eröffnen, je nachdem, ob man mehr die zwischenmenschlichen oder die innerpsychischen Konflikte betrachtet. Auch wenn die Orientierung in beiden Fällen interpersonal (oder transaktional) ist, existieren doch wesentliche Unterschiede zwischen dem Rollen- und dem Missionsmodell. Beim Rollenmodell besteht die Aufgabe des Therapeuten vor allem darin, eine Änderung der Rollen und Systeme herbeizuführen. Dabei scheinen manipulative Techniken, die das System »aus den Angeln heben« sollen, besonders angezeigt, da diese versprechen, allen Rollenpartnern einen neuen Anfang zu erleichtern und den fehlgelaufenen Sozialisierungsprozeß wieder ins rechte Gleis zu bringen.

Diese therapeutische Strategie unterschätzt jedoch (in den vertikalen wie auch horizontalen zwischenmenschlichen Beziehungen) diejenigen tieferen Aspekte, die das Missions- und Delegationsmodell ans Licht bringt: Die befolgten oder verratenen Treueverpflichtungen und die daraus erwachsenden Scham- und Schuldgefühle, die seelische Ausbeutung und Gegenausbeutung, die zwischenmenschlichen Gerechtigkeits-

Aspekte, die sowohl eine subjektive als auch eine objektive (oder existentielle) Dimension haben. Es scheint, daß unter den Rollentheoretikern John Spiegel diesen Aspekten und ihren theoretischen Implikationen am ehesten Rechnung trägt. Er verwendete therapeutische Strategien der Rollenmodifizierung, wie die Einschaltung eines vermittelnden Dritten mit dem Ziel der Versöhnung, was gewiß die Frage der zwischenmenschlichen Gerechtigkeit aufwirft. Aber durch sein Festhalten am Rollenmodell übersieht er jene therapeutischen Implikationen, die aus den im Missionsmodell aufscheinenden tieferen Systemaspekten abzuleiten sind. An anderer Stelle haben I. Boszormenyi-Nagy und G. Spark (1973) und ich (1974/75) einige dieser Implikationen näher ausgeführt. Es handelt sich dabei im wesentlichen darum, wie der Therapeut, der eine »multidirektionale Parteinahme« oder »Allparteilichkeit« anstrebt, die Konflikte aller Teilhaber an den Missions- und Treuekonflikten analysiert, ihre Aktiva und Passiva erkennt, der mitmenschlichen Gerechtigkeit den Weg bahnt und die Partner zu einem rekonstruktiven Dialog veranlaßt, der im optimalen Falle mehrere Generationen einbezieht und zu schließlichem gegenseitigem Verstehen, Vergeben und zur Versöhnung führt.

2. KAPITEL

Innerer Besitz und Zwang zur Wahrheit: psychoanalytische und Familienperspektiven

Fragen wir nach innerem Besitz, so stellt sich uns sofort das Problem des privaten Eigentums, ein Problem, das uns heute mehr denn je beschäftigt. Die Ansichten darüber sind kontrovers: Viele Bewohner vor allem der westlichen Welt sehen im Privateigentum noch ein natur- und gottgegebenes Recht, wobei sie sich auf die verschiedensten Autoritäten berufen. Diese reichen von den Gründern der US-amerikanischen Verfassung bis zu modernen Verhaltensforschern, die, wie beispielsweise R. Ardrey (1966), einen »territorialen Imperativ« in der menschlichen Phylogenese begründet sehen. Viele andere dagegen – und ihre Zahl scheint zu wachsen – verwerfen die Institution des Privatbesitzes, weil sich ihnen darin die wesentliche Quelle sozialer Ungerechtigkeit zeigt. Die frühen französischen Sozialisten wie die heutigen Anhänger Karl Marx' gehören zu dieser Gruppe. Ihre Vertreter erinnern uns daran, daß in unserer schrumpfenden und zunehmend interdependenten Welt der Besitz des einen unweigerlich die Ausbeutung des anderen, wenn nicht vieler anderer, bedeutet. Daher ihr Entschluß zur Abschaffung des privaten Eigentums, sei dies durch Initiierung kommunaler Lebensformen im Stile der israelischen Kibbuzim, sei es durch massive soziale Umstrukturierungen nach dem Muster des kommunistischen China.

INNERES EIGENTUM – ÄUSSERES EIGENTUM

Wenden wir uns nun dem psychologischen Bereich zu, dann weiten sich sowohl der übliche Eigentumsbegriff als auch die obige Kontroverse: Anstatt sich auf konkrete Objekte wie Hausrat, Immobilien, Aktien oder Geld zu beziehen, bezeichnet das Wort Eigentum hier wenig greifbare Dinge. Denn es

bezeichnet nun Gedanken, Bedürfnisse, Gefühle, Motivationen, Phantasien, kurzum, innere Erfahrungen. Auch darin erschließt sich nun eine Dimension des Besitzes, und auch darin begegnen uns kontroverse Aspekte, die uns im folgenden beschäftigen sollen.
Dabei denke ich vor allem an jene dynamischen Prozesse und Voraussetzungen, die bedingen, daß uns unser Innenleben entweder verfügbar und damit zum inneren Eigentum gemacht oder als Fremdbesitz bzw. als eine Art inneres Ausland erfahren wird. Die hier ins Spiel kommenden intrapsychischen und interaktionellen (bzw. zwischenmenschlichen) Prozesse zu verstehen, erscheint mir als immer dringlichere Aufgabe. Denn es kann über unser eigenes wie fremdes psychologisches Überleben entscheiden, ob wir uns selbst in Besitz zu nehmen vermögen oder das Seeleneigentum anderer sind, ob wir unsere eigenen oder fremde Bedürfnisse fühlen und realisieren, ob wir unsere eigenen oder fremde Schreie schreien, ob wir unsere eigenen oder fremde Erwartungen und Phantasien ausleben. Pynchons kürzlich erschienenes Buch »Gravity's Rainbow« zeigt uns etwa einen Romanhelden, der ein Beispiel einer subtilen Seelenvergewaltigung liefert, da sich seine Phantasien, Träume und Handlungen als fremdgesteuert erweisen. Bei anderen derartig Vergewaltigten sprechen wir von ihrer Mystifizierung, Gehirnwäsche oder kognitiver Bindung. Und zunehmend ist es ihr Dilemma, das an uns als Theoretiker, Psychoanalytiker und Psychotherapeuten höchste Anforderungen stellt.
Um nun das vorliegende Problemfeld abzustecken, müssen wir als erstes den inneren von dem anfangs erwähnten äußeren Besitz unterscheiden. Aber wenn wir dies versuchen, realisieren wir sogleich – und damit begegnet uns eine erste Schwierigkeit –, daß sich diese Unterscheidung nicht nahtlos durchführen läßt. Vielmehr müssen wir uns eine Skala vorstellen, auf der es Übergänge gibt und wo vor allem ein Phänomen die Merkmale sowohl äußeren wie inneren Besitzes aufweist – das Phänomen des menschlichen Körpers. Denn dieser Körper ist nicht weniger greifbar und sichtbar als etwa ein Auto oder Möbelstück und läßt sich auch wie diese unter bestimmten Bedingungen – wie sie etwa in der Sklaverei gegeben sein

können – als Tauschobjekt einbringen, kaufen oder verkaufen. Gleichzeitig erleben wir jedoch diesen Körper – d. h. die sich darin vermittelnden Empfindungen und vegetativen Unterströme – als Teil unseres Innenlebens. Daher hängt das Bild bzw. Schema, das wir uns von unserem Körper machen, nicht nur von dem ab, was wir sehen, berühren und manipulieren, sondern auch von dem, was wir fühlen und phantasieren. Diese Zweideutigkeit wirkt sich wiederum darauf aus, wie wir uns unsere Beziehung zu unserem Körper vorstellen und sie definieren. Denn ich kann entweder sagen »ich *habe* meinen Körper« bzw. »ich *besitze* meinen Körper« – und dadurch Aspekte des veräußerten, privaten Besitzes betonen – oder ich kann sagen »ich *fühle* meinen Körper, ich *bin* mein Körper, ich *existiere* in meinem Körper«, wodurch sich mir dann Merkmale des inneren Erlebens und inneren Besitzes zum Bewußtsein bringen. Vor allem G. Marcel hat sich, wie ich andernorts zeigte (Stierlin, 1961), mit diesen komplexen Verhältnissen beschäftigt.

Ein neuer Zwang zur Wahrhaftigkeit

Wenden wir uns nun den Merkmalen des inneren Eigentums und den Wechselfällen solcher Eigentumsnahme und Eigentumsverwaltung zu, dann erscheint die Rolle Freuds zentral. Denn es war Freud, der sich hier mehr als irgendein anderer Forscher als Konquistador zeigte, erschloß er doch der inneren Welt, ähnlich wie dies Columbus bei der äußeren tat, neue Horizonte. Mit Hilfe der von ihm geschaffenen Psychoanalyse kartographierte er gleichsam ein weites Gebiet unseres inneren Erlebens, das bis dahin verborgen geblieben war oder sich als irrelevant dargeboten hatte – jenes Gebiet, das sich in Träumen, neurotischen Symptomen, Phantasien und anderen Abkömmlingen unseres Unbewußten darstellte. Indem Freud einen Zugang zu dieser Welt eröffnete, nahm er sie auch gleichsam erstmals für die Menschheit in Besitz – oder, richtiger gesagt, gab er jedem Individuum die Möglichkeit, sie in Besitz zu nehmen und damit sein inneres Eigentum zu vermehren bzw. auszuweiten.

Aber das brachte den Betroffenen nicht nur Vorteile und eitle Freude. Vielmehr schloß diese Option neue Risiken und Belastungen ein. Denn mit dem erleichterten Zugang zu unserer inneren Welt und der Ausweitung unseres inneren Eigentums ergaben sich neue Verantwortungen und Probleme, und – was hier am wichtigsten ist – es entstand ein Zwang zu größerer Wahrhaftigkeit: Der neugewonnene Besitz ließ sich nur dann verantwortlich verwalten, wenn man ihn akzeptierte, wie er war, anstatt sich etwas vorzumachen. Daher konnte P. Ricœur (1969) die Psychoanalyse zu Recht als eine »Technik der Wahrhaftigkeit« definieren, und Freud selbst sah sich zu der Feststellung gezwungen, daß jeder, der wirklich als Analytiker arbeitete und lebte, sich nicht mehr belügen könne. Dies bedeutete, daß ein Psychoanalytiker, so wie Freud ihn verstand, zwangsläufig die eigenen Schattenseiten, denen andere noch mehr oder weniger bequem aus dem Wege zu gehen vermochten, zu akzeptieren und mit ihnen zu leben hatte. Auch hier zeigt sich uns Freud, der erste Psychoanalytiker, als ein Modell. Denn er durchschaute und akzeptierte bei sich beispielsweise die Todeswünsche, die er seinem Sohne gegenüber empfand, als dieser im Ersten Weltkrieg an der Front stand. Indem Freud solcherart zum Anstoß und Vorbild dafür wurde, wie wir uns der Verantwortung für unseren erweiterten inneren Besitz zu stellen haben, begründete er eine neue ethische Sensibilität und konfrontierte er uns mit einer neuen Dialektik der Selbstoffenbarung und Selbstverbergung, einer Dialektik, die seither das Klima menschlicher Beziehungen maßgeblich bestimmte und immer neue Herausforderungen sichtbar werden ließ.

Sprache und innerer Besitz

Die Herausforderungen brachten es in der Folge mit sich, daß uns eine Reihe Bedingungen bewußter wurden, die bestehen müssen, wollen wir uns unseren inneren Besitz erfolgreich zu eigen machen und verwalten. Für meine gegenwärtigen Überlegungen erscheinen einige dieser Bedingungen besonders wichtig.

Dazu rechne ich erstens die Fähigkeit, das innere und äußere Selbst zu demarkieren und differenzieren, d. h. die Grenzen unseres inneren Besitztums zu bestimmen. Psychoanalytiker wie E. Jacobson (1964) sprachen hier von der Fähigkeit zur Selbst-Objekt-Differenzierung, d. h. jener Fähigkeit, die es einem Individuum normalerweise gestattet, sein Selbst von den Objekten zu differenzieren und zu unterscheiden. Zu letzteren rechnen etwa äußere Objekte wie die Körper anderer Menschen, oder auch deren Wahrnehmungen, Ideen und Gefühle, die jeweils von dem eigenen Körper und den eigenen Wahrnehmungen, Ideen und Gefühlen zu unterscheiden sind. Eine so verstandene Selbst-Objekt-Differenzierung erweist sich sowohl besonders nötig als auch gefährdet, wenn ein Individuum Empathie und Nähe zum anderen herzustellen versucht. Vor allem bestimmte schizophrene Patienten führen uns diese Problematik beispielhaft vor Augen. Denn diese Patienten erscheinen besonders stark der Gefahr ausgesetzt, daß ihre Selbst-Objekt-Differenzierung entgleist, und daß sie nicht mehr zu unterscheiden vermögen, was mein und was nicht mein ist, was sich innerhalb oder was sich außerhalb des Selbst befindet, und was daher Wahn, was Halluzination und was sogenannte Realität ist. In diesen Schizophrenien erkennen wir daher vielleicht am klarsten die Grenzen, die unserer Fähigkeit, uns selbst zu besitzen, gesetzt sind.

INNERE BESITZNAHME UND AMBIVALENZTOLERANZ

Das Studium Schizophrener führt uns jedoch noch zu zwei weiteren wesentlichen Bedingungen, die der eben beschriebenen Fähigkeit zugrundeliegen. Dabei denke ich erstens an die Fähigkeit, die eigene Ambivalenz zu erkennen und durchzustehen, und zweitens an die Fähigkeit, sich »ganz« und »verkörpert« zu fühlen. Auch diese Fähigkeiten erscheinen bei bestimmten Schizophrenen besonders gefährdet oder eingeschränkt.
Wie der Begriff der Schizophrenie selbst, erhielt auch der der Ambivalenz seine zentrale Bedeutung durch E. Bleuler (1950), dem Ambivalenz nicht nur in Schizophrenen, sondern auch in

Normalen und wahrscheinlich in ihm selber begegnete. Aber nicht um Ambivalenz schlechthin geht es hier, sondern um die Fähigkeit und Aufgabe, mit ihr fertigzuwerden, sie durchzuhalten, sie sich zu eigen zu machen, eine Aufgabe, bei der nun besonders viele Schizophrene – aber auch viele sogenannte Normale und Neurotiker – versagen. Anstatt sich der Spannung und dem Schmerz solcher Ambivalenz auszusetzen (wie dies beispielsweise Freud tat, als er sich den Todeswünschen aussetzte, die seinem Sohn galten), verkrampfen sich diese Individuen entweder in einer chronisch zwängelnden, unentschlossenen, d. h. »ambivalenten« Haltung, oder sie entledigen sich der negativen Seite ihrer Ambivalenz, indem sie sie bei sich verdrängen und dann oft auf andere projizieren.

INNERE BESITZNAHME UND ERFOLGREICHE VERKÖRPERUNG

Die dritte hier wichtige Bedingung und Fähigkeit, sich »ganz« und verkörpert zu fühlen, läßt sich weniger leicht als etwa die Ambivalenz erfassen. R. D. Laing (1960) wies auf die Wichtigkeit solcher »Verkörperung« hin, und ich beschäftigte mich mit ihr in meinem Buch »Conflict and Reconciliation«. Dabei habe ich jenen primären Erlebensmodus im Auge, der es uns erlaubt, uns in unserem Körper heimisch zu fühlen, uns unreflektiert als ein Individuum zu empfinden, unmittelbaren Kontakt mit unseren vegetativen Unterströmungen zu haben, Vertrauen in unsere körperliche Integrität (d. h. Ganzheit und Intaktheit) zu besitzen, und über ein in sich zusammenhängendes Kern-Ich zu verfügen. (Das Ich, so lernen wir von Freud, ist von Anfang an ein Körper-Ich.) Die meisten Menschen dürfen eine solche Verkörperung, wie etwa auch die Gesundheit, ohne zu fragen als gegeben voraussetzen, viele Schizophrene jedoch nicht. Denn letztere wissen, was es heißt, *nicht* im eigenen Körper unbefragt zu Hause zu sein und sich aus diesem Grunde fragmentiert und de-personalisiert zu fühlen. Es sieht dann hier so aus, als seien die Grundlagen für eine innere Besitznahme von vornherein defekt, als sei das »wahre Selbst« (i. S. Winnicotts) dieser Menschen von Anfang an brüchig oder gar nicht vorhanden.

Sind einmal die obigen Bedingungen erfüllt, so wird es dem Individuum auch möglich, seinen inneren Besitz sprachlich zu erfassen. Denn es wird nun befähigt, den Eigentümer unserer inneren Welt – das »Ich« oder »Selbst«, dem dieses Eigentum gehört und das daher sagen kann: »*Ich* habe diese Wünsche, *ich* habe diesen Impuls, *ich* habe diesen Schmerz, *ich* habe diese Ambivalenz« – klar zu bestimmen. Damit wird es in die Lage versetzt, den von Freud kartographierten inneren Bereich auch wirklich als jeweils seinen Besitz abzustecken.

Paradoxerweise schien jedoch dann die tatsächliche Sprache und Praxis der Psychoanalyse Freuds moralische Errungenschaft wieder in Frage zu stellen. Damit kamen Zweifel daran auf, ob es sich bei der Psychoanalyse wirklich um eine »Technik der Wahrhaftigkeit« handelte. Vor allem der Analytiker R. Schafer (1973) brachte diese Zweifel zum Ausdruck. Denn nach seiner Meinung verschleiert oder unterdrückt die gewöhnliche analytische Sprachpraxis nicht selten jenes verantwortliche Ich, das die Verantwortung der inneren Vermögensverwaltung zu tragen versucht. Denn diese Sprachpraxis machte es manch einem Analysanden oft leicht, sich als passiven Empfänger, Gefäß oder Objekt von Assoziationen, Zwängen oder Symptomen anstatt als deren aktiven Verwalter und Besitzer zu erleben. Beispielsweise kann sich dieser Analysand legitimiert fühlen, zu sagen, »dieser Gedanke, diese Phantasie, Assoziation oder Impuls kommt mir, stellt sich ein, setzt mir zu, überwältigt mich« usw., anstatt zu sagen, »*ich* fühle oder phantasiere, d. h. ich *habe* oder *besitze* diesen Gedanken, diese Phantasie, diesen Impuls oder die Assoziation und bin auch bereit, die Verantwortung und den Schmerz zu ertragen, die sich aus einem solchen Zu-eigen-machen ergeben«.

UNTERE UND OBERE GRENZEN INNERER BESITZNAHME

Während uns Beobachtungen an Schizophrenen gleichsam die unteren Grenzen vor Augen führen, die unserer inneren Besitznahme und Verwaltung gesetzt sind, bringen einige Arbeiten über normale Jugendliche und junge Erwachsene die »oberen Grenzen« ins Blickfeld. Dabei denke ich hauptsächlich

an Arbeiten von B. Inhelder und J. Piaget (1958), L. Kohlberg
und Gilligan (1971), J. Perry (1970) und C. H. Hambden-
Turner (1971), die sich alle mit der Entwicklung des moralischen Urteils und der ethischen Sensibilität im Menschen befassen. Hier ist nicht der Ort, diese komplexen empirischen
Untersuchungen im Detail zu referieren. Es muß die Andeu-
tung genügen, daß diese Autoren bei bestimmten Jugendlichen
einen Modus des moralischen Verhaltens und Urteils beobachteten, der sie über das, was in ihrer Altersgruppe und ihrem
sozialen und kulturellen Milieu gängig war, hinaushob: Die
Jugendlichen reagierten scharf auf soziale Ungerechtigkeiten,
lehnten es aber ab, sich deswegen ideologisch zu verhärten; sie
waren aufgeschlossen für die Komplexität und Relativität
der sie umgebenden Probleme, blieben aber praxisbezogen
und engagiert; und, was hier vielleicht am wichtigsten ist, sie
exemplifizierten dabei persönliche Standards von Wahrhaftigkeit, die gegen konventionelle Heucheleien abstachen. Daher läßt sich von diesen Jugendlichen sagen, daß es ihnen gelang, sich selbst in der oben beschriebenen Weise in Besitz zu
nehmen und dabei ein erhöhtes Verantwortungsgefühl – für
sich selbst und andere – zu entwickeln: denn ihr Sorge- und
Verantwortungsbereich schien weiter ausgesteckt als der ihrer
Mitmenschen; zugleich erschienen ihre Forderungen nach
Wahrhaftigkeit – d. h. zum Sich-eigen-machen der eigenen
Grenzen, Fehler und Schattenseiten – strenger als der sie umgebenden anderen. Was ich über diese Jugendlichen las, be-
stärkte mich daher in der Überzeugung, daß sie die oben
beschriebenen Bedingungen innerer Besitzergreifung beispielhaft erfüllten – sie bewiesen einen hohen Grad der Selbst-
Objekt-Differenzierung, vermochten die Spannungen und
den Schmerz der Ambivalenz durchzuhalten, erschienen voll
in ihren Körpern beheimatet und bedienten sich einer Sprache, in der sie sich als selbstverantwortlich Handelnde bestimmten. (Es stellte sich jedoch heraus, daß diese selbstver-
antwortliche innere Besitznahme häufig nicht in das Erwach-
senenalter andauerte: anstatt auch später die autonomen,
unkonventionellen ethischen Prinzipien ihrer Jugend zu vertreten, »regredierten« viele dieser Individuen auf konventionelle ethische Strukturen.)

Welche zwischenmenschlichen Prozesse liegen diesen Wechselfällen innerer Besitznahme – wie deren Entgleisung bei bestimmten Schizophrenen (und wahrscheinlich auch vielen Neurotikern und sogenannten Normalen) oder deren Entfaltung bei einzelnen Jugendlichen und jungen Erwachsenen – zugrunde? Wenden wir uns daher, mit dieser Frage vor Augen, der Familie zu. Wie, fragen wir uns, beeinflussen unsere Familienbeziehungen die Weise, in der uns unsere innere Welt und unser innerer Besitz zu eigen werden?

Eine Folge der Krise im Leben Freuds: die Vernachlässigung der Familie

Um hier unseren Weg zu finden, kehren wir noch einmal zu Freud zurück und richten dabei den Blick auf das, was sich im Jahre 1897 in seinem Leben abspielte. Denn dies war das Jahr, in dem Freud, seinen eigenen Äußerungen zufolge, die wahrscheinlich ernsteste Krise seiner wissenschaftlichen Laufbahn zu bestehen hatte, eine Krise, die sich in der Folge auf die Theorie und Praxis der Psychoanalyse schicksalhaft ausgewirkt hat. Im Verlauf dieser Krise sah sich Freud gezwungen, seine Theorie, derzufolge sexuell verführende und traumatisierende Eltern der wesentliche Faktor bei der Neurosenentstehung waren, aufzugeben. Bis dahin hatte Freud angenommen – und öffentlich zum Ausdruck gebracht –, daß die Neurosen seiner erwachsenen Patienten auf verführende, sexuell überstimulierende Eltern oder Elternsubstitute zurückzuführen seien. Diese Auffassung änderte er nun nach schweren inneren Kämpfen. Denn er glaubte jetzt, für seine ursprüngliche Verführungstheorie keine überzeugenden Beweise mehr zu haben. Vielmehr sah er mehr und mehr den Fokus der Neurosengenese im intrapsychischen Drama seiner Patienten, d. h. im Drama ihrer unbewußten und miteinander in Konflikt liegenden Phantasien, Wünsche, Triebbedürfnisse und Gewissensmächte. In einer Kurzformel von P. Ricoeur zeigte sich in den Neurosen nunmehr eine »Pathologie des Begehrens« anstatt eine Pathologie der Familienbeziehungen, was zur Folge hatte, daß Freud, indem er den Fokus seines beobachtenden Teleskopes immer schärfer auf intrapsychische menschliche Konflikte und Abwehrmechanismen einstellte, die Familie und die darin zur Wirkung kommenden prägenden menschlichen Einflüsse unscharf am Rande seines Interesses liegen ließ.

Sicher, Freud war nicht blind demgegenüber, was Familienmitglieder sich einander häufig antun. »Wer überhaupt weiß«, lesen wir etwa, »von welchen Spaltungen oft eine Familie zerklüftet wird, der kann auch als Analytiker nicht von der Wahrnehmung überrascht werden, daß die dem Kranken Nächsten mitunter weniger Interesse daran verraten, daß er gesund werde, als daß er so bleibe, wie er ist« (G. W. XI, S. 478). Aber da sein Hauptfokus das intrapsychische Drama war, hatten solche Einsichten keine wesentlichen theoretischen Folgen. Die Familie blieb für sein theoretisches Interesse – wie auch für das seiner ersten Schüler – peripher. »Die äußeren Widerstände«, erfahren wir, »die der Analyse von den Verhältnissen des Kranken, von seiner Umgebung bereitet werden, haben ein geringes theoretisches Interesse, aber die größte praktische Wichtigkeit«. (G. W. XI, S. 477.) Der Fall Doras, einer seiner ersten Patientinnen, ist hier aufschlußreich (Freud, 1905, G. W.V). Indem er sich auf das intrapsychische Drama des Mädchens einstellte, gewann und formulierte Freud Einsichten, die vor allem die Verdrängung und Verschiebung sexueller Konflikte betreffen und seither in den tradierten psychoanalytischen Wissensschatz eingegangen sind. Gleichzeitig vernachlässigte Freud das zwischenmenschliche Feld – d. h. das Familien-Drama –, in dem das Mädchen gefangen war. Er unterließ es beispielsweise, die Bedeutung der Tatsache abzuklären, daß Doras Vater, um seine Affäre mit der Frau seines Freundes K. weiterführen zu können, Herrn K. dadurch zu bestechen versuchte, daß er verdeckt Herrn K's. auf Dora gerichtete sexuelle Avancen ermutigte oder zumindest tolerierte. U. a. analysierte T. Lidz (1965), wie sich in diesem Familienfeld Doras Probleme verschlimmert, wenn nicht gar konstituiert haben mußten, einem Familienfeld, das Freud willentlich oder unwillentlich außer acht ließ.

Ein ähnliches (relatives) Desinteresse für potentiell traumatische Familieneinflüsse kennzeichnet Freuds berühmtesten und detailliertesten klinischen Fall – den des Wolfmannes. Der Wolfmann, so wissen wir von Freud (1918, G. W. XII) und dem Wolfmann selber (1971), hatte eine kalte, unempathische Mutter und einen manisch-depressiven Vater, der sich während langer Zeiträume als körperlich Kranker in Sanatorien aufhielt und sich sehr wahrscheinlich später das Leben nahm. Als Kleinkind war der Wolfmann den Verführungen seiner Pflegerin Gruscha und seiner Schwester ausgesetzt. (In der Folge wurde die Schwester psychotisch und beging ebenfalls Selbstmord.) Wir haben Grund zu der Annahme, daß er auf eine barbarische Weise gewickelt und auch in anderer Hinsicht traumatisiert wurde. Aber während Freud das komplexe intrapsychische Drama seines Patienten auslotete, ging er nur auf einen traumatischen Familieneinfluß näher ein – die Tatsache, daß der Wolfmann im Alter von 18 Monaten dreimal Zeuge der Urszene gewesen war.

Bis heute bleibt es eine – vielleicht *die* – Aufgabe für die Theoretiker der Psychoanalyse, dem zwischenmenschlichen und Familienbereich, den Freud vernachlässigte, gerecht zu werden, ohne dabei jedoch die bahnbrechenden Einsichten zu opfern, die wir Freud verdanken. (Gerade hier versucht unsere neue, an der Universität Heidelberg errichtete Abteilung für psychoanalytische Grundlagenforschung und Familientherapie einen Beitrag zu leisten.)

Was es bedeutet, Seeleneigentum zu sein

Wie aber läßt sich das wesentlich innerpsychische Phänomen der inneren Besitznahme, wie oben beschrieben, von einer Familienperspektive her verstehen? Um hier zu einer Antwort beizutragen, möchte ich nun die folgende These vertreten: *Die Fähigkeit zur Ergreifung und Verwaltung inneren Besitzes hängt wesentlich davon ab, wie wir selber von wichtigen Familienmitgliedern, insbesondere unseren Eltern, in Besitz oder nicht in Besitz genommen werden.* Damit bringe ich innere (bzw. intrapsychische) und zwischenmenschliche Besitznahme zueinander in Beziehung. Dabei unterscheide ich vor allem zwei Weisen der problematischen zwischenmenschlichen Besitznahme, die sich darin zum Ausdruck bringen können, daß wir für unsere Eltern entweder zu sehr oder zu wenig »zum Besitz werden«. Diese Ansicht besagt, daß die oben skizzierte Pathologie der inneren Besitznahme bzw. Verwaltung in einer Pathologie der zwischenmenschlichen Besitznahme, die auf der Familienebene zum Zuge kommt, begründet ist. Im folgenden möchte ich vor allem auf eine Spielart solcher Beziehungspathologie eingehen, die sich als ein zu starkes, auf die Kinder gerichtetes, elterliches Besitzverlangen darstellt und die ich im Englischen »Parental overowning« genannt habe. Wie, fragen wir uns also, wirkt sich solch übermäßiges elterliches Besitzverlangen auf die oben behandelte Fähigkeit des Kindes aus, sich selbst in Besitz zu nehmen?

Diese Fähigkeit gründet sich, wie ich im Vorhergehenden zu zeigen versuchte, auf einer funktionierenden Selbst-Objekt-Differenzierung, eine Ambivalenztoleranz, einer soliden »Verkörperung im Selbst« sowie einer differenzierenden Sprache – Voraussetzungen, die, wie wir sahen, bei vielen Schizophrenen fehlen. Es sind nun auch in erster Linie die Eltern dieser schizophrenen Patienten, die uns Hinweise darauf geben, wie sich bei Kindern die Fähigkeit der inneren Eigentumsnahme stören läßt.

Denn häufig zeigen diese Eltern ihren Kindern gegenüber eine Art unreflektierten Besitzanspruchs – oder Neigung zur Seelenversklavung –, die sich in einem ungewöhnlich dominierenden, erdrückenden, eindringenden (intrusiven) Verhalten zum Ausdruck bringt. Die Folge ist, daß sie ihre Kinder nicht weniger als etwa ihren eigenen Körper, ihre Möbel oder ihre Kleider als ihren unbefragten Besitz behandeln. Solch dominierendes Vereinnahmen von Seeleneigentum, das mit abhängigen anderen (wie z. B. Kindern, Patienten, Gefangenen) praktiziert wird, kennzeichnet nun den Interaktionsmodus der Bindung, den ich andernorts (1974) beschrieben habe. Er wird uns noch in den folgenden Kapiteln beschäftigen. Da dieser Modus auf einer Es-, Ich- und Überich-Ebene zur Wirkung kommen kann, sprach ich hier vereinfachend von Es-, Ich- und Überich-Bindung. Bei all diesen Formen der Bindung kommt es zu einer massiven Inbesitznahme – oder zumindest versuchten Inbesitznahme – abhängiger anderer durch ihre Eltern, aber auch möglicherweise durch ihre Therapeuten, Gefängniswärter, Chefs usw.

Übermässige Besitznahme (over-owning) als Bindung

Binden etwa Eltern ein Kind auf der »Es-Ebene«, manipulieren sie – in einer häufig überstimulierenden oder infantilisierenden Weise – die kindlichen Abhängigkeitsbedürfnisse, die sie gleichzeitig ausbeuten; bei einer »Ich-Bindung« substituieren sie das kontrollierende elterliche Ich für das sich entwikkelnde kindliche Ich und setzen dieses widersprüchlichen Signalen aus. Dadurch mystifizieren sie das Kind und drängen ihm gleichsam eine fehlerhafte Definition seines Selbst auf, wie dies u. a. G. Bateson (1956), R. D. Laing (1965) und L. C. Wynne und M. Singer (1963) beschrieben haben; bei der »Überich-Bindung« schließlich züchten und fördern die Eltern in ihren Kindern eine starke, obschon meist unsichtbare Loyalität.
Die nähere Betrachtung zeigt nun, daß all diese Strategien der Bindung sich negativ auf des Kindes Fähigkeit zur inneren Besitznahme auswirken müssen.

Bindung als Störung innerer Besitznahme

Dies zeigt sich am deutlichsten bei der Ich-Bindung. Denn der besitzwütige, dominierende Elternteil verletzt hier des Kindes Integrität (von dem Lateinischen integer: intakt, ganz) und bringt seine Selbst-Objekt-Differenzierung zur Entgleisung. L. C. Wynne beschrieb 1972, was dies bedeutet. Nicht wenige Mütter von Schizophrenen strahlen in der Tat eine Art von ängstlich überrollender Intensität aus, die uns sogleich »unter die Haut« geht. Es sind vor allem diese Mütter, die einige frühere Autoren – zu Unrecht und unfairerweise, wie ich glaube – »schizophrenogen« genannt haben. Offenbar kommt diesen Müttern niemals der Gedanke, ihrem Kinde zu erlauben, sich selbst zum Sprecher seiner Wünsche, Gefühle oder

Gedanken zu machen. Vielmehr definieren und verwalten diese Mütter anscheinend im Bewußtsein einer sich nie irrenden Gewißheit vollständig das innere Leben ihres Kindes: »Maria, meine Tochter, mag keine anderen Kinder, sie ist so depressiv, so nervös, hat Angst vor der Dunkelheit ...«, hören wir etwa eine derartige Mutter in den ersten Interviewminuten sagen. Dadurch beraubt diese Mutter das Mädchen jeder Chance zu sagen, was es selbst fühlt, braucht oder wovor es sich ängstigt. Kurzum, eine derartige Mutter hört niemals auf, ihr Kind als ihr unbefragtes Seeleneigentum zu behandeln.

Weiter behindern solche bindenden und dominierenden Eltern bei ihrem Kinde die Entwicklung einer Ambivalenztoleranz, wie ich sie oben beschrieb. Um die Spannungen und den Schmerz der Ambivalenz aushalten zu können, müssen wir in der Lage sein, unsere konflikthaften Bedürfnisse und Gefühle zu definieren, zu artikulieren und als *unsere* Bedürfnisse und Gefühle zu bestimmen. Aber dies muß mißlingen, wenn wir früh und anhaltend durch unsere Eltern mystifiziert werden und daher die für unsere innere und äußere Realitätsorientierung wesentlichen Signale mißdeuten lassen.

Und solche Mystifizierung wird sich schließlich auch auf unser Beheimatetsein im eigenen Körper auswirken. Hier erscheinen vor allem die Beobachtungen H. Bruchs (1962) wichtig. Denn diese Autorin vermochte zu zeigen, wie Körpersignale, die einem Kinde etwa seinen Hunger- und Sättigungszustand anzeigen sollen, als Folge früher Mystifizierungen gleichsam von Anfang an umfunktioniert oder außer Kraft gesetzt werden können. Anstatt daß Eltern hier dem Kinde erlauben, sich auf seine vegetativen Unterströmungen einzustimmen, auf seine inneren Signale zu lauschen und sich dadurch selbst automatisch und mühelos zu regulieren, bestehen sie darauf, daß das Kind hungrig sei, wenn es in Wirklichkeit satt ist, und zwingen es zum Essen, wenn es bereits mehr als genug gegessen hat. Auf diese Weise geben solche Eltern den Anstoß nicht nur zu einer späteren Fettleibigkeit, sondern auch zu einer prekären und abnormen Beheimatung im eigenen Körper.

Ähnliche Überlegungen gelten für eine Bindung, die mehr auf

der Es- oder Überich-Ebene zur Wirkung kommt. Auch hier stören die Eltern die phasengerechte Entwicklung und altersgemäße Trennung und Individuation ihres Kindes.

Denn dem Es-gebundenen – d. h. verwöhnten und infantilisierten – Kind fehlt typischerweise der innere Wille, sich mit Gleichaltrigen oder anderen Erwachsenen, sei es kooperativ, sei es kompetitiv, einzulassen. Denn warum sollte es dieses Kind riskieren, sich von seinen Gleichaltrigen zurückstoßen oder enttäuschen zu lassen, wenn es gewiß sein darf, daß ihm seine Eltern, jetzt und immer, alles, was es nur wünschen kann, bereitwillig anliefern? Daher kollaboriert es mit seinen bindenden Eltern, d. h. läßt sich von diesen Eltern willig infantilisieren, obschon es dadurch seine präödipalen und ödipalen Konflikte intensiviert und, auf die Länge gesehen, sein Dilemma verstärkt.

Bei der Überich-Bindung schließlich induzieren Eltern ihrem Kinde eine massive Ausbruchsschuld. Ständig – obschon in der Regel verdeckt – geben sie ihm zu verstehen, daß sie es verzweifelt brauchen, daß ihr eigenes psychologisches Überleben von ihm allein abhängt. Wie bei der obigen Es-Bindung beuten sie auch hier kindliche Abhängigkeitsbedürfnisse aus, aber darüber hinaus profitieren sie von dem Bedürfnis ihres Kindes, ihnen als loyaler Delegierter zu dienen. Sie nutzen, mit anderen Worten, kindliche Bedürfnisse aus, die darauf abzielen, eine Aufgabe, eine Lebensrichtung, einen Sinn, ein Gefühl der eigenen Wichtigkeit zu finden – Bedürfnisse, die in meinen Augen alle *ein* grundlegendes menschliches Bedürfnis widerspiegeln: *das Bedürfnis, jemandem zu gehören.*

ÜBER DAS BEDÜRFNIS, JEMANDEM ZU GEHÖREN

Nur langsam und spät erkannte ich, wie zentral dieses menschliche Bedürfnis (für jemand wichtig zu sein und ihm zu gehören) ist – obwohl ich es schon eher hätte wissen sollen. Denn schon früh in meinem Leben wurde ich Zeuge massiver kollektiver Sehnsüchte nach totaler Selbsthingabe. Ich denke beispielsweise daran, wie ich als Kind Tausende und Abertausende Deutscher im Chore schreien sah: »Wer auf die Fahne

des Führers geschwört, hat nichts mehr, was ihm selber gehört.« Diese Deutschen kannten anscheinend kein stärkeres Bedürfnis, als Wachs in Hitlers Händen, als selbstlose und enteignete Gefäße seines Willens zu sein und nur ihm zu gehören – obschon oder weil dies nur um den Preis des eigenen Opfers bzw. der eigenen Zerstörung möglich war.
Als ich viel später als Psychotherapeut mit schizophrenen Patienten arbeitete, beobachtete ich bei diesen eine ähnliche Dynamik – die aber nun vor allem auf einer Familien- anstatt einer kollektiven Ebene zum Zuge kam. Denn auch viele dieser Schizophrenen machten auf mich (wie auch auf andere) den Eindruck seltsam williger Opferlämmer, die allem zuwiderhandelten, was bei ihnen die psychologische Logik und der Zwang zum Überlegen zu verlangen schienen – bis ich verstehen lernte, wie ihre Selbstaufopferung mit ihrem überstarken Bedürfnis, jemandem zu gehören, in Verbindung stand.
In meinem Buch »Eltern und Kinder. Das Drama von Trennung und Versöhnung im Jugendalter« habe ich beschrieben, wie solche Patienten oft in einer für den Außenstehenden unverständlichen Weise sich in Krankheit, Hörigkeit und Elend heimisch zu machen scheinen. Typischerweise bringen sie dadurch schließlich auch den wohlmeinendsten und aufopferndsten Therapeuten aus dem Konzept, dem dann oft nichts anderes übrig bleibt, als ihren Masochismus, ihre »negative therapeutische Reaktion«, ihre passive Aggressivität oder ihren raffinierten Sadismus aufzudecken und zu beklagen, Eigenschaften, die es diesen Patienten anscheinend ermöglichen, hartnäckig und stur in ihrem Patientenstatus zu verharren und dadurch ihre Therapeuten und ihre Eltern zu quälen.
Um die hier zum Zuge kommende Dynamik zu verdeutlichen, wenden wir uns im folgenden einem übermäßig gebundenen und übermäßig zu Seeleneigentum gemachten Patienten zu – Marvin Schultz, den wir bereits im ersten Kapitel kennengelernt haben. Im folgenden konzentriere ich mich auf jene Aspekte seiner bereits skizzierten Delegationsdynamik, die die Thematik von seelischer Besitznahme und Sich-zum-Besitz-Machen berühren.

Marvin war, so sahen wir, delegiert worden, die hochgespannten Erwartungen seiner Mutter zu erfüllen; vor allem war ihm bestimmt worden, ein erfolgreicher Pianist zu werden und dabei jene Erfolge zu erringen, die der Mutter selbst versagt geblieben waren. Von Anfang an auf eine kometenhafte Karriere von Marvin eingestellt, hatte sie ihn schon früh zum Wunderkind erklärt, ohne indessen sein begrenztes Talent in Rechnung zu stellen. Gleichzeitig hatte sie ihn aber rekrutiert, das zu verkörpern, was sie in sich selbst am meisten fürchtete und daher am stärksten von sich auf ihn abschieben mußte – ihre »Verrücktheit«, ihre Schwäche und ihre depressive Präokkupation mit Verfall und Tod. Indem sie Marvin zum Empfänger dieser und anderer verleugneter eigener Aspekte und Probleme machte, hielt sie letzteren in einer sicheren »Arbeits-Distanz« vom eigenen beobachtenden Ich: nahe genug für eine ständige Sorge und Beschäftigung mit den in ihm deponierten Problemen, aber weit genug, um davon nicht überwältigt zu werden. Marvin blieb somit ihr »gebundener Delegierter« – ein Delegierter, den sie mit wichtigen (und widersprüchlichen) Aufträgen[1] betraut hatte, und der doch ihr Gesichtsfeld nicht verlassen, und das heißt: sich nicht von ihr trennen und sich zu einem Individuum mit eigenen Wünschen, Bedürfnissen und Plänen entwickeln durfte. Als solch gebundener Delegierter fungierte er als ein Behälter sowohl für das, was sie sich selbst am meisten zu eigen zu machen wünschte (z. B. strahlende Jugend, schöpferische Produktivität und künstlerischen Erfolg), als auch für das, was sie am stärksten zu ent-eignen, d. h. von sich abzuschieben versuchte (wie z. B. Verrücktheit, Schwäche, Destruktivität, Schuld, Depression).

Aber nicht nur überbürdete sie Marvin auf diese Weise: Indem sie ihn an sich band, ihn dominierte, seine Integrität verletzte, beeinträchtigte sie auch seine Fähigkeit zur inneren Besitznahme, wie ich sie anfangs beschrieben habe. Denn sie

---

[1] darunter der ›Wiedergutmachungsauftrag‹, der ihm aus dem Tod seiner kleinen Schwester erwachsen war. (Siehe I. Kapitel, S. 32.)

beeinträchtigte seine Selbst-Objekt-Differenzierung, seine Fähigkeit zum Ertragen von Ambivalenz, seine Beheimatung im eigenen Körper, und störte schließlich auch die Entwicklung der Sprache, deren er bedurfte, um seinen inneren Besitz abzustecken. Kein Wunder daher, daß Marvin, zum mütterlichen Seeleneigentum gemacht und von widersprüchlichen Aufträgen auseinandergerissen, schließlich zusammenbrach und hospitalisiert werden mußte. Dies ist indessen nicht der Ort, um im Detail jenen komplexen zwischenmenschlichen Prozessen nachzugehen, die akute Zusammenbrüche sowohl widerspiegeln als auch auszulösen vermögen. Ich verweise hier den Leser auf meine verschiedenen Arbeiten zu diesem Thema (1959, 1969, 1972, 1974). Vielmehr möchte ich im folgenden einige jener Aspekte in der Beziehungsdynamik von Besitznahme und Sich-zum-Besitz-machen betrachten, die uns nicht nur verstehen lassen können, warum jemand akut zusammenbricht, sondern vor allem auch, warum er in einem zurückgezogenen, kranken, verrückten Zustand beharrt.

Ein gebundener Delegierter, der sein Leben verschleudert

Kehren wir, um uns diese Aspekte zu verdeutlichen, zu Marvin zurück. Als ich ihn und seine Familie das erste Mal sah, hatte er vermuten lassen, daß ein produktiver Neubeginn bevorstand: Er hatte sich einen Arbeitsplatz gesucht, an der Universität immatrikuliert und bei einer Therapiegruppe angemeldet. Aber als ich ihn sah, waren diese Projekte zu nichts zerronnen. Vielmehr zog er sich nun mehr und mehr in seine Wohnung zurück, die er mit einem anderen ehemaligen Patienten teilte. Hier verbrachte er seine Tage vor dem Fernsehschirm oder schlief, spann sich in seine Phantasien ein oder masturbierte. Seine einzigen Außenkontakte waren seine Familie und sein Therapeut. Das Fehlen jeder Initiative und Bewegung in seinem Leben verursachte seinen Eltern mehr und mehr Sorgen, um so mehr, als Marvin keinen psychotischen Eindruck mehr machte: denn er schien nicht gestört und sprach und dachte in einer Weise, die anderen klar und intelligent vorkam. Es sah so aus, als mangelte es ihm lediglich an Motivation und vielleicht an Rat und Hilfe bei der Berufs- und Studiumwahl, und letztere Hilfe waren seine Familie und sein Therapeut eifrig zu geben bereit.

Systemfaktoren bei Marvins Stagnation

Der Erfolg blieb jedoch aus. Denn je mehr Marvin zur Zielscheibe elterlicher und therapeutischer Hilfsleistungen wurde, desto weniger schien er sich selbst zu rühren, und desto mehr nistete er sich in seine passive Schattenexistenz ein.
Woher dieser Stillstand und die anscheinende Entschlossenheit von Marvin, sein Leben ereignislos vorbeifließen zu lassen? Zweifellos hatte Marvin Angst, sich neuen Situationen und Herausforderungen und damit möglicherweise Niederlagen und Zurückweisungen auszusetzen, eine Angst, die sich im Verhältnis zu der von ihm verschleuderten Zeit verstärkte – jener Zeit, während der seine Altersgefährten sozial Fuß faßten, ihre beruflichen Karrieren vorantrieben und ihre Positionen im Leistungskampf verbesserten. Aber verwoben mit dieser Angst kamen hier noch andere und meiner Meinung nach wesentlichere dynamische Prozesse zur Wirkung – Prozesse, die sich uns zu erkennen geben, sobald wir uns seine Position als gebundener, zum Seeleneigentum gemachter Delegierter seiner Eltern und insbesondere seiner Mutter vergegenwärtigen. Hier übergehe ich den elterlichen Beitrag zu diesen Delegationsprozessen und beschränke mich auf den Beitrag von Marvin. Dieser Beitrag wurde immer deutlicher, je mehr die Familientherapie fortschritt.
Er zeigte sich vor allem in der Weise, in der Marvin als sein eigener deprivierender Sklavenhalter fungierte. Denn es stellte sich heraus, daß er es war, der wieder und wieder Hilfeangebote zurückwies, prospektive Arbeitgeber und Lehrer irritierte, oder sonst seine Aussichten zuschanden machte. Es schien, als produziere er einen gewaltigen Dauerwutanfall, mit dem er all seine wirklichen und potentiellen Helfer terrorisierte. Warum?
Um eine Antwort zu finden, müssen wir uns vor Augen füh-

ren, was es für Marvin bedeutete, gebunden und delegiert zu sein. Es bedeutete einmal, wie wir sahen, daß er überfordert war, daß er eine erdrückende Auftragslast zu tragen hatte und daß man ihn psychologisch ausbeutete. Als Folge solcher Ausbeutung hatten sich seine Chancen, seelisch zu wachsen und sein Lebensglück zu finden, reduziert: anstatt seine Energien in einer ihn befriedigenden Berufskarriere zu investieren und sich Freunde und Sexualpartner seiner Wahl zu suchen, hatte er sich bei dem Versuch, das bessere Ich seiner Mutter und zugleich ihr Mülleimer (für ihre von sich abgestoßenen, nicht zu eigen gemachten Seiten) zu sein, verausgabt.

Aber gebundener Delegierter zu sein, bedeutete mehr. Denn – und das erscheint nun wichtig – obschon die psychologische Ausbeutung von Marvin durch die Mutter (und andere Familienmitglieder) sein Leben ruinierte, lag für ihn in diesem Tatbestand paradoxerweise auch eine Quelle der Befriedigung und Überlebenskraft. Denn als psychologisch ausgebeutetes Opferlamm war Marvin für seine Mutter (und auch die anderen Familienmitglieder) wichtig geworden – war er in der Tat so wichtig geworden, daß das psychologische und vielleicht sogar physische Überleben dieser anderen nun allein von ihm abzuhängen schien. Das heißt, daß Marvin, indem er sich zum Seeleneigentum machen ließ, auch einen Sinn, eine Aufgabe, eine Lebensrichtung fand und daß er, was vielleicht am wichtigsten ist, dabei Macht gewann.

Die Macht des gebundenen Delegierten

Sicher, seine Macht war nicht der eines Hitlers vergleichbar; eher ließe sie an die eines Gandhi oder Martin Luther King denken, zweier Persönlichkeiten, die gewaltsamen Methoden entsagten und gerade dadurch in die Lage versetzt waren, die moralische Sensibilität ihrer Ausbeuter anzusprechen. Denn dies tat Marvin ebenfalls. Indem er sich ausnutzen und ruinieren ließ, sammelte er gleichsam moralischen Kredit und kam dadurch in eine strategische Überlegenheitsposition, die ihn gegenüber seiner Mutter (wie auch seinem Vater) am Hebelarm der Schuldauslösung sitzen ließ. Einfach auf Grund der

Tatsache, daß er Opferlamm war und sein Elend als gebundener Delegierter zur Schau stellte, vermochte er nun seine Eltern vernichtend zu treffen. Denn er lieferte ihnen nun den lebendigen Beweis ihrer Schlechtigkeit und ihres Versagens als Eltern, wobei er eine Dynamik zum Zuge kommen ließ, die I. Boszormenyi-Nagy und G. Spark (1973) ausführlich beschrieben haben.

Vom Elend, Seeleneigentum zu sein

Kurzum, es stellte sich mir in Marvins gigantischem Dauerwutanfall – d. h. seiner sturen Weigerung, sich helfen zu lassen und Fortschritte zu machen – ein komplexes Bündel von Emotionen und Gefühlen dar: Erstens Wut – Wut darüber, daß er so massiv ausgebeutet und hoffnungslos gefangen war, eine Wut, die ihn antrieb, zum grausamen Folterer seiner Eltern zu werden. Zweitens Schuld wegen dieser Folterrolle, die die zwischen ihm und seinen Eltern zum Zuge kommende negative Gegenseitigkeit (s. hierzu Stierlin, 1971) verstärkte. Es trug aber weiter zu seiner Schuld bei, daß Marvin auch seiner Mutter zu dienen und zu helfen, daß er ihre unerfüllbaren Aufträge zu erfüllen und sich dabei aufzuopfern wünschte und daß er dabei versagte. Schließlich aber müssen wir die tiefe Befriedigung erwähnen, die Marvin aus der Tatsache zufloß, daß er, zum Seeleneigentum seiner Eltern gemacht, für letztere so wichtig geworden war, daß diese ohne ihn psychologisch nicht mehr zu überleben vermochten.

Zwei gegensätzliche oder komplementäre Bedürfnisse

Auf den ersten Blick konnten die zwei in diesem Essay behandelten Bedürfnisse – jemand anderem zu gehören und uns selbst in Besitz zu nehmen – als Gegensätze erscheinen: dementsprechend ließen sich zwei grundlegende menschliche Bedürfnisse annehmen, die miteinander im Kampf liegen. Die nähere Betrachtung zeigte jedoch hier eine komplexe Dialektik, innerhalb derer sich diese beiden Bedürfnisse nicht nur unversöhnlich gegenüberstehen, sondern sich auch ergänzen und einander bedingen. Denn es zeigte sich, daß wir nur dann hoffen können, uns wirklich zu besitzen, wenn wir jemand gehört haben oder noch gehören – und dadurch eine Aufgabe, eine Lebensrichtung, einen Sinn erhielten und dabei fühlen durften, daß wir für andere wichtig waren oder noch sind. Damit zeigte sich dann das, was wir in bestimmten schizophrenen und anderen gebundenen Patienten beobachten, als Entgleisungen einer allgemein menschlichen Beziehungs- und Wachstumsdialektik, eine Entgleisung, die sich für alle Partner tragisch auswirken muß.

Therapeutische Implikationen

Die hier entwickelte Perspektive hat Konsequenzen für unsere therapeutische Praxis. Im wesentlichen stellt sich daraus dem Therapeuten die Aufgabe, übermäßige possesive Familienbindungen aufzulockern und, wenn möglich, eine negative in eine positive Gegenseitigkeit umzuwandeln, d. h. in eine Gegenseitigkeit, in der, in Abwandlung eines Wortes von Karl Marx, die Freiheit des einen zur Bedingung der Freiheit der anderen wird. Damit dies geschehen kann, muß der Therapeut Vertrauen aufbauen, indem er allen Angehörigen Fairneß und Empathie zeigt. Weiter aber muß er – was in diesem Zusammenhang vielleicht am wichtigsten ist, sich sensitiv auf die komplexe Dynamik einstimmen, durch die wir uns selbst in Besitz nehmen, während wir uns auch als Besitztum anderer erleben – eine Dynamik, in der Schuld, Scham, gegenseitige Verpflichtung und untergründige Loyalität eine zentrale Rolle spielen. Dabei müssen wir in der Regel mehr als nur zwei Generationen berücksichtigen. Um etwa den Marvin ausbeutenden Eltern Gerechtigkeit widerfahren zu lassen, müßten wir auch in Rechnung stellen, wie diese Eltern von ihren eigenen Eltern ausgebeutet wurden und nun an Marvin austrugen, was ihnen von letzteren angetan worden war. Verschiedene Familienforscher und -therapeuten, insbesondere Ivan Boszormenyi-Nagy und G. Spark (1973), haben die therapeutischen Prinzipien entwickelt, die sich aus einer derartigen Mehrgenerationenperspektive ergeben.

VOM ELEND, ZU SEHR ODER ZU WENIG BESITZ ANDERER ZU SEIN

In dieser Arbeit konzentrierte ich mich vor allem auf eine Form der Pathologie, die sich ergibt, wenn man zum massiv gebundenen (und im Extremfall schizophrenen) Delegierten und damit zum ausgebeuteten Seeleneigentum anderer wird. Aber um das Bild abzurunden, ist es nötig, eine kontrastierende Pathologie zu erwähnen, die sich einstellt, wenn uns niemand zu seinem Besitz zu machen versucht, und uns dann das Bewußtsein, für andere wichtig zu sein, fehlt. In einer Reihe von Arbeiten sprach ich hier im Englischen von »wayward«-Individuen, da der Terminus »wayward«, Websters Wörterbuch zufolge, eine »weggewendete« Person bezeichnet, die durch keinerlei verbindliche Prinzipien oder Gesetze gebunden ist und sich nur von eigenen Wünschen bestimmen läßt. Hier zeigt die Lebensgeschichte, daß der Einzelne, anstatt übermäßig gebunden zu werden, ungebunden blieb, d. h. vernachlässigt und zu früh freigesetzt wurde. Und anstatt für andere überwichtig zu werden, blieb er unwichtig und verwandelte sich in eine lästige menschliche Überschußware. Kürzlich beschrieb der amerikanische Anthropologe C. Turnbull (1972) einen entwurzelten afrikanischen Stamm, die Ik genannt, bei dem die Eltern ihre Kinder früh zurückweisen und sich jeder Verantwortung für sie entledigen: Schon im Alter von drei Jahren stoßen sie ihre ungeliebten Kinder aus dem Hause und zwingen sie, für sich selbst zu sorgen. Bisher gelang es offenbar den Ik, als Volk zu überleben, trotz oder vielleicht wegen des fast völligen Fehlens von Liebe, Sorge, wie auch Scham und Schuld, bei ihnen. Dennoch sind sie vielleicht eine Warnung dafür, was unserer zunehmend übervölkerten Welt bevorsteht, in der sich mehr und mehr Menschen ansammeln, die niemandem gehören und die, zum menschlichen Überschuß geworden, für sich selbst und die Sozietät zur Gefahr werden. Aber ob wir uns nun zu sehr oder zu wenig als Eigentum anderer erleben, wir tun gut daran, uns den Wechselfällen der inneren und äußeren Besitznahme zuzuwenden, die in uns und in unseren Familien zur Wirkung kommen.

3. Kapitel

Familientherapeutische Aspekte der Übertragung und Gegenübertragung

Übertragung und Gegenübertragung bei Freud

Die Begriffe Übertragung und Gegenübertragung gehen auf Freud zurück, der Übertragung 1905 in seiner Beschreibung des Dora-Falles als »eine besondere Art von meist unbewußten Gedankenbildungen« definierte; diese sind nach Freud »Neuauflagen, Nachbildungen von Regungen und Phantasien, die während des Vordringens der Analyse erweckt und bewußtgemacht werden sollen, mit einer für die Gattung charakteristischen Ersetzung einer früheren Person durch die Person des Arztes« (Freud, 1905, S. 279).

In der Folge erarbeiteten Freud und seine Schüler weitere Seiten der Übertragung mit dem Ergebnis, daß uns der Begriff Übertragung vor allem über zwei Aspekte Auskunft erteilte:

Erstens die Phantasien, psychischen Strukturen, Introjekte, Haltungen, Einstellungen, Wahrnehmungen, Konflikt- und Verhaltensmuster des Analysanden. Hier können wir von den Größen bzw. Gegebenheiten der Übertragung – eben dem, *was* übertragen wird – sprechen. Die psychoanalytische Situation macht diese Gegebenheiten erkenn- und bearbeitbar, indem sie uns ihre Unangemessenheit, d. h. ihren »bloßen« Übertragungscharakter, verdeutlicht: sie zeigt sie uns fehl am Platze, als Widersacher einer flexiblen Realitätsanpassung. Derart verstandene Übertragungsphänomene sind allgegenwärtig. Sullivan bezeichnete sie als Parataxien, die das tägliche Leben durchdringen. In der Analyse begegnen sie uns jedoch wie in Reinkultur.

Zweitens gibt der Begriff Übertragung Auskunft über einen Beziehungsprozeß, weil sich die genannten Gegebenheiten erst in einer Beziehung darstellen. Damit wird Übertragung zu einem Beziehungsphänomen, das wiederum in der psychoanalytischen Situation besonders deutlich wird. (Die psycho-

analytische Beziehung besteht jedoch nicht nur aus Übertragung und Gegenübertragung. Sie hat auch Wirklichkeitscharakter und schließt ein Arbeitsbündnis ein, das sich auf der Integrität und Vertrauensbereitschaft der Partner gründet.)
In der psychoanalytischen Arbeit hat die Übertragung nach Freud ein Doppelgesicht, an dem beide Aspekte teilhaben: Sie ist zugleich Ausdruck der Störung und Basis der Heilung. Denn selbst ein erwachsener Analysand zeigt sich im Lichte seiner Übertragung als seiner kindlichen Vergangenheit verhaftet. Und soweit er verhaftet bleibt, steht seine Übertragung seiner Reifung und Ablösung im Wege, ist sie Widerstand. In dem Maße aber, in dem dieser Widerstand analysiert und bearbeitet wird, ist Übertragung auch Vehikel seiner Reifung, wachsenden Autonomie und Befreiung.
Ein ähnliches Doppelgesicht hat der psychoanalytische Begriff der Gegenübertragung: soweit Gegenübertragung auf unanalysierten und undurchgearbeiteten Aspekten – sogenannten »blinden Flecken« – des Analytikers beruht, hemmt sie, ähnlich einem Widerstand, die Psychoanalyse. Soweit des Analytikers Gegenübertragungsreaktionen aber gleichsam gebändigte Antworten auf unbewußte Prozesse des Analysanden sind, bedeuten sie wertvolle Informationen, die für den analytischen Prozeß nutzbar gemacht werden können.
Dieser in den Begriffen Übertragung und Gegenübertragung enthaltene Doppelaspekt verweist auf eine Versöhnungsaufgabe. Eine ähnliche Aufgabe gibt sich auch in der Familientherapie zu erkennen.
Um ihr gerecht zu werden, müssen wir uns erinnern, daß der psychoanalytische Übertragungsbegriff auf Familieneinflüsse als seine tieferen Determinanten verweist – Traumata, Deprivationen und überfordernde elterliche Erwartungen, die auf verschiedenste Weise bedingten, daß sich situationsunangemessene, eine flexible Realitätsanpassung behindernde Übertragungen etablierten. Daher läßt sich vereinfachend sagen: in Übertragungsbeziehungen begegnen uns fehlgelaufene Familienbeziehungen.

Transfamiliäre vs. intrafamiliäre Übertragungsprozesse

Um diese fehlgelaufenen Familienbeziehungen erfassen zu können, müssen wir den Übertragungsbegriff erweitern und zwischen *transfamiliärer* und *intrafamiliärer* Übertragung unterscheiden.

Eine *transfamiliäre (die Familiengrenzen überschreitende) Übertragung* liegt vor, wenn Verhaltensmuster, Phantasien, Einstellungen, Erwartungen, Wahrnehmungen etc., die sich in nahen Beziehungen zur Ursprungsfamilie, insbesondere den Eltern, etablierten, unangemessen auf Außenstehende, d. h. nicht der Ursprungsfamilie angehörende Personen, übertragen werden. Dieser Definition zufolge sind auch Ehepartner Außenstehende. Wie aus der Paartherapie bekannt ist, werden sie oft zu Empfängern massiver, familiendeterminierter Übertragungen. Dabei können sich Kollusionen einpendeln, wie sie u. a. J. Willi (1975) beschrieben hat. Ebenso erweisen sich im Sinne der obigen Definition Psychoanalytiker als außenstehende Übertragungsempfänger, d. h. als Zielscheiben transfamiliärer Übertragungsprozesse. Damit werden sie zu Spiegeln wie auch Korrekturinstanzen für fehlgelaufene Familienbeziehungen.

Intrafamiliäre Übertragung liegt dagegen vor, wenn Übertragungsgegebenheiten in unangemessener Weise innerhalb der Familie transferiert werden. In der Regel sind hier mindestens zwei Generationen beteiligt, und es ließe sich daher auch von transgenerationaler Übertragung sprechen.

Dabei lassen sich zwei Achsen intrafamiliärer Übertragung unterscheiden, die beide in der familientherapeutischen Arbeit wichtig werden.

Bei der ersten geht die Richtung der Übertragung *von den Eltern auf das Kind*. Hier werden dem Kinde Phantasien, Attribute und Wahrnehmungen übertragen bzw. angelastet, die es häufig vergewaltigen, ihm ein falsches Selbst aufoktroyieren. Oft wird es darüber hinaus »parentifiziert«, d. h. in einer Weise fehl-wahrgenommen, die ihm eine Elternfunktion aufzwingt: man rekrutiert es als Empfänger von Gefühlen, Verhaltensmustern und Phantasien, die den eigenen (wirklichen oder erwünschten) Eltern angemessen wären. Der Übertragungscharakter solch parentifizierenden Verhaltens läßt sich deutlich in bestimmten Familien mit mißhandelten Kleinkindern beobachten. Typischerweise schlägt hier etwa eine Mutter ihr neunmonatiges Kind, weil es sie (wie seinerzeit der Vater) »bös« anschaut, als sie abgeschafft und liebesbedürftig nach Hause kommt.

Bei der zweiten Achse geht die Übertragungsrichtung *vom Kind auf die Eltern*. Hier überträgt ein Kind auch noch als Erwachsener frühkindliche Einstellungen, Wahrnehmungen, Konfliktmuster etc. auf seine Eltern, die diesen Eltern nicht mehr gerecht werden. Vielmehr erlebt es seine Eltern weiterhin als phantasie-verformte Objekte, sei es als böse Verfolger oder als präambivalent idealisierte Heroen. Solch früh erworbene Einstellungen können sich – das zeigt die Familientherapie immer wieder – hartnäckig bis ins Alter erhalten und bis zuletzt ein verstehend-versöhnendes Gespräch verhindern: Hier sieht somit das erwachsene Kind seine lebenden Eltern durch die Brille seiner Kindheitserfahrungen und vermag zwischen seinem Phantasiebild der Eltern und den realen Eltern nicht zu differenzieren.

AUSWIRKUNGEN DER FAMILIENDYNAMIK AUF DIE ÜBERTRAGUNG IN DER THERAPEUTISCHEN ZWEIERBEZIEHUNG

In der therapeutischen Zweier-, insbesondere der psychoanalytischen Beziehung handelt es sich im Sinne der obigen Definition um transfamiliäre Übertragung. Ich möchte im folgenden vor allem diese Form der Übertragung unter Familienaspekten behandeln und dadurch einen Beitrag zur Integration psychoanalytischer und familientherapeutischer Theorien zu leisten versuchen.

Dazu möchte ich einige aus therapeutischen Zweierbeziehungen bekannte Übertragungsphänomene im Licht jener vier übergreifenden Gesichtspunkte diskutieren, die die Arbeit unserer Heidelberger Gruppe zunehmend (Stierlin, 1972, 1975, 1976) bestimmen. Es sind dies 1. die bezogene Individuation, 2. die Interaktionsmodi von Bindung und Ausstoßung, 3. die Delegation und 4. die Mehrgenerationenperspektive von Vermächtnis und Verdienst. Sie sind jenen psychoanalytischen Gesichtspunkten – wie dem genetischen, dynamischen, ökonomischen, topographischen, strukturellen und (seit Hartmann) adaptiven Gesichtspunkt – vergleichbar, die sich mit zunehmender Komplexität der psychoanalytischen Erfahrungs- und Begriffswelt als zentrale theoretische Perspektiven etabliert haben. Zwei dieser Gesichtspunkte – die Interaktionsweisen der Bindung und Ausstoßung und die Delegation – lernten wir bereits in den vorausgehenden Kapiteln kennen. In unseren vier beziehungsdynamischen Perspektiven stellen sich uns sowohl individuelle wie Systembeiträge, transitive wie reziproke Beziehungsmomente dar. Zum Teil gehen diese Perspektiven auseinander hervor und überschneiden sich. Dabei bedingen sie eine jeweils andere Einstellung unseres erkennenden Teleskopes und bringen dadurch jeweils andere Aspekte der psychischen und zwischenmenschlichen Realität ins Blickfeld.

ÜBERTRAGUNGSPROZESSE BEI BEZOGENER INDIVIDUATION

Bei dem ersten Gesichtspunkt der *bezogenen Individuation* geht es wesentlich um die bereits im 2. Kapitel S. 41/42 erwähnte Selbst-Objekt-Differenzierung, zu deren Verständnis M. Mahler (1963), E. Jacobson (1954) und andere psychoanalytische Autoren beigetragen haben. E. Jacobson (1954) zum Beispiel beschreibt dieses Phänomen wie folgt:
»Der Wunsch des Babys nach Vereinigung mit der Mutter, der sich auf Phantasien von oraler Einverleibung des Liebesobjektes gründet, führt leicht immer dann zu wiederkehrenden Fusionen der Selbst- und Objektrepräsentanzen, wenn das Kind in der Beziehung zur Mutter Befriedigung, körperlichen Kontakt und Nähe erlebt. Solche Verschmelzungserlebnisse mit dem Liebesobjekt gehen bei ihm offenbar mit einer zeitweiligen Schwächung seiner Wahrnehmungsfunktion – d. h. seines erwachenden Realitätsempfindens – und einer Rückkehr zu einem früheren undifferenzierten Zustand einher.« Bezogene Individuation läßt sich damit als Fähigkeit zur Erhaltung der Selbst- und Objektrepräsentanzen bei bestehender inniger Beziehung verstehen.

Eine derartige bezogene Individuation schließt sowohl Selbst-Differenzierung – d. h. die Differenzierung der Innenwelt in bewußte und unbewußte Sphären, und in klar artikulierte Gefühle, Bedürfnisse, Erwartungen, innere und äußere Wahrnehmungen etc. – als auch Selbst-Abgrenzung – d. h. die Abgrenzung solch differenzierter Innenwelt von der Außenwelt, insbesondere den Ideen, Bedürfnissen, Erwartungen, Ansprüchen etc. anderer – ein. Allgemein gesagt, erlaubt uns bezogene Individuation, uns in verschiedensten zwischenmenschlichen Kontexten als getrennt und zugleich bezogen zu erleben. Sie wird daher immer wichtig – und auf die Probe gestellt –, wenn emotionale Nähe und Empathie bestehen oder verlangt werden. Das gilt etwa auch für den Geschlechtsverkehr, soweit er sich in eine intime Beziehung einfügt: Hier kann die im Orgasmus erlebte regressive Fusion regenerierend wirken, wenn bezogene Individuation den Partnern die Wiederherstellung ihrer Getrenntheit bei weiterbestehender Verbundenheit garantiert.

Besonders schizophrene Patienten zeigen häufig eine mangelnde oder gestörte Selbst-Differenzierung und Selbst-Abgrenzung in Situationen zwischenmenschlicher Belastung. Sie erleben dann etwa der Innenwelt entstammende Wahrnehmungen als von außen kommend (wir sprechen von Halluzinationen) oder vermögen die eigene Gefühls- und Ideenwelt nicht von der anderer abzugrenzen.

In der klinischen Praxis begegnen uns vor allem drei Spielarten mißlungener bzw. fehlender Individuationen: erstens die symbiotische Fusion, zweitens die starre »autistische« Absonderung und drittens das ambivalente Hin- und Herpendeln zwischen diesen Extremen. Von diesen drei Spielarten einer gestörten bezogenen Individuation her lassen sich dann die verschiedenen Formen schizophrener Störungen als Spielarten einer Differenzierungsstörung beschreiben (Stierlin, 1975).

Mit der Blickrichtung auf Individuation kommen sowohl Eigenschaften bzw. Verhaltensweisen eines Individuums als auch seines Beziehungssystems zum Vorschein. Bleiben wir individuumzentriert, läßt sich beispielsweise eine schizophrene Störung als Störung der Selbst-Objekt-Differenzierung bzw. bezogenen Individuation einer Einzelperson be-

stimmen. Haben wir dagegen das Beziehungssystem vor Augen, erscheint die Störung der Individuation als Systemmerkmal und ist systemgerecht zu konzeptualisieren. Familientherapeuten verwendeten demgemäß Begriffe wie »undifferenzierte Ich-Masse« (M. Bowen, 1959), kollektives kognitives Chaos (L. C. Wynne, 1965), intersubjektive Fusion (I. Boszormenyi-Nagy, 1965) oder Verwischung der Generations- und Geschlechtsgrenzen (T. Lidz et al., 1958).
Eine Störung der bezogenen Individuation wirkt sich nun stets darauf aus, wie sich Übertragung und Gegenübertragung konstellieren. Wenden wir uns, um dies zu verdeutlichen, zunächst der Zweierbeziehung zu. Hier zeigt sich die Übertragung neurotischer Patienten, wie sie uns aus psychoanalytischer Arbeit vertraut ist, in einem doppelten Licht.
Einmal gibt sich darin eine Störung der bezogenen Individuation zu erkennen: die Tatsache, daß ein Analysand seine Phantasien, Konfliktmuster etc. in der Übertragung auf den Analytiker gleichsam fehlaktiviert, bedeutet zunächst einen Mangel an flexibler Selbst-Objekt-Differenzierung und Realitätserfassung, andererseits stellt sich darin gerade eine Leistung der bezogenen Individuation dar; und das gilt besonders für die – sich im Laufe einer Psychoanalyse entwickelnde – sogenannte Übertragungsneurose. Denn solche Übertragungsneurose impliziert beim Analysanden ein hohes Differenzierungsvermögen: er muß trotz der durch die Analyse geförderten (kontrollierten) Regression imstande sein, die Realitäten seines täglichen Lebens sowie der analytischen Beziehung von den eigentlichen Übertragungsprozessen getrennt zu halten. Vielen schizophrenen und Borderline-Patienten gelingt dies nicht und sie reagieren daher überschießend und undifferenziert auf wirkliche oder vermeintliche Haltungen oder Gefühlsreaktionen des Therapeuten: Sie erstarren beispielsweise in Panik oder verschmelzen in einer Weise mit dem Therapeuten, die für Über-Tragungen im gebräuchlichen Sinne keinen Raum mehr läßt. Ebensowenig lassen sich viele präambivalente, massiv idealisierende Reaktionen bestimmter schizophrener und Borderline-Patienten noch als Übertragungsreaktionen im Sinne der psychoanalytischen Theorie werten.

Fehlen aufgrund eines Individuationsdefizites die Voraussetzungen für eine Übertragung, stellt sich dem Therapeuten die Aufgabe, beim Patienten bezogene Individuation so zu fördern, daß sich schließlich doch eine mehr klassisch psychoanalytische – d. h. differenzierte und vom täglichen Leben abgrenzbare – Übertragung entwickeln kann. Beim Versuch, diese Aufgabe zu bewältigen, verfallen Therapeuten erfahrungsgemäß in zwei Fehler, die sich beide als Spielarten von Gegenübertragung ansehen lassen: Ein Therapeut kann sich einmal von der bestehenden mangelnden Individuation kontaminieren lassen, um dann mit dem Patienten symbiotisch zu verschmelzen. H. Searles (1965) etwa beschrieb das daraus resultierende »ozeanische« und nicht selten lustvolle Fusionserlebnis des Therapeuten Schizophrener.

Zum anderen – und dabei handelt es sich um die zweite Spielart der Gegenübertragung – kann ein Therapeut versucht sein, sich zu starr und anhaltend vom undifferenzierten Patienten abzugrenzen, was auf Kosten seiner, des Therapeuten, empathischen Möglichkeiten geht. Diese beiden Gegenübertragungsreaktionen des Therapeuten – zu große Bereitschaft zur symbiotischen Fusion oder zu starke Abgrenzung – verweisen jeweils auf eigene unbewältigte Individuationsprobleme.

Störungen bzw. Mängel der bezogenen Individuation begegnen uns auch in der Familientherapie und bedingen hier Probleme der Übertragung und Gegenübertragung, die denen einer Einzeltherapie analog sind. Ganz allgemein stellt sich hier dem Therapeuten die Aufgabe, Struktur und Differenzierung in ein ent- bzw. undifferenziertes Beziehungssystem zu bringen, wobei, wie in einer Einzeltherapie, dem Therapeuten ebenfalls die Doppelgefahr symbiotischen Grenzenverlustes oder zu starrer unempathischer Absonderung droht. Wie die Erfahrung lehrt, kann diese Aufgabe auch engagierte und einsatzbereite Familien-Therapeuten überfordern. L. Schaffer et al. (1962) etwa beschrieben anschaulich, wie Therapeuten, die mit undifferenzierten (schizophrenen) Familiensystemen arbeiten, in ihrer eigenen Individuation bedroht werden: sie glauben, auf Treibsand zu stehen und verlieren in der ständigen subtilen Verschiebung und Vermengung der Positionen die Orientierung. Schließlich erscheint ihnen alles gleich sinn-

los und austauschbar. Besonders dieses Erlebnis von Sinnlosigkeit, Hoffnungslosigkeit und Stagnation hat bewirkt, daß inzwischen Pioniere der Familientherapie wie M. Bowen die Behandlung wenig oder undifferenzierter Familien aufgegeben haben.
Ich selbst teile diesen therapeutischen Pessimismus nicht. Jedoch erscheinen mir bei solchen Familien oft Strategien angezeigt, die eine konzentrierte und anhaltende Arbeit mit Subsystemen – beispielsweise nur mit Geschwistern oder nur mit Mutter und Tochter – einschließen. In einer Reihe von Fällen massiver Individuationsstörung scheint eine Familienbehandlung sogar nur als Einzelbehandlung eines designierten Patienten möglich (S. 7 Kapitel).

ÜBERTRAGUNGSASPEKTE DER INTERAKTIONSMODI VON BINDUNG UND AUSSTOSSUNG

Unter Interaktionsmodi verstehe ich langfristig wirkende Beziehungsstrukturen bzw. Beziehungsszenarien. Sie bringen uns Wechselfälle der versuchten oder nicht versuchten, geglückten oder mißglückten Trennung zwischen Eltern und Kindern ins Blickfeld. Dabei erwachsen aus dem Vorherrschen des einen oder anderen Modus auch Gesichtspunkte für die Beurteilung und Bearbeitung von Übertragung und Gegenübertragung.
Heute spreche ich nur noch von zwei Interaktionsmodi: Bindung und Ausstoßung. Die Delegation, die ich früher ebenfalls als Beziehungsmodus definiert habe, konstelliert jetzt eine dritte Hauptperspektive. Sie wird uns sogleich beschäftigen.
In den Begriffen Bindung und Ausstoßung spiegelt sich die Dominanz zentripetaler oder zentrifugaler Kräfte bei der intergenerationellen Trennungsdynamik wider. Allgemein läßt sich sagen: herrscht der Bindungsmodus vor, bleibt das Kind – mehr oder weniger – im Familienghetto gefangen und seine Trennung verzögert sich. Dominiert dagegen der Ausstoßungsmodus, beschleunigen sich die Trennung und eine häufig frühreife Autonomie. Dabei enthalten Bindung und Aus-

stoßung ein dialektisches Moment, das auf den Ausgleich bindender und ausstoßender Kräfte abzielt: Ein gebundenes Kind (bzw. ein gebundener Ehepartner, Patient usw.) ist leicht versucht, aus der Gebundenheit auszubrechen, bleibt aber in der Regel Gefangener der tief und anhaltend zum Zuge kommenden Bindungsstrukturen – es sei denn, diese verändern sich tiefgreifend. Entsprechend erzeugt Ausstoßung ein Verlangen nach Bindung. Aber solche Bindungssuche scheitert in der Regel an der Macht der die Ausstoßung bedingenden und erhaltenden tieferen Strukturen.

a) Übertragungsdynamik bei Bindung

Wie ich bereits im 2. Kapitel und andernorts zeigte (Stierlin, 1972, 1975), kann Bindung auf drei Ebenen erfolgen: einer Es-, Ich- und Überich-Ebene. Dementsprechend können vorwiegend affektive, kognitive und Loyalitätselemente die Bindung bewirken und unterhalten. Je stärker die Bindung, um so eher läßt sich von Homöostase oder Morphostase (E. Wertheim, 1973) sprechen. Mangelnde Individuation kann dabei – neben anderen Faktoren – sowohl Ursache wie Ausdruck von Bindung sein.
Je nach Vorherrschen einer Es-, Ich- und Überich-Bindung ergeben sich typische, z. T. phasenspezifische Interaktionsmuster, in denen sich unbewältigte Trennungsaufgaben widerspiegeln. Z. B. verwandelt sich ein regressiv-verwöhntes, d. h. es-gebundenes Kind, während der Pubertät häufig in einen Tyrannen, der seine bindenden Eltern zunehmend terrorisiert. Ein derart Es-gebundener Jugendlicher veranlaßte etwa den mehrfachen Wohnungswechsel seiner Familie, weil er darauf bestand, zur Nachtzeit laut die Trompete zu blasen mit dem Ergebnis, daß den Eltern wiederholt vom Hausbesitzer gekündigt wurde. Zentral ist beim Bindungsmodus die Wichtigkeit des einzelnen – sei es als Bindender, Gebundener oder beides – für das (psychologische) Überleben der Anderen und des Systems. Daraus resultiert eine Beziehungsdialektik, die sich von der unterscheidet, die sich bei Vorherrschaft des Ausstoßungsmodus entwickelt. Solche Beziehungsdialek-

tik gibt dann den Ausschlag dafür, wie sich Übertragung und Gegenübertragung jeweils konstellieren.
Ganz allgemein stellt sich bei Vorherrschaft des Bindungsmodus dem Therapeuten die Aufgabe, die Bindung zu lockern, eine Ent-Bindung zu fördern.
Übertragung in dem von Freud intendierten Sinne bedeutet demzufolge immer schon eine gewisse Ent-Bindung, denn sie impliziert eine emotionale Investierung in einen Außenstehenden, in diesem Falle den Therapeuten. Aber gerade die Heftigkeit einer Übertragungsreaktion kann über das Maß der erreichten Ent-Bindung täuschen. Denn heftige Übertragungsreaktionen, die vielfach mit einer – etwa von S. Ferenczi (1909) beschriebenen – sofortigen intensiven Anklammerung an den Therapeuten einhergehen, sind häufig Ausdruck einer anhaltend starken Bindung an die Eltern oder Familie. Es wird dadurch diese weiterbestehende Bindung nur gleichsam gegenphobisch überspielt. In ähnlicher Weise lassen sich viele überstürzte Eheschließungen als (in der Regel zum Scheitern verurteilte) Versuche verstehen, aus einer starken Bindung an die Eltern und Familie auszubrechen. Die ungeleistete Ent-Bindungsarbeit bleibt dann bei einer späteren Ehe- oder Familientherapie nachzuholen.
Den genannten anklammernden »gegenphobischen« Übertragungsreaktionen bei weiterbestehender massiver Familien-Bindung steht die mangelnde oder fehlende Übertragungsbereitschaft gegenüber, die ebenfalls Ausdruck und Folge einer anhaltend starken Familienbindung sein kann. Viele jener an »narzißtischen Neuro-Psychosen« leidenden Patienten, denen Freud seinerzeit die Übertragungsfähigkeit und damit Eignung für eine Psychoanalyse absprach, zeigen sich uns heute als Gebundene ihres Familiensystems. Dazu rechnen auch viele Kinder und Jugendliche, die keine eigentliche psychotische Störung aufweisen, sowie eine große Zahl von »Borderline«- und psychosomatisch kranken Patienten.
Stark gebundene bzw. sich ihrer Ent-Bindung widersetzende Patienten lösen beim Therapeuten vor allem zwei Gegenübertragungsreaktionen aus: Erstens die »Zementierung« einer gegenphobischen Anklammerung an den Analytiker durch die – bewußte oder unbewußte – Förderung einer jahrelangen re-

gressiven Abhängigkeit des Analysanden durch den Analytiker. Vor mehr als 30 Jahren bereits brachte Franz Alexander (1948) seine Einwände gegen sich lange hinschleppende, regressionsfördernde Analysen vor. Sie haben nichts an Aktualität eingebüßt.
Die andere, bei Vorherrschaft des Bindungsmodus typische Gegenübertragungsreaktion läuft darauf hinaus, dem Patienten Übertragungsfähigkeit oder Übertragungsbereitschaft überhaupt – d. h. ohne Berücksichtigung der jeweiligen Interaktionsmodi und Delegationsdynamik – abzusprechen. Hierfür ist Freud selbst ein Beispiel, soweit er – unberechtigterweise – psychotischen Patienten per se Übertragungsfähigkeit aberkannte.

b) Übertragungsdynamik bei Ausstoßung

Ich spreche von Ausstoßung, wenn ein Kind anhaltend, besonders aber während Phasen identifikationsbereiter Abhängigkeit, von seiner zentralen Beziehungsperson (oder -personen) wesentlich Kälte, Abweisung und Vernachlässigung erfährt. Dies führt beim Kinde zu Deprivationen und ungleichen Entwicklungen, die zum Teil den sich beim Bindungsmodus entwickelnden ähnlich sind, zum Teil aber unterscheiden. Für das ausgestoßene Kind ist das Erlebnis zentral, als Mensch und Beziehungsperson nicht emotional besetzt zu sein, nicht wichtig genommen zu werden, menschliche Überschußware darzustellen. Daraus leiten sich Erlebnisqualitäten und Wechselfälle der Beziehungen her, die ebenfalls mit denen kontrastieren, die wir beim Bindungsmodus beobachten. Beispiele dafür lieferten die von dem Anthropologen Turnbull untersuchten, im vorausgehenden Kapitel beschriebenen Ik.
Häufig versucht ein ausgestoßenes Individuum aus seiner Schwäche eine Stärke, aus seinen Passiva Aktiva zu machen. Seine von Bindungsmangel herrührende Unfähigkeit zur Sorge (concern) für andere, zum Erleben von Verpflichtung, Schuld und Loyalität gereichen ihm im Überlebenskampf daher nicht selten zum Vorteil, wie dies etwa für bestimmte narzißtisch gestörte Individuen, die häufig ausgestoßen wurden, gilt (Stierlin, 1975).

Auch ausgestoßene Individuen konfrontieren uns mit typischen Übertragungs- und Gegenübertragungsproblemen. H. Kohut verdeutlichte einige dieser Probleme am Beispiel von narzißtischen Patienten, bei denen es sich großenteils um ausgestoßene Persönlichkeiten zu handeln scheint. Viele solcher Patienten erlebten in ihren Familien typischerweise Kälte, Zurückweisung und Vernachlässigung, lernten aber meist auch eine gewisse strukturierende Familienstabilität kennen[1]. Bekanntlich entwickeln diese Patienten zum Analytiker eine kompensatorische idealisierende oder Spiegelübertragung, bei der sich der Analytiker leicht als Person in eigenem Recht mißachtet fühlt. Eine mögliche Gegenübertragungsreaktion des Analytikers ist hier das »frustrierte Zurückschlagen«: er wehrt sich dagegen, über lange Zeitstrecken wie Luft behandelt zu werden, gleichzeitig aber geringfügige Unterlassungssünden – wie ein Zuspätkommen von wenigen Minuten – als böswillig intendierte narzißtische Insulte angekreidet zu bekommen. Weiter fällt es ihm, wie bereits Kohut bemerkt hat, oft schwer, als Objekt einer Dueridealisierung herzuhalten. Allgemein gesagt, stellt sich uns bei ausgestoßenen Individuen die Aufgabe, vertrauende, nichtpathologische Bindungen aufzubauen, anstatt bestehende, zu starke, starre und pathologische Bindungen zu lockern. Die therapeutische Fähigkeit, sowohl Abwertung wie Idealisierung ertragen zu können, wie sie Kohut besonders vom Analytiker narzißtisch gestörter Patienten fordert, erscheint als wichtiges Element beim Aufbau einer vertrauensvoll-tragenden Bindung.

ÜBERTRAGUNGSDYNAMIK BEI DELEGATION

Unsere dritte übergreifende Perspektive – die der Delegation – wurde in den beiden vorausgehenden Kapiteln bereits näher beschrieben. Sie bedeutet eine weitere Verschiebung des er-

---

[1] Bei Patienten mit narzißtischen Störungen kann es sich meiner Erfahrung nach sowohl um ausgestoßene als auch um »gebundene Delegierte« handeln (Stierlin, 1974, 1975). Siehe dazu vor allem auch das 4., 6. und 10. Kapitel dieses Buchs.

kennenden Teleskopes. Wie wir sahen, bedeutet Delegieren dem Wörterbuch zufolge sowohl Hinaussenden als auch mit einer Mission, einem Auftrag, betrauen. Wo daher Delegation vorliegt, bleibt jedmögliche Autonomie qualifiziert, d. h. an die Erfüllung von Aufträgen gebunden. Zentral ist dabei das Loyalitätsband, das Delegierenden und Delegierten verbindet und sie offen oder verdeckt zur Erfüllung der gegenseitigen Erwartungen verpflichtet. In den vorausgehenden und folgenden Kapiteln zeigen sich uns Überforderungen, Auftrags- und Loyalitätskonflikte infolge fehlgelaufener Delegationen als die Quellen verschiedenster Störungen im Individuum und im Beziehungssystem. Innerhalb der Thematik von Übertragung und Gegenübertragung erschließt uns die Delegation vor allem drei Problemebenen. Die erste betrifft das zwischenmenschliche Setting und den Modus der Beauftragung. Wir fragen uns hier etwa, wie in der Intimität frühkindlicher Abhängigkeit lebensbestimmende Aufträge vermittelt werden, z. B. an eine Tochter der Auftrag, ihr Leben für die sexuelle Befreiung der Frau einzusetzen, um dadurch einen geheimen Wunsch der Mutter zu erfüllen. Solche Auftragsvermittlung – in diesem Beispiel wesentlich dem mütterlichen Ich-Ideal dienend – enthält Elemente von interfamiliärer Übertragung, wie wir sie anfangs kennengelernt haben: wie bei einer (psychoanalytischen) transfamiliären Übertragung werden hier von einer Person an eine andere bestimmte Gegebenheiten übertragen, und zwar über die Generationen hinweg.

Das Delegationskonzept – und damit kommen wir zur zweiten Problemebene – läßt uns weiter erkennen, daß sich hier mit den übertragenen »Gegebenheiten« ein Element von Verpflichtung, von Vermächtnis, von Beauftragung verbindet, das im psychoanalytischen Übertragungskonzept fehlt. Darin stellt sich uns nun eine ethische Dimension dar, die sich etwa in den lateinischen Worten Lex (Gesetz), Ligare (Binden) und im Englischen »legacy« (Vermächtnis), deren Bedeutungen in die Begriffe delegieren und Delegation einfließen, anzeigt. Diese ethische Dimension vermittelt sich uns durch die Arbeiten von I. Boszormenyi-Nagy in seinem Konzept des Verdienstkontos (Ledger of Merits), und des intergenerationell zum Zuge kommenden Vermächtnisses (legacy). Das bedeutet: nicht nur Einstellungen, innerpsychische Strukturen, Konfliktmuster etc., sondern auch Verpflichtungen, Schuldnerschaften, Ausbeutungsmuster und Deprivationen werden hier transgenerationell »weitergereicht«, übertragen. Solche Übertragung kann eine Art kumulativer, über die Generationen praktizierte Ausbeutung bedingen, wenn beispielsweise eine Mutter die ihr von der eigenen Mutter widerfahrenen Entbehrungen und Ungerechtigkeiten dadurch auszugleichen sucht, daß sie ihr Kind ausbeutend delegiert bzw. »parentifiziert«.

Die dritte, für unser Thema wichtige, in der Delegation implizierte Problemebene betrifft die Dynamik der unsichtbaren Loyalität, wie I. Boszormenyi-Nagy (1972) sie im einzelnen beschrieben hat. Diese Dynamik bedingt oft, daß Belastungen, Enttäuschungen und unlösbare Konflikte, die ihren Grund in intrafamiliären Delegations- bzw. Übertragungsprozessen haben, transfamiliär verschoben werden. Dazu ein Beispiel: Ein junges Paar suchte mich wegen eines unlösbaren Ehekonfliktes auf. In der Folge zeigte sich, daß dieser Konflikt großenteils aus widersprüchlichen Erwartungen erwachsen war, die die Frau an ihren Mann richtete. Sie wollte, daß er sich sexuell abstinent verhielt und lediglich ihren schönen Körper – unter Aussparung des Genitalbereichs – bewunderte. Zugleich wünschte sie sich einen sie vergewaltigenden Draufgänger, der sie aus dem Gefängnis ihrer Hemmungen und Schamhaftigkeit erlöste. Dieser Konflikt verwies auf Erfahrungen und Erwartungen, die in der Beziehung zur eigenen Mutter begründet waren: diese Mutter hatte sie wiederholt bei der Masturbation überrascht, verprügelt und dabei immer wieder auf »sexuelle Reinheit« verpflichtet, d. h. delegiert, das selbst nicht realisierte sexuelle Reinheitsideal zu verwirklichen. Jedoch hatte dieselbe Mutter, wenn sie betrunken war, in Gegenwart des Mädels Zoten gerissen und bewundernd von Männern mit langen Schwänzen geschwärmt. Das hatte das Mädchen überstimuliert, verunsichert und zugleich der geheimen Erwartung ausgesetzt, die von der Mutter selbst verleugnete und nur in alkoholisiertem Zustand zugegebene »wilde Sexualität« auszuleben. Das Mädchen sah sich daher in einen unlösbaren Auftrags-Konflikt verstrickt. Anstatt jedoch diesen Konflikt mit ihrer Mutter auszutragen, übertrug bzw. verschob sie ihn auf ihren Mann. Damit einhergehend richtete sie auf ihn Enttäuschung, Wut, sowie Gefühle, ungerecht behandelt und ausgebeutet worden zu sein, die in der Beziehung zur Mutter, insbesondere ihren überfordernden und widersprüchlichen Delegationen ihren Grund hatten. Vor allem Loyalität und Mitleid mit der Mutter hatten – stellte sich bei der Arbeit mit diesem Paar heraus – die junge Frau veranlaßt, die Mutter zu »schonen« und statt dessen ihren Mann und ihre Ehe zu belasten.

Ähnliche Phänomene lassen sich bei den transfamiliären Übertragungsprozessen erkennen, die aus der Psychoanalyse vertraut sind. Auch hier finden oft Gefühls- und Konfliktverschiebungen statt, die auf einer weiterbestehenden starken Familienloyalität beruhen. Dabei wird häufig gerade eine sogenannte positive Übertragung – die mit einer vertrauensvollen Zuwendung zum Psychoanalytiker einhergeht – als Loyalitätsverrat an den Eltern erlebt, der unter Umständen schwerste Ausbruchsschuld auslöst. Häufig zwingt diese Ausbruchsschuld den Patienten, seine Therapie zu sabotieren, sei es, daß er rückfällig wird, sei es, daß er eine negative therapeutische Reaktion entwickelt. I. Boszormenyi-Nagy (1972) und ich selbst haben verschiedene therapeutische Implikationen dieses Sachverhaltes beschrieben. (s. etwa 7. Kapitel).

Gegenübertragung im neuen Licht

In der Psychoanalyse nahmen wir ein Doppelgesicht der Gegenübertragung wahr: soweit sie auf unbewältigten Problemen – »blinden Flecken« – des Analytikers beruht, hemmt sie den therapeutischen Prozeß; soweit sie kontrollierbare Reaktion auf das Angebot des Patienten bleibt, erscheint sie als wertvolle Informationsquelle.

In der obigen Delegationsperspektive erhält sich dieser Doppelaspekt – auch hier kann Gegenübertragung Hemmnis wie Vehikel der Therapie sein –, jedoch ihr Inhalt wandelt sich. Dieser Wandel entspricht einem Wandel im Konzept der therapeutisch wirksamen Momente. Der psychoanalytischen

Theorie zufolge ist der therapeutische Prozeß wesentlich mit der Art und Weise verbunden, wie im Kontext der Übertragungs- und Gegenübertragungsdynamik innerpsychische Konflikte mobilisiert und bewußt gemacht werden. Die sich aus dem Delegationsmodell ergebende Familientherapie erstrebt dagegen, soweit wie möglich, *eine Konfliktbewußtmachung und Konfliktbewältigung am Ursprungsort*. Sie sucht daher die intrafamiliäre Konfrontaion, und, wenn irgend möglich, die schließliche intrafamiliäre Versöhnung. Der bekannten psychoanalytischen Grundregel (»Sagen Sie alles, auch das Unangenehme und anscheinend Triviale, das Ihnen in den Sinn kommt«) stellt sie darum eine erstmals von I. Boszormenyi-Nagy formulierte familien-therapeutische Grundregel gegenüber (»Konfrontieren Sie, so mutig wie möglich, die Dinge, über die Sie bisher nicht zu sprechen wagten – z. B. Familiengeheimnisse, enttäuschte Erwartungen, vorenthaltene Gerechtigkeit«).

Paradoxerweise verhindert nicht selten gerade eine therapeutische Zweierbeziehung solch fällige intrafamiliäre Konfrontation und Versöhnung, indem sie die Familienmitglieder »auseinandertherapiert«, in polarisierten Positionen festhält und damit die transfamiliäre Verschiebung intrafamiliärer Konflikte »zementiert«. Daher ergibt sich eine Bedeutung des Begriffes Gegenübertragung in der Familientherapie, die über die aus der Psychoanalyse bekannten – und für eine Familientherapie beschränkt weiterhin gültigen – Bedeutungen hinausgeht: *Der Begriff verweist nun sowohl auf die mangelnde Bereitschaft des Therapeuten, transfamiliär verschobene Konflikte in ihrem intrafamiliären Kontext zu sehen, sie »zurückzuverteilen« und, soweit es geht, am »Familienorte«, d. h. der Ursprungsbeziehung, zu bearbeiten als auch auf eine mangelnde Allparteilichkeit.*

Eine dezidierte Parteinahme des Analytikers *für* seinen Analysanden – wie sie sich etwa aus T. Szasz' Konzept des psychoanalytischen Vertrages ergibt (Szasz, 1965) – bedingt fast zwangsläufig eine Parteinahme *gegen* Familienmitglieder (bzw. den Ehepartner) – d. h. begünstigt ein Auseinandertherapieren der Familienangehörigen und bedeutet zugleich mangelnde Allparteilichkeit.

Beide Momente – fehlende Bereitschaft zur Konfliktbearbeitung am Ursprungsort und mangelnde Allparteilichkeit – vermögen daher, ähnlich einem Widerstand, den Fortschritt der Therapie zu hemmen.

Beide Momente sind interdependent: Beide können aber auch – in Analogie zu den anfangs genannten Gegenübertragungsaspekten –, wenn sie bearbeitet werden, wichtige Informationen vermitteln. Denn sie geben in der Regel Hinweise auf ungelöste Familienprobleme des Therapeuten, deren Klärung sich möglicherweise in sofortigen Gewinn bei laufender Familientherapie umsetzt. Z. B. kann dessen Angst vor der familientherapeutischen Konfrontation mit Angst vor Konfrontation in der Eigenfamilie tun haben, einer Angst, die ihn bei der gegenseitigen Vermeidung der Familienmitglieder seinen Part spielen läßt. Oder sein Mangel an Allparteilichkeit, z. B. seine Schwierigkeit, autoritären Vaterfiguren Verständnis, Anteilnahme und Fairneß entgegenzubringen, kann auf Probleme mit dem eigenen autoritären Vater verweisen (Stierlin, 1975). Wie immer aber seine familientherapeutischen »blinden Flekken« beschaffen sein mögen, sie fordern nun zur Arbeit an den eigenen Familienproblemen auf, genauso wie einst die »blinden Flecken« des Analytikers zur analytischen Arbeit an sich selbst – z. B. durch eine Lehranalyse – aufforderten.

4. Kapitel

»Familienpsychosomatik«

Indem sich Leben entwickelte, gab es Anstoß zu immer komplexeren Formationen – komplexeren Organismen, komplexeren morphologischen, psychologischen und sozialen Strukturen. In dieser Entwicklung kommen vor allem zwei allgemeine Prinzipien zum Zuge, die wir als Prinzipien der Entwicklung und Anpassung bezeichnen können. Ich habe sie andernorts beschrieben (Stierlin, 1969). Hier möchte ich sie anwenden, um einige Aspekte psychosomatischer Störungen zu erhellen, die sich vorwiegend aus einer Familienperspektive ergeben.

Entwicklung und Anpassung

Das erste ist das wahrscheinlich umfassendste Entwicklungsprinzip der Biologie und Psychologie überhaupt: Das Prinzip der Differenzierung-Integration. H. Werner (1957) formulierte es wie folgt: »Wo immer eine Entwicklung stattfindet, verläuft sie von einem Zustand relativer Ungeformtheit und mangelnder Differenzierung zu einem Zustand zunehmender Differenzierung, Artikulation und hierarchischer Integration.«
In der Regel muß dabei die Differenzierung der Integration vorausgehen. Erst wenn sich körperliche oder psychologische Prozesse oder Fähigkeiten zumindest teilweise ausdifferenziert haben, lassen sie sich hierarchisch organisieren und integrieren. Somit können »der Teil und das Ganze, Ereignis und Kontext, Selbst und Nichtselbst miteinander artikuliert werden« (L.C. Wynne, 1963). Ist dieser Prozeß einmal in Fluß gekommen, fördern bereits erreichte Integrationen neue Differenzierungen, und umgekehrt: Differenzierung und Integration treiben dann einander voran, dadurch komplexere Strukturen schaffend.

Das zweite Prinzip verschränkt sich mit dem ersten. Ich nannte es das Prinzip der »adaptiven Versöhnung« (the principle of adaptive reconciliation). Diese Versöhnung betrifft zwei Grundtendenzen aller Organismen – Tun und Erleiden. Denn alle lebenden Wesen müssen aktiv sein; müssen Handlung initiieren und auf ihre Umgebung einwirken. Aber alle Wesen müssen sich auch beeinflussen, ihre Umgebung auf sie einwirken lassen. In der Versöhnung dieser zwei Grundtendenzen wird »Lernen durch Erfahrung« möglich.

BEWUSSTHEIT VON BEWUSSTHEIT

Mit dem obigen vor Augen, wenden wir uns nun jenem Ereignis zu, in dem sich ein entscheidendes, neues Stadium der Evolution anzeigte – dem Entstehen von Bewußtheit. Einem Lebewesen, das sich über sich selbst bewußt werden konnte, wuchsen enorme Werkzeuge und Potentiale der Lebensbewältigung zu, zugleich aber erhöhte sich seine Verwundbarkeit. Und das kennzeichnet vor allem jenes Lebewesen, bei dem sich Bewußtheit so komplex entwickelte, daß sie Bewußtheit von Bewußtheit einschloß: den Menschen.

Bewußtheit von Bewußtheit bedeutete, daß Psyche und Soma, Geist und Körper sich innerhalb eines experimentellen Kontinuums studieren ließen und damit eine psychosomatische Medizin entstehen konnte. Es bedeutete, daß sich immer neue Gesichtspunkte und Konzepte für das Studium psychosomatischer Phänomene anboten – wie etwa die einer inneren Welt, der subjektiven Erfahrung, des Unbewußten, der inneren Objekte, eines Selbst, das die Einschätzungen anderer Selbste zu reflektieren vermag, und viele andere. Einem Teleskop vergleichbar bringen alle diese Konzepte bestimmte Aspekte der Realität ins Blickfeld, während sie andere verbergen oder unscharf am Rande verschwimmen lassen. Damit bedeutete Bewußtheit von Bewußtheit, daß wir, wie überall, es auch in der psychosomatischen Medizin mit verschiedenen Einstellungen, Kategorien, Konzepten und Gesichtspunkten zu tun haben. Diese gilt es sowohl zu klären, *voneinander* abzugrenzen, als auch *miteinander* zu versöhnen.

Um einen Anfang zu machen, wende ich mich zunächst der organischen Basis – oder dem Substrat – der Bewußtheit zu. In einem weiteren Sinne handelt es sich dabei um den ganzen Körper mit seinen sensorischen Rezeptoren und komplexen – hormonalen, neuralen, humoralen usw. –, Schalt- und Übermittlungssystemen, in einem engeren Sinne um das zentrale Nervensystem, insbesondere das menschliche Gehirn. Vor allem Paul MacLean hob hier Wechselfälle der Differenzierung-Integration hervor, die Licht auf psychosomatische Störungen werfen.

Psychosomatische Störungen als Ausdruck menschlicher »Schizophysiologie«

Diese Wechselfälle sind wesentlich Folge und Ausdruck einer Evolution, die alles andere als gradlinig verlief: Anstatt daß Baupläne jeweils grundlegend revidiert wurden, lagerten sich neue Strukturen an bereits bestehende an. Um P. MacLean zu zitieren: »Der Mensch findet sich in der prekären Lage, wesentlich mit drei Hirnen ausgestattet zu sein. Trotz großer Verschiedenheit der Strukturen müssen diese zusammen funktionieren und miteinander kommunizieren. Das älteste ist wesentlich ein Reptiliengehirn. Das zweite hat der Mensch von niederen Säugetieren geerbt, und das dritte ist eine Erwerbung höherer Säugetiere. Sie macht das spezifisch Menschliche aus. Wollten wir uns einer Allegorie dieser drei Hirne im Hirn bedienen, könnten wir uns einen Psychiater vorstellen, der einen Patienten auf der Couch sich hinzulegen bittet. Dieser Patient streckt sich nun sozusagen neben einem Pferd und einem Krokodil aus. Das Krokodil kann geneigt und willens sein, eine Träne zu vergießen und das Pferd zu schnauben und zu niesen. Aber wenn die beiden ermutigt werden, ihre Probleme in Worten auszudrücken, wird bald deutlich, daß ihrem Unvermögen durch ein Sprachtraining nicht beizukommen ist. Daher sollte es nicht verwundern, daß der für diese Tiere persönlich verantwortliche und als ihr Sprachrohr dienende Patient nicht selten beschuldigt wird, voller Widerstände zu stecken und nicht sprechen zu wollen ...« (MacLean, 1962).

»Im Reptilienhirn begegnen uns der Erlebnisschatz und die Erinnerungen unserer Ahnen. Dieses Hirn führt getreulich aus, wozu es die Ahnen verpflichtet haben, aber es ist kein gutes Hirn, um mit neuen Situationen fertig zu werden. Es ist, als wäre es neurotisch an ein altväterliches Überich gebunden« (MacLean, 1964). »In der Evolution zeigt sich die beginnende Emanzipation vom Überich der Ahnen im Aufkommen des niederen Säugetierhirns an, das die Natur dem Reptilienhirn auflagerte ... Untersuchungen der letzten 20 Jahre haben gezeigt, daß dem niederen Säugetierhirn beim emotionalen Verhalten eine wichtige Rolle zukommt. Vermutlich ermöglicht dieses Hirn einem Tier in seiner Reaktion auf emotionale Reize einen größeren Freiraum für Entscheidungen. Mehr als das Reptilienhirn vermag es daher auf der Grundlage unmittelbarer Erfahrung neue Zugänge zu Problemen zu erlernen. Aber so wie dem Reptilienhirn fehlt auch ihm die Fähigkeit des Dichters oder Romanciers, seine Gefühle in Worten auszudrücken.« (MacLean, 1964, S. 96.)

Die Evolution lagerte somit eine neue überlegene Struktur der alten auf, ohne daß sich eine klare, hierarchische Organisation und damit Kontrolle der älteren Strukturen durch die neueren ausbildete. Daher war allen möglichen Überschneidungen, Konfusionen und Konflikten der Boden bereitet, und eine erfolgreiche Differenzierung-Integration der Strukturen und Funktionen gelang nicht. Die Hauptwurzel der Schwierigkeiten schien dabei in der Dichotomie zwischen den limbischen und neokortikalen Systemen zu liegen. Einerseits bildete der Cortex bzw. die Hirnrinde engste Beziehungen zur Bewußtheit und Selbstbewußtheit aus. A. Koestler (1967) und andere Autoren sprachen daher von der Hirnrinde als von einem »Apparat zur Erzeugung von Bewußtheit«. Andererseits stellte das limbische System enge Beziehungen zu den aus dem Körperinnern aufsteigenden Reizen und Gefühlen her – so sehr, daß man es das »Eingeweidehirn« (visceral brain) genannt hat. Auf Beobachtungen von Papez aufbauend, sprach P. MacLean daher von der »Schizophysiologie« des limbischen und neokortikalen Systems. Um ihn noch einmal zu zitieren: » ... in dieser Schizophysiologie zeigt sich uns an, daß das niedere Säugetierhirn in Grenzen in der Lage ist, unabhängig zu funktionieren, für sich selbst zu sprechen. Dabei vermittelt der primitive und grobe Projektionsschirm, der durch das limbische System erstellt wird, gleichsam ein konfuses Bild sowohl der inneren wie äußeren Welt. Darin mag ein Grund für die Konfusion zu suchen sein, die bei psychosomatischen Störungen beschrieben wurde – wenn z. B. Nahrungsmittel und andere eßbare Dinge die Bedeutung von etwas anzunehmen scheinen, das es in das Selbst zu assimilieren, einzuverleiben, wie eine Beute oder einen Feind zu zerstören gilt. Wir hören etwa von Patienten, die angeblich essen, weil sie ›Liebeshunger‹ haben, weil sie an Angst oder Nervosität leiden, oder weil sie wiederkäuen und ausspucken müssen, was bei ihnen Ärger und Haß auslöst.« (MacLean, 1964, S. 104-105.)

Psychosomatische Störungen als Ausdruck der Entfremdung vom Selbst und anderen

In einer solchen »Schizophysiologie« stellt sich somit eine Ebene möglicher Entgleisungen der psychologischen Differenzierung-Integration des Menschen dar. Eine andere ist in den Wechselfällen der Entwicklung zu suchen, wie sie von Autoren wie J. Piaget (1954), M. Mahler (1975) und E. Jacobson (1964) beschrieben wurde. Ich denke in erster Linie an Wechselfälle der menschlichen Individuation bzw. Selbst-Objekt-Differenzierung, in denen sich die menschliche Fähigkeit ausbildet, Selbst von Nichtselbst, Innen von Außen, die eigenen Gedanken, Wünsche, Erwartungen, Hoffnungen von denen anderer unterscheiden zu können – eben an einen zentralen Aspekt dessen, was wir bereits als bezogene Individuation kennengelernt haben. Gemäß dem erstgenannten allgemeinen Prinzip muß eine derartige Selbst-Objekt-Differenzierung auch eine Selbst-Objekt-Integration einschließen: der sich ausdifferenzierende psychosoziale Organismus muß sich zunehmend größeren Systemen einordnen, in einer »Gemeinsamkeit der anderen« (»Community of otherness«, M. Friedmann, 1976) aufgehen. Soll eine derartige – psychosoziale –

Selbst-Objekt-Differenzierung und -Integration gelingen, bedarf es intrapsychischer und zwischenmenschlicher Möglichkeiten der Kommunikation. Wir müssen mit unserer inneren Welt kommunizieren, uns auf unsere emotionalen Unterströme einstimmen können. Zugleich müssen wir mit anderen kommunizieren, und ihnen, so klar wie möglich, unsere Bedürfnisse, Wünsche und Erwartungen mitteilen. Ein Zusammenbruch solch intrapsychischer und zwischenmenschlicher Kommunikation und damit eine Störung der bezogenen Individuation bedeutet entweder eine Entfremdung vom Selbst, von anderen oder von Selbst und anderen.

Die verschiedenen Formen und Ebenen solcher Entfremdung spiegeln sich nun auch in psychosomatischen Störungen wider. Es läßt sich von einer entgleisten, intrapsychischen wie zwischenmenschlichen, Dialektik sprechen, die sich in psychosomatischen Symptomen darstellt.

Um diese Dialektik besser zu erfassen, wenden wir uns nunmehr dem zweiten anfangs genannten Prinzip zu – dem der adaptiven Versöhnung. Hierbei ging es um die Versöhnung von Tun und Erleiden.

Beim Menschen, einem mit Bewußtheit ausgestatteten Wesen, setzt Tun ein Ich voraus, das als eine diskriminierende, Handlungen initiierende und verantwortliche Instanz zum Zuge kommt. Dieses Ich muß etwa sagen können: *Ich habe* diese Bedürfnisse, Gefühle, Wünsche, Rechte und Erwartungen und *bin fähig und willens,* sie auszudrücken, mich für sie einzusetzen und Verantwortung dafür zu übernehmen. Paradoxerweise liegt jedoch in einem solchen verantwortlichen Tun des Ichs bereits das Risiko der Selbstentfremdung beschlossen. Denn Tun bedeutet hier, daß man gegenüber seinen Bedürfnissen, Gefühlen und Wünschen Distanz gewinnt, von ihnen abstrahiert. Man muß sie gleichsam aus der unreflektierten Matrix des Selbstverständnisses herauslösen. H. Shands (1975) sprach hier von einem Herausverlagern, »disembedding«. Erst durch solch herausverlagerndes Tun können wir unseres inneren Selbsts und unserer inneren Welt wirklich gewahr werden und sie anderen relativ klar und verständlich mitteilen. Auch hierbei handelt es sich um einen wichtigen Aspekt der bezogenen Individuation.

Um aber solcher Gefahr der Selbstentfremdung zu entgehen, müssen wir auch hier aktives Tun und Herausverlagern (disembedding) mit Erleiden versöhnen: Das tätige, verantwortliche Ich muß aufnahmefähig, erleidensbereit bleiben, und sich auf seine vegetativen Unterströme, seine biologischen und Körpersignale einstimmen können. Anstatt jeweils eigene Wege zu gehen, müssen die »Sprache des Verstandes und des Herzens« zusammenfinden; der Geist darf nicht Widersacher der Seele sein; kurzum, in der Versöhnung von Tun und Erleiden müssen wir unserer vegetativen Matrix entwachsen, *und* ihr zugleich verbunden bleiben: Wir entwickeln ein differenziertes, verantwortliches Ich, das mit anderen Ichs kommuniziert, und bleiben zugleich »verkörpert«, auf unsere vegetativen Ströme eingestimmt.

Konversionsphänomene

In Konversionsphänomenen begegnet uns typischerweise eine Entgleisung solcher Dialektik und damit ein (mehr oder weniger begrenztes) Versagen der Selbst-Objekt-Differenzierung und -Integration. Vor allem die Wahrnehmung körperlicher Bedürfnisse und Prozesse und deren Darstellung mit Hilfe sprachlicher und besonders nichtsprachlicher Ausdrucksmittel kommen hier gleichsam schief und mangelhaft zuwege. Insbesondere G. Engel (1968) beschrieb Wechselfälle vorwiegend der inneren Wahrnehmung, deretwegen ein Individuum somatische Prozesse verzerrt auffassen, mit besonderer Bedeutung ausstatten und situationsunangemessen aktivieren kann. Solche schief wahrgenommenen und fehl aktivierten Prozesse spielen dann nicht mehr mit, wenn komplexe Leistungen zu erbringen sind und eine differenzierte Kommunikation (mit dem eigenen Selbst und anderen) verlangt wird: Der »Krankheitsprozeß« bzw. das befallene Organ verzerren, überbürden und beschränken zugleich Wahrnehmung und Kommunikationsmöglichkeiten eines derartigen Patienten.

Ähnliche Überlegungen lassen sich auf psychosomatische Patienten anwenden, wie sie von französischen analytischen Autoren, z. B. P. Marty, M. de M'uzan (1963) und J. MacDougall (1974) beschrieben wurden.

Diese Patienten erscheinen hochgradig eingeengt. Ihr Denken – auch als pensée opératoire (operationales Denken) beschrieben – ist starr und konkret auf die jeweilige Augenblickssituation bezogen. Es fehlt ihnen die Fähigkeit zur Bildung bleibender innerer Objekte. Daher hängen diese Individuen von äußeren Objekten ab, die stets präsent sein müssen. Gehen ihnen diese Objekte verloren, sind sie hilflos und verzweifelt.

In solch psychosomatischer Einengung stellt sich ebenfalls ein Defekt in der Selbst-Objekt-Differenzierung und -Integration dar. Als Hauptelement dieses Defektes zeigt sich eine Störung in den Funktionen innerer Objekte, wie ich sie andernorts beschrieben habe (Stierlin, 1970). Dazu rechnen vor allem die referierende, die gyroskopische und die autonomiefördernde Funktion innerer Objekte. Sie alle erscheinen bei psychosomatischen Patienten gestört. Wo es um die erste Funktion geht, dienen innere Objekte primär als Bezugssystem. In diesem Sinne verstanden, lassen sie sich am besten als Objektrepräsentanten bezeichnen: Sie repräsentieren, mehr oder weniger abbildhaft, äußere Objekte innerhalb der Psyche und dienen dadurch der kognitiven Realitätsorientierung. Sie setzen Gedächtnis und die Fähigkeit zur Symbolisierung voraus. Sie ähneln Semons Engrammen, insofern sie es ermöglichen, neue Wahrnehmungen auf vertraute Prototypen zu beziehen. Diese Prototypen bilden gleichsam eine Kartei, in die sich neue Wahrnehmungen und Erlebnisse einordnen lassen. Innere Objekte bedeuten hier also differenzierte innere Strukturen. Wo die referierende Funktion schwach ausgeprägt ist, bleiben diese Strukturen – innere Wahrnehmungen und Gedächtnisbilder – unzulänglich entwickelt, differenziert und artikuliert. Die sich darauf aufbauenden Gedanken bleiben entsprechend konkret und »eindimensional« auf den Augenblick und den unmittelbaren Kontext bezogen. Es besteht wenig Spielraum für komplexe, flexible und aufgabenbezogene Anpassungsleistungen. Wir haben es mit dem operationalen Denken der französischen Autoren zu tun.

Eine andere Funktion innerer Objekte kommt ins Blickfeld, fassen wir sie als Wegweiser für gegenwärtige wie zukünftige zwischenmenschliche Beziehungen auf. In diesem zweiten Sinne verstanden, lassen sich innere Objekte am besten als Objekt-Imagines beschreiben. Derartige Imagines dienen als Leitbilder, die die Wahl äußerer Objekte einengen. Dies gilt vor allem für potentielle Partner unserer zwischenmenschlichen Beziehungen. Die inneren Objekte bestimmen hier unseren Beziehungskurs wie ein Gyroskop, eine Apparatur, die das Schiff auf Kurs hält und der abtreibenden Wirkung der Elemente entgegenwirkt. Daher sprach ich von ihrer gyroskopischen Funktion, wobei ich das Gleichnis in einem ähnlichen Sinne verstehe wie seinerzeit D. Riesmann (1950), der damit die innengesteuerte Persönlichkeit charakterisieren wollte. Neben der der gyroskopischen innewohnenden stabilisierenden Funktion kommt in inneren Objekten hier ein dynamisches, dirigierendes Moment zum Zuge. Ein Versagen dieser gyroskopischen, dynamischen Steuerfunktion innerer Objekte bedingt ebenfalls eine starke Abhängigkeit von konkret verfügbaren äußeren Objekten. Dementsprechend ist die Anfälligkeit gegenüber Objektverlusten groß.

Es gibt schließlich eine dritte Funktion innerer Objekte, die ich die autonomiefördernde Funktion genannt habe. Sie verschränkt sich mit den beiden genannten Funktionen. Letztere Funktion trägt entscheidend zur relativen Autonomie des Individuums bei. Es wird eine größere Unabhängigkeit ermöglicht, da innere Objekte ihm nun erlauben, sich mit einem Teil seiner Selbst als Partner in Beziehung zu setzen, in einen Dialog zu treten. Es kann somit auf innere Reserven zurückgreifen, die es von äußeren Objekten (relativ) unabhängig machen; daher der Terminus »autonomiefördernde Funktion«. Wo immer diese Funktion schwach zur Wirkung kommt, bleiben des Individuums Versuche zur Erlangung einer relativen Autonomie fragwürdig. Es fehlen ihm die Strukturen und Werkzeuge, um innere Konflikte und Ambivalenzen durchzustehen; ein Grund mehr, warum sich dieses Individuum um jeden Preis an reale, konkrete Objekte anklammern muß.

Differenzierung-Integration auf der Beziehungsebene

Eine erfolgreiche psychosoziale Selbst-Objekt-Differenzierung erfordert die Integration in eine »Gemeinschaft der anderen« (Community of otherness). Betrachten wir diese Integration, rücken neue Phänomene und noch komplexere Zusammenhänge und Systeme ins Blickfeld: Wir haben es nun mit einer Differenzierung-Integration auf der Beziehungsebene zu tun. Dabei stellt sich die Familie als wichtigstes System dar. Psychosomatische Störungen auf dieser Ebene fallen in den Bereich der »Familienpsychosomatik«. In diese Familienpsychosomatik fließen die bereits besprochenen, intrapsychischen wie zwischenmenschlichen Phänomene und Leistungen der Erkenntnis, Wahrnehmung und Kommunikation ein. Darüber hinaus kommt hier jedoch eine ethische und existentielle Dimension zur Wirkung: Wir müssen berücksichtigen, was sich die Familienmitglieder angetan oder nicht angetan haben, ob und wie sie einander vitale Anregungen und Fürsorge darboten, wie sie ihre Reifung und ihr Glück förderten oder verhinderten, wie sie sich den von früheren Generationen überkommenen Erwartungen und Verpflichtungen stellten oder entzogen.

In den vorhergehenden Kapiteln und andernorts (Stierlin, 1972, 1974, 1975) habe ich versucht, eine psychoanalytische mit solcher ethischen und existentiellen Familienperspektive zu integrieren. Dabei wurden vor allem zwei Konzepte wichtig – die Transaktionsmodi und der Delegationsprozeß. Hier möchte ich nun diese Konzepte benutzen, um einige Aspekte psychosomatischer Störungen zu erfassen. Dabei geht es um zwei miteinander verschränkte Perspektiven. Zur ersten rechnen Systemkräfte, die zu psychosomatischen Störungen beitragen können, indem sie etwa ein Kind an der Erreichung eines möglichst hohen Niveaus der psychologischen Selbst-Objekt-Differenzierung und -Integration bzw. der bezogenen Individuation hindern. Zur zweiten rechnen Kräfte, die psychosomatische Störungen chronisch werden lassen, indem sie das Individuum in einer prekären oder ungleichen Selbst-Objekt-Differenzierung-Integration gefangenhalten.

Zunächst interessiert uns der Zusammenhang zwischen Bindung und psychosomatischen Störungen. Dazu vergegenwärtigen wir uns die drei möglichen Ebenen – d. h. die Es-, Ich- und Überich-Ebene – der Bindung.

BINDUNG UND PSYCHOSOMATISCHE STÖRUNG

Bindung auf der Es-Ebene, so sahen wir, geht häufig mit einer massiven regressiven Verwöhnung einher. Dabei verschiebt sich die Balance von Tun und Erleiden und das Erleiden gewinnt vor dem Tun den Vorrang. Es schleift sich beim Kinde eine passiv-abhängige, wenn nicht symbiotische Disposition ein, wie wir sie häufig bei psychosomatischen Störungen, besonders des Verdauungstraktes, beobachten (zum Beispiel bei Ulcus Duodeni, Colitis ulcerosa etc.).

Bindung auf der Ich-Ebene bedeutet in der Regel Mystifikation. Solche Mystifikation eines abhängigen Kindes durch einen oder beide Eltern führt dazu, daß es seine inneren Signale nicht richtig zu lesen versteht. Im Bereich der Psychosomatik wurden Beobachtungen H. Bruchs (1962) über die Erziehung fettsüchtiger Kinder besonders lehrreich. Sie beobachtete, wie die Eltern diese Kinder hinsichtlich ihrer Hunger- beziehungsweise Sättigungserlebnisse mystifizierten. Es waren die Eltern, nicht ihre Kinder, die wußten, wie es um die Sättigung der Kinder bestellt war. Das Eigenwissen der Kinder wurde entwertet. Somit entfremdeten die Eltern die Kinder ihrem vegetativen Innenleben. Für die Eltern war es daher folgerichtig, daß sie ihre Kinder auch dann noch fütterten, wenn diese mehr denn genug gegessen hatten, was zu deren grausamer Mästung führte.

Schließlich kann, wie wir sahen, eine massive Bindung wesentlich auf einer Überich-Ebene zum Zuge kommen. Hier bleibt das Kind Gefangener einer intensiven, obzwar unsichtbaren Loyalität und entwickelt ein starkes Verpflichtungsgefühl. Es spürt – korrekter oder inkorrekter Weise – daß das psychologische Überleben seiner Eltern allein von ihm abhängt. Daraus resultiert wiederum eine intensive Ausbruchsschuld, sollte es jemals – in Gedanken oder Tat – eine Trennung versuchen. Eine derartige, immer präsente Ausbruchsschuld scheint nun verschiedenartigen, selbstdestruktiven Lebensstilen zugrunde zu liegen, die sich etwa in Neigung zu Unfällen, zu selbstverstümmelnden Operationen, Suchten und anderen, in das Breitenspektrum psychosomatischer Störungen fallenden Phänomenen, zeigen können.

Familienorientierte Untersuchungen an psychosomatisch Kranken konzentrierten sich bisher weitgehend auf Phänomene, die sich als Folge oder Ausdruck einer auf Familienebene zum Zuge kommenden Bindung, wie eben dargestellt, verstehen lassen. Dazu rechnet etwa die Einengung (»restrictiveness«), die D. Jackson und I. Yalom (1966) bei den Familien von Colitis-Patienten beobachteten. Weiter rechnen dazu die damit eng verwandte Verstrickung (Enmeshment), Überfürsorglichkeit (Overprotectiveness), Starrheit (Rigidity) und mangelnde Fähigkeit zur Konfliktlösung, die S. Minuchin et al. (1975) als Hauptmerkmale von Familien mit psychosomatisch gestörten Kindern herausgestellt haben. Einengung, Überfürsorglichkeit und Starre deuten vor allem auf bestimmte Formen von Es- und Überichbindung in dem oben angedeuteten Sinne. Verstrickung und mangelnde Fähigkeit zur Konfliktlösung erscheinen dagegen typisch für eine kognitive bzw. Ichbindung, wie ich sie andernorts (Stierlin, 1972, 1975) beschrieben habe.

Minuchin et al. zufolge müssen neben diesen »transaktionalen bzw. Bindungsmomenten« mindestens noch zwei weitere Faktoren wirksam werden, um bei einem Kind eine psychosomatische Krankheit hervorzurufen. Es muß bei diesem 1. eine organische Disposition bzw. Verwundbarkeit vorliegen und das kranke Kind muß 2. eine wichtige Rolle bei der Verarbeitung von Familienkonflikten spielen. Aufgrund dieser Rolle verstärken sich dann seine Symptome.

Dabei unterscheiden Minuchin und Mitarbeiter zwischen einer »primären« und »sekundären« psychosomatischen Symptomatologie. Bei der primären psychosomatischen Symptomatologie besteht bereits eine physiologische Störung. Hierzu rechnen Stoffwechselstörungen wie Diabetes, allergische Diathesen, wie sie beim Asthma bronchiale vorliegen und andere Störungen. Das psychosomatische Moment kommt dabei in der emotionalen Aktivierung eines bereits bestehenden Symptoms zum Zuge. In der »sekundären« psychosomatischen Störung läßt sich eine derartige prädisponierende körperliche Störung dagegen nicht nachweisen. Das psychosomatische Moment offenbart sich hier in der Transformation von emotionalen Konflikten in somatische Symptome. Diese Symptome können sich dann beispielsweise in einer schweren Anorexia nervosa auskristallisieren.

AUSSTOSSUNG UND PSYCHOSOMATISCHE STÖRUNG

Aber nicht nur der Transaktionsmodus der Bindung, sondern auch der der Ausstoßung scheint bei psychosomatischen Störungen – wenn wir uns eine weite Definition des Begriffs Psychosomatik zu eigen machen – wichtig zu werden. Eine Ausstoßung kann sich in verschiedener Weise auf die Disposition eines Kindes für psychosomatische Störungen auswirken: Denn einmal bedeutet sie, daß dem Kinde während kritischer Entwicklungsphasen lebenswichtige Fürsorge und Stimulationen fehlen. Das wiederum kann lebenslange Nachhol- und Kontaktbedürfnisse bedingen. Zweitens bedeutet Ausstoßung eine zu frühe Entlassung in eine prekäre Unabhängigkeit. Diese Unabhängigkeit kann der psychobiologische Organismus oft nur auf Kosten einer ungleichen Differenzierung-Integration erreichen (die sich jedoch von der, die sich beim Bindungsmodus entwickelt, unterscheidet). Schließlich fehlt ausgestoßenen Kindern das Gefühl, für andere wichtig zu sein. Damit einhergehend ermangelt ihnen meist die Fähigkeit zur Sorge für andere, sowie zum Erleben von Loyalität und Schuld. Solch Mangel an Fähigkeiten und Neigungen kann zur Folge haben, daß sich ein Individuum selbstdestruktiv treiben läßt, oder daß es gierig in überkompensierender, narzißtischer Weise nach Bestätigung – d. h. einem Gefühl der eigenen Wichtigkeit – sucht. Bestimmte Typen von bindungslosen Individuen zum Beispiel, die oft von Dermatosen befallen sind, sich immer wieder ansteckende – und besonders Geschlechtskrankheiten – zuziehen und dazu neigen, sich selbst wie andere zu vernachlässigen, gehören nach meiner Erfahrung der sich treibenlassenden Gruppe von ausgestoßenen Individuen an. Andere ausgestoßene Personen scheinen sich jedoch nicht treiben zu lassen, vielmehr um jeden Preis bemüht zu sein, eine frühreife wenn schon prekäre Autonomie zu erlangen. Es ist mein Eindruck, daß Patienten, die an Thyreotoxikose leiden, oft dieser Gruppe angehören.

Delegation und psychosomatische Störung

Eine Delegation muß nicht pathologisch sein. Vielmehr handelt es sich oft um einen notwendigen und legitimen Beziehungsprozeß: Indem wir delegiert werden, erhält unser Leben Richtung und Sinn, es verankert sich in einer Kette von Verpflichtungen, die die Generationen überspannt. Unsere Dienste als Delegierte geben uns die Möglichkeit, unsere Loyalität und Integrität zu beweisen und Aufträge zu erfüllen, die nicht nur eine unmittelbare persönliche, sondern auch überpersönliche Bedeutung haben.
Der Delegationsprozeß kann, so sahen wir, wesentlich auf dreierlei Weise entgleisen. Erstens kann eine Entgleisung aus der Natur der jeweiligen Aufträge resultieren: Sie können so beschaffen sein, daß sie mit den Talenten, Ressourcen und altersangemessenen Bedürfnissen des Delegierten nicht in Einklang zu bringen sind und ihn überfordern. Zweitens kann ein Auftragskonflikt vorliegen. Dazu kommt es stets dann, wenn Aufträge, die sich von einem oder mehreren Delegierenden herleiten, miteinander unvereinbar sind und den Delegierten in verschiedene Richtungen zerren. Drittens kann ein Loyalitätskonflikt entstehen. Hier wird ein Delegierter massiver Schuld ausgesetzt, sollte er jemals einen delegierenden Elternteil um des anderen willen verraten. Diese Entgleisungen des Delegationsprozesses bringen somit intrapsychische als auch zwischenmenschliche Konflikte ins Blickfeld, die sich nicht allein als Folge oder Ausdruck von Bindung oder Ausstoßung verstehen lassen. Wie vermag nun solches Konfliktverständnis Licht auf die Pathogenese und Behandlung psychosomatischer Störungen zu werfen?
Hier kann ich dieses Thema nicht erschöpfen. Daher begrenze ich mich auf einen Fall, der alle drei genannten Entgleisungen

des Delegationsprozesses illustriert. Dieser Fall weicht von den bisher genannten Spielarten psychosomatischer Erkrankungen ab, gehört aber auch in das breite Spektrum psychosomatischer Störungen. Es ist der Fall Pauls, eines jungen Mannes, Ende 20, den ich im Verlaufe einer Familientherapie näher kennenlernte.[1]

BEISPIEL EINER ENTGLEISUNG DES DELEGATIONSPROZESSES
BEI EINEM PSYCHOSOMATISCH KRANKEN

Als Paul sich das erstemal als Patient vorstellte, wirkte er zunächst gesund und strahlte Jugendlichkeit und Gutmütigkeit aus. Aber dieser erste Eindruck einer blühenden Gesundheit täuschte: vor etwa 10 Jahren hatte Paul an plötzlichen Angstattacken zu leiden begonnen. Oft fing er damals zu zittern an und legte eine akute fiebrige Krankheit nahe, wobei jedoch objektive Zeichen für einen Infektionsprozeß fehlten. Weiter beschäftigte er sich mehr und mehr mit dem Zustand seines Herzens. Er hatte Angst, es könnte zu schlagen aufhören und dadurch einen Zusammenbruch auslösen. Abends lag er oft zitternd im Bett und konnte keinen Schlaf finden. Er konsultierte mehrere Ärzte, die seinen Zustand als »Herzphobie« diagnostizierten. Sie verschrieben ihm Pillen und rieten ihm an, das Leben leichtzunehmen, ohne jedoch viel ändern zu können. Als Paul schließlich als Patient in unsere Abteilung kam, sprach er aufgeregt und stotternd in abgerissenen Sätzen. Aus der Beschreibung seiner Lebensgeschichte wurde deutlich, daß die Dinge besonders in den letzten Jahren einen für ihn wenig glücklichen Verlauf genommen hatten: Nach Verlassen der Realschule hatte er eine vielversprechende Ausbildung als Mechanikerlehrling begonnen, jedoch nicht zu Ende geführt. Er versuchte sich daraufhin in verschiedenen Beschäftigungen, z. B. als Verkäufer und Lastwagenfahrer, wurde aber schließlich ganz arbeitslos.

---

1 (In dieser Familie wiesen auch andere Familienmitglieder psychosomatische Störungen auf. Daher hätte ich auch sie zum Ausgangspunkt meiner Betrachtung machen können.)

Bereits im Verlaufe des ersten Familieninterviews wurde deutlich, daß Paul ein massiv delegierter Sohn war, bei dem eine Entgleisung des Delegationsprozesses vorlag. Seine Symptome ließen sich dabei sowohl als Manifestation als auch als Folgen solcher Entgleisung verstehen.
Erstens zeigten diese Symptome an, daß er überbürdet, überfordert war. Die Aufträge, derer er sich als Delegierter seiner Eltern zu entledigen hatte, waren so schwierig und widersprüchlich, daß er daran zusammenbrach und »krank« wurde. Einer dieser Aufträge bestand darin, für seine Eltern, besonders aber die Mutter, den Platz seines verstorbenen, älteren Bruders einzunehmen. Damit war ihm die Funktion zugefallen, seinen Eltern einen schmerzhaften Trauerprozeß zu ersparen: Paul hatte seine Schüttel- und anscheinenden Fieberanfälle erstmals nach dem plötzlichen Tode seines älteren Bruders Felix zu zeigen begonnen. Der 8 Jahre vor ihm geborene Felix war die Liebe und Hoffnung seiner Eltern gewesen und hatte ihrer Ehe Sinn und Zusammenhalt gegeben. Selbstbewußt, gut aussehend und anscheinend immer fröhlich, schien ihm in der Werkstatt seines Vaters ein sicherer Erfolg vorbestimmt. Als er plötzlich (offenbar an einem akuten renalen Infekt) starb, erschien das Leben der Eltern zerstört. Unfähig, ineinander eine Stütze zu finden und sich bei der notwendigen Trauerarbeit zu helfen, gingen beide mehr und mehr ihre eigenen Wege, die eine immer selbstdestruktivere Färbung bekamen. Der Vater wendete sich anderen Frauen zu und begann zu trinken. Die Mutter aß zuviel, wurde fettleibig und vernachlässigte ihre Gesundheit und ihr Äußeres. Als unser Team sie im Alter von 63 Jahren sah, war sie vorzeitig gealtert, massiv übergewichtig, von Herzversagen bedroht (ihre Füße waren von Ödemen aufgeschwemmt) und litt an einer verschleppten Nierenbeckenentzündung.
Aus der Unfähigkeit der Eltern, Felix' Tod wirklich zu betrauern, erwuchs Paul die Aufgabe, die tödliche Krankheit seines Bruders »auf sich zu nehmen«. Für die Mutter wurde nun Pauls Gesundheitszustand zum Objekt einer ständigen ängstlichen Suche und Sorge. Paul reagierte darauf, indem er allmählich Schüttelanfälle entwickelte, wie sie sein Bruder kurz vor seinem Tode gezeigt hatte. Der vorher immer ge-

sunde Paul wurde kränklich. Das war jetzt Ausdruck und Folge eines Auftrags, der der Mutter das psychologische Überleben zu ermöglichen hatte: Er mußte ihr helfen, die schmerzhafte Realität des Todes des Bruders zu verleugnen oder zumindest zu mildern. Dieser Auftrag überbürdete Paul jedoch und war nur auf Kosten seiner eigenen Gesundheit auszuführen.

Aber während der mütterliche Auftrag verlangte, daß Paul die Rolle eines regressiv-verwöhnten und überbehüteten Problemkindes übernahm, verlangte der väterliche Auftrag, daß er des Bruders tragisch unterbrochenen beruflichen Werdegang fortsetzte und dem Ichideal des Vaters entsprach: er hatte nun jener erfolgreiche Mechanikermeister zu werden, der zu werden seinem Bruder bestimmt gewesen war. Es lag somit ein Konflikt der Aufträge vor, der Paul in verschiedene Richtungen zog. Seine Angstattacken und Herzsymptome reflektierten anschaulich seine Hin- und Hergerissenheit. In diesem Auftragskonflikt war jedoch zusätzlich ein Loyalitätskonflikt beschlossen. Da Paul sensibel war und einen starken Gerechtigkeitssinn hatte, empfand er letzteren Konflikt besonders stark. Um ihm zu entrinnen, versuchte er eine Vermittlerrolle zwischen den Eltern zu übernehmen. Paradoxerweise hing nun aber sein Erfolg als Vermittler gerade davon ab, daß er krank wurde und blieb: denn nur solange er ein kränkliches Problemkind war, und seine Eltern zu ständiger gemeinsamer Sorge veranlaßte, konnte er zu erreichen hoffen, daß sie ihre bittere Feindschaft zumindest zeitweilig vergaßen. Pauls Ehe, in die er drei Jahre nach dem Tode des Bruders eintrat, schuf zusätzliche Probleme, da sie seine Vermittlerrolle behinderte und seinen Loyalitätskonflikt intensivierte. Aus Gründen, die wesentlich mit ihrer eigenen Familiensituation zusammenhingen, verabscheute und attackierte seine junge Frau ihren Schwiegervater und zwang Paul, zwischen ihr und ihm, seiner Frau und seinem Vater, zu wählen. Daher ergaben sich zwangsläufig mehr und mehr Situationen, in denen Pauls Herz zu rasen anfing. Wenn dies der Fall war, stotterte er auch – genauso wie es sein vierjähriger Sohn und sein Vater taten, wenn sie sich erregten. Immer mehr schien Paul auf einen totalen Zusammenbruch zuzusteuern. In seiner

Herzphobie offenbarte er das Dilemma eines Delegierten, der sowohl psychologisch überfordert und ausgebeutet war als auch massive Auftrags- und Loyalitätskonflikte zu erleiden hatte.

GEBUNDENE VS. AUSGESTOSSENE DELEGIERTE

Wo Delegierte psychosomatische Störungen aufweisen, läßt sich zwischen gebundenen Delegierten und ausgestoßenen Delegierten unterscheiden. Paul gehörte zur ersten Gruppe. Während er Aufträgen ausgesetzt war, die seine altersangemessene Differenzierung-Integration behinderten, blieb er gebunden – gebunden als überbehüteter kranker Patient und als regressiv-verwöhntes Kind. Zusätzlich zu den bereits genannten ergab sich damit ein weiterer Konfliktgrund. Er war hin- und hergerissen zwischen den zentrifugalen Kräften, die der normalen Reifung und Individuation innewohnen, und entgegengesetzten zentripetalen Kräften, die ihn im Bannkreis der Eltern gefangen hielten. Daher fehlten wesentliche Elemente des Delegationsprozesses, die normalerweise Gewähr dafür bieten, daß er nicht entgleist. Vor allem fehlte das Element des Hinausgesandtwerdens, wie es im lateinischen Verbum delegare anklingt. Denn die genannten Aufträge waren nicht nur konfliktbesetzt, sie hielten Paul auch im Familienghetto gefangen. Somit blieb er ein verhinderter, weil nicht ausgesandter Delegierter. Als solch Delegierter erlitt er Deprivationen, obschon oder weil er überbehütet und regressiv verwöhnt worden war. Denn seine Chancen für den Erwerb eines Repertoires autonomer Fähigkeiten, zur Aufsichnahme von Risiken, zum Ertragenkönnen von Frustrationen, kurzum zu einer selbständigen Lebensbewältigung schienen von Anfang an eingeschränkt. Zahlreiche psychosomatische Patienten, deren psychologische Probleme – wie etwa bei Colitis ulcerosa und Asthma – bisher weitgehend als Ausdruck und Folge »symbiotischer Verklammerung«, massiver Abhängigkeit, Ambivalenz und Trennungsangst – d. h. bestimmter Spielarten von Bindung – beschrieben wurden, lassen sich, meine ich, differenzierter erfassen, wenn man bei ihnen die Dynamik *gebundener Delegierter* erkennt.

Diese Dynamik unterscheidet sich von der, die wir bei *ausgestoßenen Delegierten* beobachten. Unter letzteren finden sich ebenfalls viele Patienten, die an psychosomatischen – und möglicherweise somatischen – Störungen leiden. Im Gegensatz zu gebundenen Delegierten scheinen diese ausgestoßenen Delegierten jedoch wenig oder nicht durch Überbehütung und/oder regressive Verwöhnung gebunden worden zu sein. Statt dessen wurden sie schon früh elterlicher Kälte und Distanzierung ausgesetzt. Die Folge ist, daß bei diesen Kindern viele vitale Bedürfnisse – wie nach Nähe, zwischenmenschlicher Wärme, fürsorglicher Beschützung durch die Eltern – unbefriedigt bleiben. Somit erlitten sie schwerste Deprivationen. Gleichzeitig wurden ihnen jedoch Frühreife und prekäre Autonomie aufgezwungen. Dabei wurden sie, gleich zahlreichen anderen ausgebeuteten Delegierten, durch (sich oft widerstreitende) Aufträge überfordert. Früh depriviert und ausgestoßen, wurde es für sie doppelt notwendig, sich gebraucht und anerkannt zu fühlen. Das versuchten sie zu erreichen, indem sie ihre Aufträge mit verzweifelter Hingabe ausführten. Oft verlangten ihre Aufträge, daß sie sich zu niemals aufmuckenden, konformistischen Erfolgspersönlichkeiten entwickeln, die dem beschränkten bourgeoisen Ich-Ideal der Eltern entsprachen. Kurzum, ausgestoßene Delegierte sind Individuen, die früh verstoßen und vernachlässigt, kaum für wichtig befunden und dabei doch massiv beauftragt wurden. Also auch hier eine Abweichung vom normalen, erfolgreichen Delegationsprozeß.

Ausgestoßene und gebundene Delegierte ähneln somit einander, indem sie beide an der langen Leine der elterlichen Loyalität gehalten werden. Beide versuchen sie, durch getreuliches Erfüllen ihrer Aufträge elterliche Anerkennung, einen Lebenssinn und ein Gefühl der eigenen Wichtigkeit zu erlangen, zugleich aber unterscheiden sie sich. Die Deprivationen ausgestoßener Delegierter sind anderer Art als die, die gebundene Delegierte zu erleiden haben. Ausgestoßene Delegierte sind weniger depriviert, was die Aneignung gewisser autonomiefördernder Fähigkeiten anbelangt. Sie erscheinen jedoch schwerstens depriviert, was die Erwerbung jener Fähigkeiten zur Beziehungsgestaltung anbetrifft, die – wie etwa M. Mahler

(1975) gezeigt hat – auf frühen Erlebnissen emotionaler Wärme, Behütung und Fürsorge aufbauen. Daher zeigen diese Kinder einen Nachholbedarf an vitalen zwischenmenschlichen Bedürfnissen – insbesondere nach nahen und vertrauenden Beziehungen. Damit einhergehend zeigen sie Störungen der Individuation, die auch viele gebundene Kinder (bzw. gebundene Delegierte) kennzeichnen: Sie lernen es häufig nicht, Gefühle zu artikulieren, Bedürfnisse differenziert an andere heranzutragen, Konflikte, Ambivalenzen und negative Affekte zu äußern, als auch im Vertrauen auf eine schließliche Klärung und Versöhnung durchzustehen. Um Konflikte und negative Gefühle abwenden zu können, sind sie zu massiver Verdrängung und Idealisierung gezwungen. Ihr Heil suchen sie in der perfekten Erledigung ihrer Aufträge. So sehr sie sich um die getreuliche Ausführung ihrer Aufträge bemühen, ihre Anstrengung reicht niemals aus, um die frühen Deprivationen und Schädigungen ihres Selbstwertgefühls aufzuwiegen. Sie bleiben daher für Leistungsversagen und Verluste wichtiger (delegierender) Beziehungspersonen besonders verwundbar. Unter solchen ausgestoßenen Delegierten finden wir typischerweise psychosomatische Patienten, die eine niemals klagende Pseudoautonomie und Pseudokompetenz verkörpern, normenkonform und leistungsbewußt leben, während intensivste Bedürfnisse nach emotionaler Nahrung und regressiver Verwöhnung unerkannt, unausgesprochen und daher unbefriedigt bleiben. Wie unter anderem die Untersuchungen von Grossarth-Maticek (1976) zeigen, repräsentieren offenbar viele Carcinompatienten Spielarten solcher ausgestoßener Delegierter.

Die hier besprochene Beziehungsebene baut auf den vorgenannten Ebenen der Differenzierung-Integration auf und transzendiert sie zugleich. Dabei können die auf tieferen Ebenen verwendeten Formulierungen gültig bleiben. Sie werden jedoch relativiert und finden in einer umfassenderen Perspektive Platz.

Dies gilt beispielsweise für Formulierungen F. Alexanders und T. M. Frenchs (1948, 1951) zur Psychodynamik psychosomatischer Störungen. Alexander zufolge korrelieren bestimmte psychophysiologische Konfliktkonstellationen mit bestimmten Formen psychosomatischer Störungen. Er beschrieb etwa bei Ulcus-Patienten starke – unregistrierte – Bedürfnisse nach Abhängigkeit und regressiver Verwöhnung bei gleichzeitiger Verklärung von Autonomie und Kompetenz. Aus der Verleugnung der Abhängigkeitsbedürfnisse resultierte diesen Autoren zufolge eine charakteristisch überkompensierend pseudoautonome Lebenshaltung. Sie schloß eine chronische Entfremdung von zentralen psychophysiologischen Bedürfnissen ein: das Individuum fuhr sich in einem chronischen inneren Konflikt fest und seine vegetative Selbstregulation litt Schaden. Innerhalb der hier vorgelegten Perspektive bleiben derartige Formulierungen Alexanders begrenzt gültig. Sie sind aber innerhalb eines Bezugsrahmens anzusiedeln, der die gestörten Beziehungen dieser Individuen miteinbezieht. In diesen Beziehungen stellen sich nun Systemkräfte dar, die die intrapsychisch zum Zuge kommenden biopsychologischen Konflikte am Leben halten, zu verstärken oder zu entschärfen vermögen. So kann etwa seine Familiensituation einen Ulcus-Patienten in einem Zustand intrapsychischer und vegetativer Zerrissenheit gefangen halten, oder ihm Möglichkeiten der biopsychologischen Korrektur oder Reintegration anbieten.

THERAPEUTISCHE AUSBLICKE

Therapeutische Bemühungen müssen die genannten Beziehungs- und Systemkräfte in Rechnung stellen und nutzbar machen. Dabei bieten sich verschiedene Strategien an, je nachdem wir es mit akuten oder chronischen psychosomatischen Störungen zu tun haben. Wo ein Indexpatient eine chronische psychosomatische (oder sonstige psychiatrische) Störung aufweist, ist anzunehmen, daß eine ungleiche und gesundheitlich kostspielige psychophysiologische Selbst-Objekt-Differenzierung und -Integration sich stabilisiert hat. Weiter ist anzunehmen, daß seine chronifizierten Symptome und Beschwerden für die Mitglieder seines Beziehungssystems funktionelle Bedeutung gewonnen haben. Die mit einem eingeengten Sexualleben einhergehende rheumatische Arthritis einer jungen

Frau kann beispielsweise nicht nur die Funktion haben, sie selbst von eigenen Zweifeln und Ängsten hinsichtlich ihrer Frigidität abzulenken, sondern kann auch die Impotenz ihres Mannes »schützen«. Daneben könnte es der arthritische Zustand ihr ermöglichen, weiter als eine gebundene Delegierte im Bannkreis ihrer überfürsorglichen Mutter zu bleiben. Außerdem könnte sie dieser Mutter einen Lebenssinn und -zweck – nämlich die Pflege einer chronisch kranken Tochter – verschaffen und dabei eigene Ausbruchsschuld lindern. Daher muß sich ein Therapeut hüten, zu abrupt in die prekäre Homöostase solcher Beziehungssysteme einzugreifen.

Gleichzeitig aber hat er sich Gedanken darüber zu machen, wie er die positiven Kräfte nutzen kann, die den anscheinend nur destruktiv zur Wirkung kommenden Bindungs- und Delegationsprozessen innewohnen. M. Selvini (1974), die in der Familientherapie von Anorexia-Nervosa-Patienten spektakuläre Erfolge erzielt hat, liefert ein gutes Beispiel für die therapeutische Verwendung solcher »positiven Elemente«.

Weiter läßt uns die hier vorgelegte Perspektive fragen, ob nicht eine aufdeckende Psychoanalyse für die meisten psychosomatischen Patienten fehlangezeigt ist. Denn die darin enthaltene theoretische Position legt es nahe, bei diesen Patienten die psychosomatischen Symptome gleichsam als Folgen des Rückzuges auf eine zweite Verteidigungslinie zu verstehen. Solch Rückzug wurde notwendig, da die erste Verteidigungslinie – gebildet aus neurotischen Abwehrmechanismen wie phobischer Vermeidung, Intellektualisierung, Verdrängung etc. – nicht mehr standhielt. Denn wirksame neurotische Abwehrmechanismen dieser Art würden voraussetzen, daß ein relativ hohes Niveau der Funktion innerer Objekte und damit der Selbst-Objekt-Differenzierung und -Integration besteht. Dieses Niveau aber scheint bei vielen psychosomatischen Patienten nicht gegeben zu sein. Das bedeutet aber: jede tiefere, aufdeckende Form der Psychotherapie läuft hier Gefahr, Ängste auszulösen, die sich sofort in vegetative Erregungen umsetzen und damit auch die zweite Verteidigungslinie dieser Patienten bedrohen und den Teufelskreis der somatischen Störung verstärken.

Dabei bleibt nun weiter zu beachten, daß die schwache zweite

Verteidigungslinie dieser Patienten oft besonders bei chronischen Störungen prekär in deren Beziehungssystemen verankert ist. Viele chronisch gestörte psychosomatische Patienten entwickeln daher, läßt sich annehmen, zu ihren Symptomen oder Problemen eine ähnliche Abhängigkeit wie ein Süchtiger zu seiner Droge – einer Droge, die von den anderen Mitgliedern anzuliefern ist. Aber auch die anderen – die Fixer – sind im Interesse ihres eigenen psychologischen Überlebens darauf angewiesen, daß der Patient die Droge regelmäßig nimmt. Das System ist interdependent.

Bei akuten Störungen ist es anders: hier signalisiert das Symptom eine Krise im Leben des Individuums und seiner Familie. Und diese Krise läßt sich, wenn sachgemäß angegangen, in einer Weise lösen, die die Selbst-Objekt-Differenzierung und -Integration aller Mitglieder fördert. Bereits kurze Interventionen vermögen hier oft viel zu erreichen.

Schließlich bleibt ein Problembereich zu erwähnen, der für Therapeuten psychosomatischer Patienten besonders wichtig wird. Er betrifft die psychologische Ausbeutung und gesundheitlichen Kosten, die oft für den somatischen Symptomträger anfallen, und die ganze Familie mit schwierigen Aufgaben der »Kostenaufrechnung« konfrontieren. Hier erscheint ein kürzlich in der Klinik von S. Minuchin, L. Baker et al. (1975) durchgeführtes Familienexperiment besonders instruktiv. Bei diesem Experiment stieg der Spiegel an freien Fettsäuren – einem Bindeglied und möglichen Auslöser in der Entwicklung einer diabetischen Acidose – bei bestimmten diabetischen Kindern immer dann in Familiensitzungen an, wenn diese Kinder von ihren Eltern als Sündenböcke beziehungsweise als Aufhänger negativer Projektionen delegiert wurden. Das geschah typischerweise immer dann, wenn die Eltern eigenen Belastungen und ehelichen Konflikten auszuweichen suchten. Schon vor 20 Jahren schnitt M. Thaler Singer (1956, 1974) das Problem der Ausbeutung und Kosten in einem anderen Kontext an. Sie wies damals nach, daß an chronischem Hochdruck leidende Patienten ihre Überlebenschancen gefährdeten, wenn sie sich warm und intensiv zu anderen Menschen in Beziehung zu setzen versuchten, anstatt abgekapselt und verschlossen zu bleiben. Denn indem sich diese Individuen anderen eröffneten, ließen sie ihren Blutdruck gefährlich ansteigen. Eine spätere »Follow-up«-Studie zeigte, daß die warm reagierenden Hochdruckpatienten eher starben als die zwischenmenschlich abgekapselten. Es erschien somit, daß ihr »Geben für andere« – in der Form von Aufmerksamkeit und Interesse, das sie diesen anderen zeigten – nur mit schweren Kosten für diese Patienten selbst möglich war. Aber ob nun jemand, wie M. Singers Hochdruckpatienten, »zuviel geben muß« oder ob er, wie S. Minuchins diabetische Kinder, »zuviel einstecken muß«, wir müssen uns als Therapeuten dem Problem der zwischenmenschlichen Ausbeutung und Gerechtigkeit stellen. Soll dies gelingen, müssen wir in der Lage sein, verschiedene Ebenen der Differenzierung und Integration zu erfassen und dabei allen Familienangehörigen Interesse und Fairneß entgegenzubringen.

Schizophrenie und Familie

5. KAPITEL

Überlegungen zur Entstehung schizophrener Störungen*

Zwei Perspektiven

Die Übermittlung des sog. irrationalen und gestörten Verhaltens stellt sich uns heute in zwei Perspektiven dar: der biogenetischen und der soziogenetischen Perspektive. Innerhalb beider zeigen sich uns Gegebenheiten oder Größen – Strukturen, Eigenschaften, Dispositionen und Konfigurationen, etc. –, die von einer Generation an die andere übermittelt werden oder deren Übermittlung postuliert wird. Diesen Gegebenheiten oder Größen entsprechen »Modi der Übermittlung«; und wir nehmen an, daß Modi und vorgegebene Größen zusammen auch jene Phänomene hervorbringen oder formen, die sich uns heute mit dem Begriff »Schizophrenie« verbinden.

Die beiden Perspektiven unterscheiden sich jedoch, denn sie bringen uns sehr verschiedenartige Größen und Modi ins Blickfeld. Innerhalb der ersten Perspektive eröffnet sich uns ein biologischer Bezugsrahmen, der eine genetische – oder vielmehr: »phylogenetische« – Übermittlung betont. Agenten dieser Übermittlung sind die menschlichen Gene, die jene Informationen verschlüsseln und weitergeben, welche biologische Strukturen sich bilden und entwickeln lassen. Dabei bleibt der Begriff »biologische Strukturen« weit gefaßt, so weit, daß sich dazu schließlich auch grammatikalische Strukturen, wie Chomsky (1968) sie auffaßte, oder Gefühlsäußerungen bei Mensch und Tier, wie Ch. Darwin (1872) sie beschrieb, rechnen lassen. Damit aber schlägt sich eine Brücke zu modernen Theorien über die Ätiologie der schizophrenen Störung. Denn ihnen zufolge können fehlerhafte Grammatik und unangemessene Gefühlsäußerungen zur Entwicklung von

---

* Gekürzte und überarbeitete Fassung eines mit H. Lang als Co-Autor im Nervenarzt 49: 50–57 (1978) veröffentlichten Aufsatzes. © by Springer-Verlag, Heidelberg.

Irrationalität bzw. schizophrenen Störungen beisteuern, ebenso wie dies kognitive Stile, Aufmerksamkeitsprozesse oder sog. psychophysiologische Reaktionsdispositionen (response dispositions, Wynne 1975) tun könnten.

Im Rahmen der sozio-genetischen Perspektive werden dagegen solche bio-genetischen Größen und Modi unwichtiger oder sogar irrelevant. Die Größen, die hier zählen, sind Normen, Werte, Rollen, Einstellungen und (verbale oder nonverbale) Mittel der Kommunikation, die nach Zeit und Gesellschaft variieren können, jedoch innergesellschaftliche Kohäsion, Bedeutungsgehalte und Sanktionen sowohl widerspiegeln wie festlegen. Um diese Größen weiterzugeben, bedarf es nun eines sozialen bzw. soziogenetischen Übermittlungsmodus. Dieser Modus begründet, vereinfacht gesagt, den Fortbestand der Kulturen, so wie der phylogenetische Modus den Fortbestand der Tierspecies gewährleistet. Solch sozio-genetischer Modus wirkt innerhalb von Grenzen, die durch den phylogenetischen Modus gezogen sind. Gleichzeitig bedeutet er eine radikale Ausweitung dieser Grenzen. Wir können sagen, daß der sozio-genetische Modus den phylogenetischen in dem mehrfachen Sinne »aufhebt«, der sich für Hegel (1952) mit dem Begriff »aufheben« verband: er bewahrt ihn auf, hebt ihn auf eine qualitativ höhere Stufe, und überwindet ihn gleichzeitig.

Schizophrenie als Entgleisung der Sozialisation

Bislang bauten die meisten sozialen Übermittlungs-Theorien auf dem Sozialisierungskonzept auf, wobei sich schizophrene Störungen als Ausdruck wie Folge einer entgleisten Sozialisierung darstellten. Sozialisierung ist beim Menschen an eine typische Aufzucht- und Beziehungskonstellation gebunden, im Rahmen derer ein Kind nur minimal durch Instinkte (oder angeborene Verhaltensmuster) vorprogrammiert wird, jedoch maximal und überdauernd von Sozialisationsagenten, insbesondere von seinen Eltern und anderen Familienmitgliedern, abhängig bleibt. Diese Agenten verkörpern eine »stärkere Realität« (Stierlin 1959) und geben an das Kind die wesentlichen kulturspezifischen Größen weiter. Diese muß das Kind erlernen und/oder internalisieren. Gelingt ihm das nicht auf eine in sich konsistente und sozial angepaßte Art, lassen sich Verwirrung, Störungen der Identität und der Selbst-Objekt-Differenzierung, Anomie und möglicherweise eine schizophrene Störung (bzw. das, was heutzutage als Schizophrenie diagnostiziert wird) erwarten.

Innerhalb dieses weiten Bezugsrahmens unterschieden Forscher bisher zwischen verschiedenen Faktorengruppen (oder Aufzuchtvariablen), die einzeln oder gemeinsam zum Tragen kommen und eine Entgleisung der Sozialisierung bewirken können. Und allen wurde eine Rolle bei der Entstehung schizophrener Störungen beigemessen.

Erstens ist es möglich, daß wesentliche Größen, wie z. B. Kategorien, Normen, Kommunikationsmittel usw., ohne die ein Überleben in komplexen Gesellschaften nicht möglich ist, aus diesem oder jenem Grunde für eine Internalisierung nicht verfügbar werden. Dann fehlt dem Kinde die altersadäquate »kulturelle Nahrung«. Am Beispiel Kaspar Hausers etwa, der vielfach als schizophren bezeichnet wurde, zeigen sich uns die Folgen eines solchen »Kultur-Nahrungsmangels«.

Zweitens können diese Größen – oder auch Kultur-Nahrung – zwar zugänglich sein, jedoch dem Kinde auf eine es verwirrende, seinen altersgemäßen Bedürfnissen und Fähigkeiten nicht Rechnung tragende Weise übermittelt werden. Das Kind oder der junge Erwachsene wird dann »mystifiziert«, »sich selbst fehl-definiert«, im symbolischen Dschungel in die Irre geleitet, »zur Irrationalität erzogen« usw., wie es von Autoren wie Bateson et al. (1956), Lidz et al. (1957), Wynne und Singer (1963/64), Laing (1965) und anderen in einer ständig wachsenden Literatur beschrieben wurde.

Drittens – und das steht in engem Zusammenhang mit dem oben Gesagten – ist es möglich, daß das zwischenmenschliche, für die Sozialisierung erforderliche Skript oder Drehbuch, die Beziehung zwischen Sozialisator(en) und Sozialisiertem, sich in einer Weise abwandelt oder abhanden kommt, die sich schädlich auf die Sozialisierung auswirkt. In ihrer optimalen Form sollte eine derartige Beziehung Raum für sich vertiefendes Vertrauen und Zuneigung bieten, aber auch für die Entfaltung eines wechselseitigen Individuations- und Trennungsprozesses. Gleichzeitig sollte sie immer neue Stufen relativer Unabhängigkeit bzw. reifer Abhängigkeit erschließen. Wie wir jedoch heute wissen, existieren viele Beziehungen, die eine derartige positive Gegenseitigkeit (Stierlin 1971) vereiteln. Hier wird die intensive und andauernde Abhängigkeit des Kindes von reiferen Pflegepersonen, die Grundlage jeder Sozialisierung ist, unterbrochen oder ausgebeutet, und seine oder die eines anderen Familienmitgliedes Bemühungen um eine wechselseitige Individuation und um eine reife Interdependenz werden abgeblockt oder fehlgeleitet. Charakteristika solcher Beziehungen wurden daher ebenfalls als mitverursachende Elemente einer schizophrenen Entwicklung angesehen.

Viele Daten und Beobachtungen, die in den letzten Jahren und Jahrzehnten berichtet wurden, stehen im Einklang mit einer solchen Auffassung der schizophrenen Ätiologie und Pathogenese. Andere Daten jedoch, die hauptsächlich in der klinischen Arbeit mit »schizopräsenten« Familien gewonnen wurden, weisen auf eine abweichende Perspektive hin, eine Perspektive, die für unsere Heidelberger Gruppe immer zentraler wurde. Diese Perspektive dreht sich um das in den vorhergehenden Kapiteln dargestellte Konzept der *Delegation*.

DELEGATION IN EINER MEHRGENERATIONEN-PERSPEKTIVE

Seit der Einführung des Delegationskonzeptes vor etwa neun Jahren hat sich daraus ein Bezugsrahmen entwickelt, der uns sowohl gesunde wie krankhafte Prozesse ins Blickfeld bringt und uns gleichzeitig zwingt, gängige Vorstellungen über das Wesen sozialer Übermittlung zu revidieren. Insbesondere beeinflußten Gedanken von I. Boszornyi-Nagy (1973) diese Entwicklung. Als ein Ergebnis ergibt sich uns heute die These: Übermittlung qua Delegation hebt Sozialisierung, wie oben beschrieben, auf (d. h. bewahrt, verändert und transzendiert sie zugleich), so wie die soziale die phylogenetische Übermittlung »aufhebt«.

Um einige Konsequenzen dieser Auffassung für ein Schizo-

phrenie-Verständnis aufzeigen zu können, sei daran erinnert, daß der Begriff Delegation, wie jedes andere Konzept, einem Teleskop vergleichbar ist: je nach Einstellung und Brennschärfe enthüllt es, verbirgt aber auch bestimmte Phänomene.
Zuallererst enthüllt es uns eine Mehrgenerationen-Perspektive, die Familientherapeuten von schizophrenen Patienten vertraut, nicht-klinischen Forschern jedoch weniger bekannt oder sogar fremd sein dürfte. Im Rahmen dieser Perspektive lassen sich langfristig wirkende Verhaltensdeterminanten beobachten, welche jenen anderen Determinanten – oder auch Zwischenvariablen (intermediate variables) – vergleichbar sind, denen in der letzten Zeit von Schizophrenie-Forschern eine immer größere Bedeutung beigemessen wurde, wie z. B. psycho-physiologischen Reaktionsdispositionen (response dispositions) oder familiären Kommunikationsstilen (L. C. Wynne 1976). Die durch das Delegations-Konzept enthüllten Determinanten erschließen jedoch auch Kräfte, die von diesen bekannteren Konstrukten nicht oder nur ungenügend abgedeckt werden.
Um diese Kräfte zu erfassen, können wir wiederum von den Bedeutungen lex (Gesetz) und ligare (binden) ausgehen, die im lateinischen delegare enthalten sind. Diese Bedeutungen beinhalten, daß überdauernde Erwartungen, tiefe Loyalitätsbindungen, starke verinnerlichte Verpflichtungen und Missionen maßgeblich menschliches Verhalten determinieren. Sie wirken auf einer individuellen psychologischen, einer transaktionalen (horizontalen), einer intergenerationellen (vertikalen) und möglicherweise auf einer existentiellen Ebene. Auf der ersten, individual-psychologischen Ebene zeigen sie sich uns als innere Motivationsmuster, Dispositionen oder Organisationsprinzipien des Verhaltens, die eine dynamische Steuerfunktion ausüben. Diese Muster bedingen und formen die spezifischeren, zu Tage liegenden Haltungen und Interaktionen eines Individuums und beeinflussen seine altersgemäße Individuation und Trennung von den Eltern. Wir nehmen an, daß diese Motivationsmuster bei vielen später als schizophren diagnostizierten Personen so beschaffen sind, daß sie deren altersadäquaten Individuations-Trennungs-Prozeß mit Konflikten belasten und soziales Lernen erschweren oder verhin-

dern. Auf der/den anderen transaktionalen, intergenerationellen, (und möglicherweise existentiellen) Ebene/n stellen sich in den oben erwähnten Kräften Beziehungssysteme dar, die ihrerseits individuelle Motivationen beeinflussen. Sie können den Delegationsprozeß in der beschriebenen Weise zum Entgleisen bringen und zu »unmöglichen Missionen« führen: als Delegierter seiner Eltern oder Vorfahren kann ein verletzliches Individuum so überfordert werden, daß ihm eine altersadäquate Individuation und Trennung und schließlich auch die Sozialisation mißlingen. Gewisse Formen eines solchen Versagens können dann in schizophrenen Störungen ihren Ausdruck finden. Das geschieht typischerweise während der Adoleszenz, wenn Aufgaben der Individuation und Loslösung an Kinder und Eltern größte Anforderungen stellen.

»Unmögliche Missionen«, die zu schizophrenen Störungen beitragen

Hier möchten wir einige »unmögliche Missionen« erwähnen, wie wir sie häufig, (aber nicht nur) bei als schizophren diagnostizierten Jugendlichen finden.

Dazu gehören zunächst einmal Aufträge, die der Selbstbeobachtung der Eltern dienen: Eltern, auf die der Schatten »verrückter, wahnsinniger« Angehöriger oder Vorfahren fiel, wie dies Scott (1976), Scott u. Ashworth (1965, 1967, 1969) und Scott u. Montanez (1972) beschrieben haben, können ein bestimmtes Kind nach Anzeichen von »Verrücktheit« ausforschen und diese dadurch schließlich induzieren. So wird die ständig gefürchtete und allgegenwärtige Verrücktheit dann auf ein oder mehrere empfängliche Familienmitglied(er) abgewälzt. Damit bleibt den Eltern die Verrücktheit als Gegenstand ständiger Überprüfung und ängstlicher Sorge erhalten, jedoch auch sicher außerhalb ihres eigenen Ichs plaziert und damit abgewehrt.

Zweitens rechnen dazu gewisse Aufträge, die den Zweck haben, den Eltern und/oder anderen Familienmitgliedern eine schmerzliche Trauerarbeit zu ersparen, ohne die weitere Individuations- und Trennungsschritte in der Familie unmöglich sind. H. Paul und G. Grosser (1965) beschrieben etwa solch nötiges, jedoch häufig kollusiv in der Familie abgeblocktes »operantes Trauern«. Einen derartigen Auftrag – den Eltern schmerzliche Trauer zu ersparen – hatten die in den vorhergehenden Kapiteln beschriebenen Patienten Marvin (S. 32) und Paul (S. 92 ff.) zu erfüllen, von denen Marvin als schizophren, Paul als herzneurotisch diagnostiziert wurde.

Drittens finden wir bei als schizophren diagnostizierten Patienten typischerweise gewisse extreme Aufträge, die den Delegierten sowohl stark überfordern als auch massiven Auftragskonflikten aussetzen. Der in den ersten beiden Kapiteln beschriebene Patient Marvin, ein durchschnittlich begabtes Kind, hatte einerseits den Auftrag, als erfolgreicher Pianist das zu realisieren, was seiner Mutter niemals gelungen war (d. h. er mußte der verlängerte Arm ihrer Selbstwertregulation sein), und mußte dennoch ihr infantilisiertes, ständig abhängiges, immer ans Haus gebundene Baby bleiben. (Indem er Baby blieb, bestätigte er sie als gute und liebende Mutter; gleichzeitig half er ihr mit den Deprivationen fertig zu werden, die sie als Kind erlitten hatte: sie konnte ihm nun geben, so wie sie es einst gebraucht hätte, daß ihr die Eltern gaben).

Daß eine solche Delegation, und gerade eine sich widersprechende Beauftragung oft unbewußte Wege geht, läßt sich bereits, wie andernorts (Lang 1976) näher ausgeführt wurde, an Freud's Krankengeschichte des Rattenmannes zeigen.

Viertens zeigen sich uns bei schizophren-gestörten Patienten häufig tiefste Loyalitätskonflikte, welche bedingen, daß ein dem einen Elternteil loyal verbundenes Kind beauftragt wird, den anderen Elternteil herabzusetzen oder gar zu zerstören. Der sich am Rande einer Schizophrenie bewegende Hamlet, seinem toten Vater treueverpflichtet und von ihm beauftragt, die Mutter zu zerstören, liefert dafür ein klassisches Beispiel.

An anderer Stelle wurde gezeigt (Stierlin, 1972, 1975), wie entgleiste Delegierungen, die zu »unmöglichen Missionen« führen, klinischen schizophrenen Störungen (oder »schizophrenen Spektrumsstörungen«) zugrunde liegen oder sie auslösen können. Hier muß daher eine Auswahl einiger beispielhafter Skizzen aus einer großen Anzahl ähnlicher Fälle ausreichen. Sie betreffen die 18jährige Margot und ihre Familie, die vor kurzem unser Heidelberger Institut aufsuchten.

BEISPIEL EINER ENTGLEISTEN DELEGATION

Nach den Berichten ihrer Familie war Margot immer ein fleißiges, liebenswertes und im wesentlichen normales Mädchen. Niemand konnte daher verstehen, warum sie sich vor drei Jahren verändert hatte: anstatt zur Schule zu gehen, stromerte sie auf einmal durch den Wald (oft nachts und halbnackt), trieb sich mit Hippies herum, ließ sich auf eine merkwürdig unpersönliche Promiskuität ein und nahm LSD. Als sie schließlich in eine psychiatrische Klinik eingeliefert wurde, diagnostizierte man eine Schizophrenie vom hebephrenen Typus. Auf der Station sah sie oft unordentlich aus. Manchmal war sie zurückgezogen, anscheinend ganz auf innere Stimmen konzentriert, dann wieder aufgeregt und albern. Wenn sie mit ihrer Familie zusammen war, wirkte Margot jedoch weniger gestört und weniger innerlich gespalten als auf der Station. Uns zeigte sich das Mädchen als Gefangene verschiedener »unmöglicher Aufträge«. Diese zielten in erster Linie darauf ab, das psychologische Überleben ihrer Mutter zu gewährleisten, das in seinen Grundfesten erschüttert schien, seit ihr Mann, Margots Vater, vor drei Jahren an einem Herzinfarkt gestorben war. Nach seinem Tod zeigte sich die Mutter untröstlich. Sie hatte keinen Beruf gelernt und fast ausschließlich im Haushalt gearbeitet. Plötzlich allein gelassen, sah sie keine Zukunftsaussichten außer denen einer alternden Hausfrau, die von Angst, Selbstzweifel und Einsamkeit bedrängt war. Eines Nachts hörte sie plötzlich Stimmen und nahm eine (mäßige) Überdosis Schlaftabletten. Nur der Gedanke an Margot, »ihr hilfloses und bedürftiges Kind«, gab ihr in dieser Situation Kraft zum Überleben. So lange sie sich um Margot kümmern konnte, sagte sie, sei es ihr möglich, nicht an Selbstmord zu denken. So mußte Margot ihrer Mutter eine affektive Stütze sein, ihrem Leben einen Sinn geben und ihr auch Sorgen bereiten – Sorgen, die die Mutter bekümmerten, ihr aber gleichzeitig Lebenskraft gaben. Wie sich herausstellte, versorgte Margot ihre Mutter auch mit Abwechslung und Aufregung. Einige Male, als sich die Mutter besonders leer und einsam fühlte, überredete Margot sie, LSD zu nehmen, »damit sie ein paar glückliche und schöne Augenblicke hätte«.

Zudem diente Margot, indem sie psychotisch wurde, der Selbstbeobachtung ihrer Mutter in dem oben genannten Sinne – indem sie in sicherer Distanz vom eigenen Ich der Mutter sichtbar machte, was sie, die Mutter, als Schatten einer vom Wahnsinn gezeichneten Familie auf sich hatte fallen sehen: Denn Margots »bizarres Verhalten«, z. B. wenn sie halbnackt und zu ungewöhnlichen Zeiten nachts durch den Wald streifte, war eine bis ins kleinste Detail exakte Kopie des gestörten Verhaltens von Margots Großmutter, die in den Augen der Mutter das furchterregende Verrücktheitspotential der Familie verkörperte. Indem Margot das Skript dieser Großmutter lebte, schien sie die Verrücktheit von ihrer Mutter und möglicherweise ihrer Familie zu bannen – um den Preis, daß sie selbst zu ihrem Träger und Opfer wurde.

So enthüllt das, was sich klinisch als Schizophrenie darstellt, im Rahmen dieses Modells ein Drama der Ausbeutung und Gegenausbeutung, tragischer Bindung und gleichzeitig gegenseitiger Entfremdung: ein sich auf komplexe Weise perpetuierender Circulus vitiosus eines »narzißtischen Transitivismus« (Lang 1976). In diesem Drama erscheinen ausbeuterische Eltern als Delegierte ihrer eigenen Eltern, die unbewußt ihre Kinder für das zur Rechenschaft ziehen, was ihnen ihre Eltern antaten: Gebundene entpuppen sich als Bindende und Opfer als Henker.

DELEGATION UND ELTERLICHE KOMMUNIKATIONS-ABWEICHUNGEN (COMMUNICATION DEVIANCES)

Wie können wir dann aber dieses Modell, das so großen Nachdruck auf entgleiste Delegationen und »unmögliche Missionen« legt, mit Ergebnissen der gegenwärtigen Erforschung der Risikofaktoren bei schizophrenen Störungen in Einklang bringen?

Es sei dabei vor allem verwiesen auf die anläßlich der II. Rochesterkonferenz über die Ätiologie und Pathogenese der Schizophrenie (Rochester, 1976) von Goldstein, Rodnick und Jones (1978) und anderen Ortes von Wynne, Singer, Bartko und Toohey (1976) (vor allem in ihrer letzten, inzwischen auch auf deutsch erschienenen Arbeit über Adoptiveltern von Schizophrenen) vorgetragenen Untersuchungen. Sie bestätigen überzeugend, daß eine Gruppe von Variablen als stärkste Prädikatoren von Schizophrenie fungieren: Abweichungen in der elterlichen Kommunikation (parental communication deviances). Welcher Zusammenhang besteht nun zwischen diesen Abweichungen und dem oben beschriebenen Delegationsprozeß?

Bei der Beantwortung dieser Frage müssen wir im Auge behalten, daß nicht alle massiv konfliktträchtigen Aufträge zu pathologischen und/oder schizophrenen Entwicklungen Anlaß geben. Sie können auch zu sozialer Anpassung und sogar kreativen Lösungen führen. Das entspricht unserer heutigen Beurteilung des pathogenen vs. kreativen Potentials sog. double-bind-Situationen: Nicht alle Beziehungsfallen, nicht einmal intensive, langandauernde und unausweichliche münden in eine Schizophrenie, wie eine ständig anwachsende Literatur belegt. Um mit Wynne (1976) zu sprechen, können aus dem Erlebnis, double-bind-Situationen nicht entkommen zu können, sowohl tiefste Ängste als auch kreative Kräfte erwachsen; dabei kann das Individuum zusammenbrechen – oder auch nicht. Das gleiche sollte für »unmögliche Missionen« gelten, so wie sie hier dargestellt wurden.

Es läßt sich jedoch nicht daran zweifeln, daß abweichende elterliche Kommunikationsstile die Chancen eines Individuums, schwierige Missionen zu meistern, tief und nachhaltig beeinflussen. *In der Tat können solche Stile den Ausschlag geben, wie Delegationen entstehen und/oder entgleisen und/oder zu schizophrenen Entwicklungen führen.*

Hier müssen wir daran erinnern, daß die Arbeit von Wynne und Singer über Kommunikationsabweichungen weit über bekannte Vorstellungen von double-binds (G. Bateson et al. 1956), Sinnzerstörung (J. Haley 1959), Mystifikation (R. D. Laing 1965) usw. hinausgeht und zur Bildung komplexer, aber nichtsdestoweniger überprüfbarer Hypothesen und Voraussagen führte, die ein ungemein detaillierteres Bild des pathogenen Familienskriptes entwarfen als die obigen Konstrukte.

Gleichzeitig zeigt die Arbeit Wynnes und Singers, wie pathogene und »normogene« Familieneinflüsse zusammenwirken und entscheidende Anstöße entweder in Richtung auf relative Gesundheit oder eine schizophrene Störung hin geben können. Es läßt sich von einer »unterschiedlichen Verwundbarkeit« für abweichende Kommunikation sprechen. Beispielsweise kann, wie die Ergebnisse von Wynne und Singer zeigen, ein Elternteil den »schizophrenogenen« Einflüssen des anderen entgegenwirken, z. B. wenn ein gleichsam »kognitiv geradliniger«, mit beiden Beinen auf der Erde stehender Vater eine fahrige und mystifizierende Mutter neutralisiert. Je nachdrücklicher solch ein Vater seine stärkere Realität durchsetzt, um so wahrscheinlicher ist es, daß er ein anfälliges Kind aus dem »schizophrenogenen« Umkreis der Mutter herauszieht. Ein solcher Vater wird es aber wahrscheinlich einem ausbeuterisch delegierten Kind – und ebenso anderen Familienmitgliedern – auch leichter machen, sich kreativ mit seinen schwierigen und konfliktträchtigen Aufträgen auseinanderzusetzen. Denn dieser Vater leistet nun einen Beitrag dafür, daß in der Familie sinnvolle Bezüge gelten, daß sich differenzierte und artikulierte Positionen ausbilden können, die eine faire Diskussion der familiären Konflikte, Ausbeutungsverhältnisse und Verdienstkonten ermöglichen.

Im Lichte des Gesagten stellen sich die vielleicht wichtigsten Faktoren, die entscheiden, ob sich ein Kind auf schizophrene (oder schizophrenieähnliche) Störungen hin oder von ihnen weg entwickelt, wie folgt dar:

a) Belastung durch »unmögliche Missionen«, die gleichsam eine Familien- und Mehrgenerationen-Hypothek darstellen,

b) Unterschiedliches Ausgesetztsein gegenüber, und Verwundbarkeit durch transaktionale Kommunikationsabweichungen der Eltern, die die Chancen eines Delegierten zunichte machen können, derartige massiv konfliktträchtige Aufträge im Rahmen einer sozialen Anpassung oder sogar kreativ zu meistern, und schließlich

c) die transaktionalen Modi oder Szenarien der Bindung und Ausstoßung, die ein verwundbares Familienmitglied ausweglos gefangenhalten oder Fluchtwege eröffnen und kompensatorische Lösungen erlauben oder nicht erlauben.

Zu diesen Szenarien noch einige Bemerkungen:

BINDENDE UND AUSSTOSSENDE SZENARIEN

Man kann davon ausgehen, daß in beiden Szenarien die genannten Kommunikationsabweichungen einen unterschiedlichen Einfluß ausüben.

Liegt Bindung – sei es auf der Es-, Ich- oder Überich-Ebene – vor, wird sie in der Regel durch die genannten abweichenden Kommunikationsstile noch verstärkt. Denn es werden dadurch die kognitiven und Wahrnehmungswerkzeuge verzerrt oder zerstört, die ein Individuum für seine intrapsychische und zwischenmenschliche Individuation und Abgrenzung benötigt.

Dabei bezieht sich der Begriff »Ich-Bindung« spezifisch auf eine Art der Beziehung, die stärker als alles andere die Fähigkeit eines Individuums beeinträchtigt, zwischen »Ich« und »Nicht-Ich«, innen und außen, seinen eigenen Motiven, Gefühlen und Gedanken und denen der anderen zu unterscheiden. Damit einhergehend scheint eine derartige Bindung aber auch die Fähigkeit eines Individuums zu beeinträchtigen, seine Aufträge zu verstehen, zu definieren, zu beurteilen, sie abzulehnen oder anzunehmen und/oder miteinander in Einklang zu bringen, sowie die Angst und den inneren Konflikt zu ertragen, wenn dies »unmöglich« sein sollte.

Auch beim Ausstoßungsmodus, der durch frühreife Autonomie, ein »massives Zuneigungsdefizit« (attachment deficit, Wynne: 1978) und ein mangelndes Gefühl persönlicher Bedeutung gekennzeichnet ist, reagieren Kinder auf »schizophrenogene« elterliche Kommunikationsabweichungen – vor allem dann, wenn diese verwundbar und in Entwicklung begriffen sind.

Und doch, so zeigt sich uns, haben sie bessere Chancen als gebundene Kinder, den negativen Auswirkungen solchen Exponiertseins entgegenzuwirken und mit Gleichaltrigen und anderen Erwachsenen eine klarere, individuationsfördernde Kommunikation aufzubauen, als es mit den Eltern möglich wäre.

Ein zweites klinisches Beispiel kann hier noch einmal wesentliche Punkte veranschaulichen.

Bei dem jetzt 21jährigen Matthias war es zu einer ersten psy-

chotischen Symptomatik nach einem schüchternen Annäherungsversuch an eine Klassenkameradin gekommen. Massiv brach denn die schizophrene Psychose bei der Hochzeit des 8 Jahre älteren Bruders Ralf in einer norddeutschen Großstadt aus. Bei diesem Anlaß besuchte Matthias den Film »Vom Winde verweht«. Nach der Vorstellung glaubte er sich mit der Hauptfigur identisch, glaubte, daß nicht nur die Besucher des Films, sondern auch die Passanten auf der Straße nur hier zusammengekommen seien, um ihn zu sehen und zu feiern. Er brach daraufhin den Besuch bei dem Bruder ab, flog nach Bonn in der Erwartung, hier als großer Politiker empfangen zu werden. Obwohl dies natürlich nicht der Fall war, berauschte er sich an neuerlichen Identifikationen mit politischen Größen, u. a. gestützt dadurch, daß es ihm im Flugzeug gelungen war, den zufällig mitreisenden Bundesfinanzminister in ein kurzes Gespräch zu verwickeln. Nach einem kurzen Zwischenaufenthalt in seiner Heimatstadt – die Eltern weilten noch beim Bruder –, setzte er sich erneut ins Flugzeug, diesmal nach London: in der geheimen Erwartung, sich bereits im berühmten Wachsfigurenkabinett der Madame Tussaud dargestellt zu finden. Auch hier keine reale Enttäuschung, sondern ein Identifikationsrausch mit den versammelten Helden und Idolen. Als er wenige Tage später nach Hause zurückkehrt, reißt er mit folgenden Worten die Wohnungstür auf: »Habt ihr nicht den Fernsehapparat an? Überall, alle Journalisten und Reporter berichten nur noch über mich.« Am nächsten Tag sucht er die Redaktion der Bild-Zeitung auf und gibt sich dabei als der Frauendoppelmörder aus, der am selben Tag für bundesweite Schlagzeilen gesorgt hatte. Die Eltern leiten daraufhin die Einweisung in die Klinik ein.
Während des klinischen Aufenthaltes kam es dann – nachdem zunächst die Symptome abgeklungen waren – in Zusammenhang mit einem Rehabilitationsversuch zu einem Rückfall. Er verlangte jetzt ständig nach der Mutter, mit aller Macht trieb es ihn nach Hause. Als diesem Drängen nicht stattgegeben wurde, warf er sich auf den Boden, machte Umarmungs-, ja Koitusbewegungen, dabei laut schreiend: »Ich will zu meiner Mutti, ich will zu meiner Mutti!« Als die Mutter dann

kommt, große Umarmungsszene, wobei die anfängliche Betroffenheit der Mutter einer nicht zu übersehenden Befriedigung ob der so bezeugten Anhänglichkeit weicht. Sie insistiert darauf, ihn zu baden, wie sie es immer zu tun pflegt, wenn es ihm nicht gut geht. Am Abend verlangt er, wiederum schreiend, nach der Mutterbrust und trinkt dann, wie er später berichtet, Milch als Ersatz. Ähnliche Szenen wiederholen sich im Laufe der nächsten Wochen. Ein inzestuöser Akzent ist dabei unverkennbar. Der Vater – es handelt sich um den Stiefvater – bleibt bei all dem unbeteiligt im Hintergrund.

Matthias ist das jüngste, uneheliche Kind neben zwei erheblich älteren, ebenfalls unehelichen Halbbrüdern. Weder er noch seine Brüder kennen ihre Väter. Diese Frage ist tabuisiert, bildet ein Familiengeheimnis. Für die Mutter ist dieses Thema so mit Scham und Schuld beladen, daß in dem Augenblick, als erstmals in der Therapie die Sprache darauf kommt, die sonst die Szene beherrschende Frau in einen Weinkrampf verfällt, gefolgt von aggressiven Ausbrüchen gegen den Therapeuten. Es ist nun charakteristisch, daß sich das Verhältnis der Mutter zu ihren Söhnen ganz unterschiedlich entwickelt hatte. Kurz nach der Geburt von Matthias kamen die beiden damals 8- und 9jährigen Halbbrüder in ein Heim, das der mittlere Sohn Ralf mehrmals wegen Erziehungsschwierigkeiten wechseln mußte. Diese Heimkarriere bildete für ihn den Schlußpunkt einer in gewisser Weise schon anfänglich erfolgten Ausstoßung durch die Mutter. Ein ähnliches Schicksal erlitt der älteste Sohn Konrad – wenn auch nicht mit diesem massiven Zuneigungsdefizit, wie es Ralf erleiden mußte. Es liegt wohl in der Konsequenz dieses Modus der Ausstoßung, daß die beiden älteren Söhne, obwohl in Süddeutschland »beheimatet«, zunächst den Seemannsberuf ergriffen. Ralf – und das ist erst recht für diesen Modus typisch – machte sich mehrmals strafbar, saß mehrmals ein.

Ganz anders das Verhältnis der Mutter zum Jüngsten. Die Bindungskräfte überwogen hier in einem Maße, daß eine dem jeweiligen Alter und den jeweiligen Reifungsstufen entsprechende Trennung und Individuation nicht erfolgen konnte. Die Familientherapie machte neben dieser, überdies inzestuös gefärbten Bindung, die wir Es-Bindung nennen können, Zusammenhänge deutlich, die auf der kognitiven Ebene die mangelnde Ich- und Nicht-Ich-Differenzierung sowohl bei der Mutter wie bei dem »Patienten« zeigten. In den Gesprächen begegneten Mutter und Sohn in solch wechselseitiger Identifikation, daß oft nicht zu entscheiden war, wer eigentlich sprach. Beispielsweise schrieb die Mutter, ohne Wissen Matthias', mit verstellter Handschrift Liebesbriefe an die oben genannte Schulkameradin, die sie mit seinem Namen unterzeichnete. Die »unmögliche Mission«, mit der die Mutter diesen jüngsten Sohn beauftragt hatte, wird schon an diesem Beispiel deutlich. Auf der einen Seite extreme, mit Inzeststreben und Identitätsdiffusion verbundene Bindung, auf der anderen der Auftrag, »draußen« ein großer Liebhaber zu werden. Die Therapie konnte herausarbeiten, daß für den Lebensentwurf von Matthias ein immer wiederkehrender Satz der Mutter mitentscheidend geworden war. Der Satz lautet: »Man muß immer im Mittelpunkt stehen! Man muß immer oben sein!«

Als nun Matthias in Schule und Lehre und schließlich auch als Hilfsarbeiter gescheitert war, kam es nach dem Fehlschlagen einer ersten schüchternen erotischen Annäherung und der Teilnahme an der Hochzeit des hier erfolgreicheren Bruders zur manifesten Symptomatik des Größenwahns. Jetzt stand er im Zentrum, fühlte sich, wie er einmal bemerkte, »Gott gleich«. Anders gesagt: Die Erfüllung der Mission »ganz oben zu sein« wurde realiter in Ansätzen durch die extreme Bindung verunmöglicht. Matthias sah sich völlig überfordert; angesichts dessen, daß er psychisch sowohl das abhängige Kleinkind wie auch das erotisch gebundene parentifizierte »Objekt« geblieben war, wurde sein »Auftrag« zur »unmöglichen Mission«. Der Delegationsprozeß entgleiste, es kam zur Psychose, kam zu einem mit hebephrenen Zügen durchwirkten Größenwahn, der in pathologischer Weise dieser Sendung entsprach: sei es als Clark Gable bzw. Red Butler, als Bonner Politgröße, wächsernes Idol oder schlagzeilenverursachender Doppelmörder – ohne Zweifel stand er jetzt »im Mittelpunkt«. In eins damit enthüllte die Psychose in einer massiven Regression die Persistenz einer zugleich infantilisierenden und parentifizierenden Bindung, die die Mutter ihrerseits zur

Regelung ihres Selbstbildes als spendende Mutter wie auch zur Befriedigung ihrer sonst ins Leere stoßenden libidinösen Wünsche brauchte. Ein »geradliniger« starker Vater hätte die mystifizierende Strategie neutralisieren können. Matthias' Vater verließ die Mutter bei der Geburt, obwohl sie mit ihm über Jahre befreundet und die Ehe versprochen war. Der Stiefvater – er trat auf den Plan, als Matthias 5 Jahre alt war – blieb ein Außenseiter, blieb ein »Onkel«, unfähig, in dieser wechselseitigen Verstrickung von Mutter und Sohn normgebend und trennend einzugreifen.

Wieder anders die anfängliche Situation für die Brüder. Die Mutter stand damals schon in Beziehung zum leiblichen Vater von Matthias, ihr Verhalten den Brüdern gegenüber war eindeutiger, weniger verwirrend, und so ist es nicht weiter erstaunlich, daß beide, trotz ihres Ausgestoßenseins, heute eine einigermaßen geregelte bürgerliche Existenz führen können, Konrad um einige Jahre früher als Ralf.

Nicht zu übersehen ist dabei, daß die unterschiedliche Einstellung der Mutter ihren Söhnen gegenüber wiederum entscheidend von der Einstellung ihrer Eltern abhing. Galt die uneheliche Geburt des Ältesten noch als Unglücksfall, wurde die kurz darauffolgende des zweiten Sohnes als unerträgliche Schande gewertet. So tut sich eine Mehrgenerationenperspektive auf, innerhalb deren sich schließlich der ausweglose Konflikt Matthias' zwischen extremer Bindung und uferlosem Wunsch nach einer alle Grenzen sprengenden Rehabilitierung, einem Drehbuch gleich, vorgezeichnet fand.

6. Kapitel

Schizophrener Konflikt und/oder Defekt

Mit seinem Begriff der Schizophrenie hinterließ uns E. Bleuler ein besonderes Erbe und gleichzeitig eine Herausforderung: Bleuler betonte 1911 in seiner bahnbrechenden Monographie die Heterogenität dessen, was er unter diesem Begriff zusammenfaßte. Er sprach von einer Gruppe der Schizophrenien und von latenter – seinen Befunden nach außerordentlich häufiger – Schizophrenie, die fließende Übergänge zur Psychopathologie des Alltagslebens aufweist. Indem er den heterogenen Charakter der Krankheit hervorhob, nahm Bleuler gewissermaßen das heutige Konzept eines schizophrenen Spektrums vorweg, wie es von S. S. Kety et al. (1971) entwickelt wurde.

Aber während Bleuler heterogene und latente Formen erkannte, suchte er auch intensiver als jeder andere nach einem gemeinsamen Nenner, der Klammer einer einheitlichen Theorie. Kernstück dieser Theorie wurden ihm schließlich die »Assoziationsauflockerungen« des Schizophrenen. Mit Hilfe dieses Konzepts erkannte Bleuler schizophrene Symptome entweder als direkte Äußerungen einer Assoziationsauflockerung (in der sich ein Zusammenbruch der hierarchischen Strukturen unserer Denkprozesse manifestiert) oder als sekundäre Restitutionsphänomene. Er griff auf Freuds frühe psychoanalytische Gedanken zurück, um diese Theorie überzeugend zu gestalten. Gleichzeitig führte er genetische, entwicklungspsychologische und transaktionale Gesichtspunkte an, um sie zu erhärten.

Heute erscheint diese von Bleuler abgesteckte Integrationsaufgabe – die Heterogenität der Schizophrenie zu erkennen und zugleich nach einer umfassenden Theorie zu suchen – schwieriger und dringlicher denn je. Denn mit der Intensivierung der Schizophrenieforschung schwoll die Datenflut an, der Dschungel multivarianter Komplexität verdichtete sich, und immer häufiger mußten wir fragen: »Wie hängt alles zu-

sammen, was ist wesentlich, welches sind die zentralen, richtungweisenden Gesichtspunkte?«
Um einer Antwort auf diese Fragen näher zu kommen, möchte ich auf den in Kapitel 3, S. 64 ff., eingeführten Begriff der bezogenen Individuation zurückgreifen.

Dimensionen der bezogenen Individuation

Individuation bedeutet, daß ein biopsychologischer Organismus unterscheidende, das heißt individuelle Merkmale und Grenzen besitzt. Im Lauf der Entwicklungsgeschichte wurde der Mensch zur Spezies mit dem höchsten Individuationsgrad, gleichzeitig aber stärker als andere Arten der Gefahr von *Überindividuation* wie von *Unterindividuation* ausgesetzt. Bei Überindividuation wird die Tendenz zur Unterscheidung und Absonderung überstark; Grenzen verhärten sich und erstarren, Unabhängigkeit wird zur Isolation, Für-sich-Sein zur totalen Absonderung, Austausch und Kommunikation verkümmern oder trocknen aus. Bei Unterindividuation hingegen bleibt der Absonderungsimpuls zu schwach. Grenzen bieten kaum Schutz, da sie zu »weich«, zu durchlässig, zu zerbrechlich bleiben. Es droht Verlust der Individualität infolge Fusion mit – oder Absorption durch – stärkere Organismen.
Jeder Individuationsfortschritt bedingt neue Versöhnungs- und Kommunikationsleistungen. Es mußten sich zu bestimmten Zeitpunkten und auf ganz bestimmte Weise die festen und schützenden Grenzen öffnen: Für-sich-Sein mußte mit Zusammensein, Unterschiedlichkeit mit Gemeinsamkeit, Unabhängigkeit mit Abhängigkeit in Einklang gebracht werden. Solche Versöhnungsleistungen spiegelten sich in Beziehungsstrukturen und Prozessen wider, die bezogene Individuation sowohl ermöglichten wie ausdrückten. Wir erkennen ein Prinzip, demzufolge ein höheres Niveau der Individuation mit einem höheren Niveau der Beziehung einhergehen muß. Der Begriff der »bezogenen Individuation« steckt somit eine Integrationsaufgabe für alle höheren Arten – insbesondere aber für den Menschen – ab, eine Aufgabe, an der nun, so

meine ich, schizophrene (beziehungsweise als schizophren etikettierte) Menschen auf charakteristische Weise scheitern. Als Ursache wie Ausdruck solchen Scheiterns zeigen sich hier bestimmte Konflikte und Defekte, denen ich im folgenden nachgehen möchte. Diese Konflikte und Defekte hängen eng miteinander zusammen und spielen in der intrapsychischen Dynamik *und* der Familiendynamik des Schizophrenen eine zentrale Rolle.

Schizophrener Defekt vs. Konflikt in der psychoanalytischen Theorie

Die Kontroverse Defekt vs. Konflikt zieht sich durch die bekannten psychoanalytischen Schizophrenietheorien.

Im Mittelpunkt des psychoanalytischen Modells vom schizophrenen Defekt steht die Vorstellung eines Ichs, das so schwach und angeschlagen ist, daß es unter dem Streß von Enttäuschung, Frustrationen, Ungewißheit oder von Forderungen und Wünschen nach Intimität leicht zusammenbricht. Bricht es zusammen, verliert es die Kontrolle über seine unbewußten Repräsentanzen äußerer Objekte. Weltuntergangs-, Auflösungs-, Leere- und Todeserlebnisse sind die Folge. Weil sie zutiefst quälen, setzt schnell eine Phase der Restitution ein: Halluzinationen, Wahnvorstellungen, bizarre Handlungen – das so ungemein vielfältige Bild der schizophrenen Psychose überlagert nun in seiner Buntheit die erste furchterregende Phase des Zusammenbruchs der innerpsychischen Ordnung (Aronson, 1972).

Das psychoanalytische Konfliktmodell der Schizophrenie unterscheidet sich von diesem Defektmodell. Im Rahmen des Konfliktmodells sind Ich-Schwäche und Verluste der inneren Repräsentanzen Ausdruck aktiver Abwehrprozesse, die unerträgliche Affekte, Impulse sowie eine schmerzhafte Realität abwenden sollen. Diese Prozesse werden durch die unreifen kognitiven Strukturen des Kleinkindes geprägt, unterscheiden sich aber nach Melanie Klein (1946) und anderen psychoanalytischen Autoren zumindest nicht prinzipiell von denen, die bei neurotischen Konflikten auftreten.

Mit dem Konzept der bezogenen Individuation vor Augen erscheinen uns die Konflikte und Defekte des Schizophrenen in einem neuen Licht: Er stellt sich nun als Opfer intrapsychischer *und* interpersonaler Konflikte dar, die auf unterschiedlichen, konvergenten Ebenen zur Wirkung kommen und bestimmte Defekte sowohl voraussetzen wie widerspiegeln.

Die Konflikte – oder Konfliktkonstellationen –, denen er ausgeliefert ist, bilden sich im Laufe der Zeit heraus und »explodieren« gleichsam in kritischen Augenblicken seines Lebenszyklus. Dabei bestimmen nun sowohl die Beziehungsszenarien (oder Interaktionsmodi) der Bindung und Ausstoßung als auch die jeweiligen Delegationsprozesse, wie sich diese Konflikte gestalten, zu welchem Zeitpunkt sie explodieren und wie (und ob) sie sich lösen lassen.

Konflikte und Defekte im Rahmen des Bindungsmodus

Wie ich andernorts zeigte, tendieren schizophrene Individuen dazu, auf allen drei genannten Ebenen – der Es-, Ich- und Überich-Ebene – gebunden zu sein. Jede Ebene hat ihre Schwerpunkte des Konflikts (wie auch der Konfliktvermeidung), jede beinhaltet ganz bestimmte Defekte.

Bindung auf der Es-Ebene verstärkt infantile Abhängigkeit und Unterwürfigkeit. Das ursprünglich unterwürfige Kind verwandelt sich jedoch im Lauf der Zeit häufig zum unersättlichen, ständig fordernden Peiniger seiner Eltern. So lernte ich beispielsweise eine Es-gebundene Jugendliche kennen, die hospitalisiert wurde, nachdem sie ihre Mutter mit einem Messer bedroht hatte. Die Mutter erregte den Zorn der Tochter damit, daß sie sich weigerte, das Mädchen zu einer Party zu fahren. Ein Knabe kam kürzlich in Spitalbehandlung, weil er nicht davon abzubringen war, zu jeder beliebigen Nachtzeit Trompete zu blasen. Mehrere Vermieter hatten ihn und seine Eltern bereits vor die Tür gesetzt. Bei der letzten Kündigung erlitt der Vater einen Herzanfall. Aber der Junge trompetete weiter.

In solchen und ähnlichen Situationen schaukeln sich die Konflikte zwischen Kindern und Eltern zu einer unerträglichen

Schärfe und Explosivität auf, sind aber in der Regel nicht lösbar. Sie bestehen vielmehr unvermindert stark fort, während die Hauptakteure auf ihren polarisierten Positionen verharren. Konflikte dieses Typs spiegeln bei Schizophrenen immer wieder zu beobachtende Defekte wider und leisten ihnen Vorschub – zum Beispiel fehlende Impulskontrolle, Unfähigkeit, mit Gleichaltrigen zu konkurrieren, Befriedigungen aufzuschieben.

Bei der Ich-Bindung dagegen können sich sowohl intrapsychische als auch interpersonale – miteinander in Konflikt liegende – Positionen weder herauskristallisieren, noch sind sie zu artikulieren. Obwohl Frustration und Wut ständig wachsen, kann man diese negativen Gefühle – so wie viele andere Gefühle auch – nicht offen ausdrücken und mitteilen; ebensowenig lassen sich gegenseitige Bedürfnisse, Erwartungen, Rechte und Verpflichtungen definieren oder aushandeln. Infolgedessen bleiben die Konflikte stumm, sie agieren unter der Oberfläche und entgleiten dem Blick. Die Defekte, die mit ihnen einhergehen, sie auch noch schüren, stellen sich dem Beobachter als Verschwommenheit im Erkenntnis- und Wahrnehmungsbereich dar, als Unvermögen, Aufmerksamkeit so flexibel wie absichtsvoll zu fokussieren, als Schwäche der Selbst-Objekt-Differenzierung. Die Fähigkeit, zwischen Ich und Nicht-Ich, innen und außen, den eigenen Bedürfnissen, Wünschen und Gedanken und den Bedürfnissen, Wünschen und Gedanken anderer zu unterscheiden, erscheint gestört. Derartige Defekte schizophrener (oder schizophren anmutender) Individuen haben ihre Korrelate in einem defekten – nämlich undifferenzierten – Familiensystem, wie die Begriffe »undifferentiated family ego mass«, »collective cognitive chaos«, »consensus sensitivity« und »intersubjective fusion« zeigen. Auf beiden Ebenen, der Individual- und der Systemebene, weisen sie auf eine gestörte bezogene Individuation hin.

Wenn schließlich Bindung auf der dritten Ebene, also Über-Ich-Bindung, vorliegt, tendiert der Schizophrene dazu, gegen sich selbst gespalten und Sklave eines rücksichtslosen Überichs zu sein, das jede auch noch so geringfügige Übertretung in Gedanken oder Tat unerbittlich straft. Intime Beziehungen entfesseln in ihm daher ein Drama von Schuld, Entsetzen und heldenhaften Sühneversuchen. Hier äußert sich der vorliegende Defekt vor allem in Form eines defekten oder realitätsfernen moralischen Urteils – beziehungsweise Urteilsvermögens –, das unerbittliche Selbstbestrafung, überstrenge Selbstbeherrschung und Unfähigkeit, die eigenen Forderungen, Verdienste, Verpflichtungen und Übertretungen richtig einzuschätzen und anderen gegenüber angemessen zu vertreten, einschließt. Auch dieser Defekt hat seine Entsprechung in einem gewissermaßen defekten, »schiefen Moralkodex und Urteilsvermögen der Familie«, der die Familienmitglieder zu unversöhnlicher, wenn auch verdeckter, Gegnerschaft anstachelt.

KONFLIKTE UND DEFEKTE IM RAHMEN DES AUSSTOSSUNGSMODUS

Im ausstoßenden Szenarium – das am entgegengesetzten Ende der Skala liegt – herrschen, so sahen wir, zentrifugale, eliminierende Kräfte vor. Hier lehnen die Eltern ihre Kinder ab, vernachlässigen sie und forcieren die Trennung der Generationen. Hier klammern sich die Eltern nicht auf Gedeih und Verderb an ihre Kinder und züchten nicht eine pathologische Loyalität heran, wie das im bindenden Szenarium der Fall ist, sondern sie sehen ihre Kinder als Plage und menschlichen Ballast, den es loszuwerden gilt. Auch dieser Modus kann, wie ich im vorhergehenden Kapitel andeutete, zur Entstehung schizophrener Störungen beitragen und speziell zu bestimmten Formen von – weitgehend verschobenen – Konflikten und Defekten Anlaß geben.

KONFLIKTE UND DEFEKTE IM RAHMEN DES DELEGATIONSMODELLS

Im Rahmen des Delegationsmodells, so sahen wir insbesondere im vorigen Kapitel, können Konflikte und Defekte zunächst eine Überlastung des delegierten, schizophreniegefährdeten Kindes anzeigen. Die Aufträge, die es erfüllen muß, um die Anerkennung der Eltern zu erlangen, fordern es bis an die Grenze seiner Möglichkeiten: Sie gehen über altersgemäße Bedürfnisse und Fähigkeiten hinaus und führen zu ungleichen biopsychologischen Entwicklungen. Darüber hinaus können seine Missionen so beschaffen sein, daß sie des Delegierten Integrität, Selbstwertgefühl und Urvertrauen zerstören, zum Beispiel, wenn er zum lebenden Behälter – beziehungsweise zur psychologischen Mülltonne – der verleugneten elterlichen Schwäche, Schlechtigkeit oder sogar Verrücktheit gemacht wird. Daher sprach ich hier von »unmöglichen Missionen«.

Gebundene vs. ausgestossene Delegierte

Das eben und im letzten Kapitel Gesagte wirft weiteres Licht auf die zwei Wechselfälle der Delegation, die sich uns (siehe Kapitel 4, S. 95 ff.) in den unterschiedlichen Typen des gebundenen und ausgestoßenen Delegierten anzeigtn.
Die Missionen der gebundenen Delegierten, sahen wir, sind so beschaffen, daß sie deren Aussendung nicht erlauben. Deshalb lassen sich solche Kinder auch »verhinderte Delegierte« (Délégués manqués) nennen; ihre Individuation-Trennung ist blockiert, sie bleiben im Familienghetto eingesperrt. In diesem Ghetto müssen sie als Zielobjekt einer ständig besorgten Unruhe ihrer Eltern, deren tyrannischer Überfürsorglichkeit oder als Gegenstand massiver infantiler regressiver Verwöhnung herhalten. Auf viele schizophrene Patienten trifft das Bild dermaßen massiv gebundener Delegierter zu. Ihre Lage unterscheidet sich von derjenigen der *ausgestoßenen Delegierten*, die nicht Überfürsorglichkeit und regressiver Verwöhnung, sondern schon frühzeitig elterlicher Distanz, Kälte und Vernachlässigung ausgesetzt sind. Aber obwohl sie in eine zu frühe Unabhängigkeit entlassen wurden, haben und hatten diese Kinder schwere Aufträge auszuführen, die oft zugleich verlangten, daß sie sich zu niemals aufmuckenden Erfolgsmenschen entwickeln. Es ist mein Eindruck, daß besonders bestimmte psychosomatische (z. B. Krebskranke) und narzißtische Patienten dem Typus ausgestoßener Delegierter entsprechen. Die jeweils verschiedenen Weisen der Deprivation,

welche gebundene und ausgestoßene Delegierte erfahren, beinhalten somit ihrerseits unterschiedliche Konflikt- und Defekttypen.

Weiter: die bereits erwähnten Auftrags- und Loyalitätskonflikte, mit denen ein Kind konfrontiert wird, können aus einem im Lauf von Generationen herausgebildeten Legat oder Vermächtnis wachsen. Dem tragischen Schicksal Romeos und Julias liegt beispielsweise ein »Vermächtnis der gespaltenen Loyalität« zugrunde, das diese Kinder zu Opfern ihrer unversöhnlich zerstrittenen Familiensippen werden ließ. Kürzlich bot mir eine junge schizophrene Patientin, die in meine Heidelberger Praxis kam, ein weiteres Beispiel für das Vermächtnis gespaltener Loyalität. Dieser – ihrer Mutter und Großmutter zutiefst loyalitätsverbundenen – Frau war das Erbe zugefallen, Unrecht wiedergutzumachen, das mehrere Generationen unterdrückter Mütter von ihren autoritären deutschen Ehemännern erlitten hatten. Sie engagierte sich daher aktiv in der lokalen Frauenbewegung. Gleichzeitig repräsentierte sie die loyalitätsgebundene Delegierte ihres Vaters. Auch die vom Vater kommenden Aufträge hatten in einem über Generationen tradierten Erbe ihren Ursprung; sie verlangten jedoch, daß die junge Dame sich zu einer femininen Grande dame, Hausfrau und Mutter entwickelte. Schließlich war sie nicht mehr in der Lage, dieses widersprüchliche Erbe zu bewältigen, und brach unter den Zeichen einer schizophrenen Störung zusammen.

EXPLOSION DER ZEITBOMBE

Mehr als andere Lebensphasen ist die Adoleszenz eine Zeit von – intrapsychischen und zwischenmenschlichen – Spannungen. Unter dem Druck überfälliger Reifungsschritte und sozialer Anforderungen brechen seit langem schwelende Konflikte auf und fordern kumulierte Defekte ihren Tribut. Ein schizophrener Zusammenbruch signalisiert hier eine Krise und vielleicht die letzte Chance, die aufbrechenden Konflikte und die daraus entstehenden oder sie begleitenden Defekte auf konstruktive Weise in den Griff zu bekommen. Häufig wird

diese Chance jedoch verpaßt. Anstatt höhere Ebenen der bezogenen Individuation zu erschließen, führt die Krise in eine Sackgasse. Dann sind nach wie vor Konflikte ungelöst und Defekte unbehoben. Jedes weitere emotionale Wachstum des Jugendlichen und der übrigen Familie stagniert. Die Zeit bleibt (in einem Gleichnis Luc Kaufmanns) stehen, so wie sie im Märchen stillstand, als Dornröschen durch den Zauber einer bösen Fee vom inneren und äußeren Leben abgeschnitten wurde. Das alte Weib handelte da auf Grund eines vor langer Zeit erlittenen Unrechts, welches es nun an andere »weiterreichte«. Dornröschen aber war damit von der Erfahrung des Alterns, des Verlustes, der Trennung, von Leiden und Freude, von all dem, was das Drama des Lebens ausmacht, ausgeschlossen. Von eben dieser Erfahrung schließen sich – wie ich meine – viele Familien Schizophrener aus.
Um mit den oben beschriebenen Konflikten fertigzuwerden, lassen es Familien mit später als schizophren diagnostizierten Jugendlichen häufig zu einem Prozeß kommen, der, in den Worten Scotts (1976) zu einer »Closure«, einer Besiegelung führt. Im Verlauf dieses Prozesses werden menschliche Identitäten, Verhaltensweisen, Verdienste umdefiniert und verlieren damit ihre persönliche, humane Bedeutung. Laut Scott bezeichnet »Closure« ein katastrophales Ereignis im Leben einer Familie, das ungefähr zum Zeitpunkt des ersten offiziell festgestellten schizophrenen Zusammenbruchs eintritt. Als Folge dieses Ereignisses werden die bislang bestehenden Beziehungsbande zwischen dem Patienten und seinen bedeutungsvollen Nächsten durchtrennt: Die Handlungen des nunmehr als schizophren eingestuften Angehörigen lassen nicht länger darauf schließen, daß er mit Konflikten kämpft, verzweifelt ist, weil er meint, seinen Verpflichtungen niemals nachkommen zu können. Daß er sich in eine private Welt zurückzieht, seine Peiniger hartnäckig herausfordert, seine Arbeit für die Schule zugunsten (ihm) wichtiger erscheinender Beschäftigungen vernachlässigt, zeigt jetzt vielmehr, woran er in Wirklichkeit leidet: einem merkwürdigen und unheimlichen medizinischen Zustand namens Schizophrenie, weswegen er natürlich schizophrene Symptome hat. So tritt ein neuer Bezugsrahmen, ein neues Bedeutungssystem in Kraft.

Mit dessen Hilfe ersparen sich zwei oder mehr Familienmitglieder unerträgliche Schmerzen, jedoch zu einem furchtbaren Preis. Kulturell geformte, allgemein geläufige Vorstellungen von Geisteskrankheit sowie entsprechende psychiatrische Definitionen unterhalten nun das Bedeutungssystem und damit die »Besiegelung«. Auf diese Weise reduziert sich eine komplexe Dialektik von Konflikt und Defekt auf die relativ einfache Formel einer Krankheit, die zwar noch nicht ganz verstanden werden mag, ihren verhängnisvollen Lauf aber nehmen muß. Nach einiger Zeit wird allerdings deutlich, daß das »ausgeschlossene« Familienmitglied keineswegs zu eliminieren ist, daß man die Beziehungsbande nicht wirklich durchtrennen kann. Häufig behält »der schizophrene Patient« die Macht, das Leben seiner Eltern mit unendlichen Ängsten, Sorgen und Schuld zu füllen. Sein »Leichnam« wurde zwar aus dem Haus geschafft, bleibt jedoch Gegenstand zahlreicher Besuchs- und Gedenkrituale. So sind viele lebendige Tote, die als chronisch schizophren bezeichnet werden, ihren Eltern und ihrer Familie sowohl extrem entfremdet als auch auf tragische und konflikthafte Weise nach wie vor verbunden.

Einige therapeutische Konsequenzen

Aus dem Gesagten kristallisieren sich die Hauptaufgaben der Therapie heraus – kurzfristig die »Closure« aufzubrechen und langfristig auf Versöhnung und auf zwischenmenschliche Gerechtigkeit hinzuarbeiten.

Wird ein Psychiater ungefähr zum Zeitpunkt des ersten offiziell diagnostizierten Zusammenbruchs eines Familienmitglieds konsultiert, erwartet man häufig von ihm – ja man drängt ihn insgeheim dazu –, den bevorstehenden »Ausschluß« zu »besiegeln«. Die Angehörigen bestellen ihn als Chirurgen, der das faule, gangränöse »Familienfleisch« entfernen, seine radikale Abtrennung und Ausstoßung vornehmen soll, indem er den Patienten als krank und (möglicherweise) institutionalisierungsbedürftig bezeichnet. Durch offizielle ärztliche Zustimmung soll er die »ablehnende« Seite der elterlichen Ambivalenz »sanktionieren«, die explosiven Konflikte

»beerdigen« und Schuldgefühle der Eltern beschwichtigen, sie hätten die Bande menschlicher Anteilnahme an ihrem Kind durchtrennt. Aber anstatt Konflikte zu »begraben«, sollte der Psychiater den Mitgliedern helfen, sie auszutragen – selbst wenn eine vorübergehende Hospitalisierung angebracht sein kann –, um auf Versöhnung und interpersonale Gerechtigkeit hinzuwirken. Dies verlangt Vorbehaltlosigkeit gegenüber einem Drama, in dem massive Schuld, ein oft starkes, wenngleich ungestilltes Bedürfnis nach Wiedergutmachung – auch nach Rache –, ein nachhaltiges Gefühl für Gerechtigkeit oder erlittenes Unrecht und bestätigte oder verratene Loyalität eine Dynamik entfalten, welche noch die unscheinbarsten Handlungen jedes einzelnen beeinflußt. Einerseits stößt der Arzt hier auf Eltern, die von ihren eigenen Eltern ausgebeutet und verkrüppelt wurden und nun ihren Kindern ein erdrückendes Erbe weitergeben, das diese ihrerseits zu Krüppeln macht; andererseits begegnet er Kindern, die durch Selbstverleugnung als Opfer die Macht gewinnen, ihre Eltern zu vernichten, indem sie ihnen tiefste Schuldgefühle einflößen – in der Tat ein Drama, das vom Therapeuten fordert, allen Familienmitgliedern gegenüber fair und empathisch zu sein, sich eigener Ambivalenz und eigenen Konflikten zu stellen und dennoch verantwortungsbewußte Führung auszuüben.

7. Kapitel

Einzel- versus Familientherapie schizophrener Patienten: ein Ausblick

Für die Therapeuten schizophrener Patienten brachten die Familientheorie und -therapie neue Hoffnungen und Herausforderungen – Hoffnungen, weil sich wirksame therapeutische Möglichkeiten anzukündigen schienen, Herausforderungen, weil theoretische Lücken und Widersprüche sichtbar wurden. Aber selbst die Herausforderungen lassen uns hoffen: Indem wir die Lücken zu füllen versuchen und mit den Widersprüchen ringen, könnten sich wohl neue therapeutische Horizonte eröffnen.

Für das Thema dieses Kapitels sind zwei Thesen zentral. Diese Thesen stehen miteinander in Widerspruch, erscheinen jedoch beide in klinischer Erfahrung begründet. Die erste These besagt, daß eine »bloße« Einzeltherapie schizophrener Patienten – eine unter Ausschluß der Familie durchgeführte Psychotherapie – bei schizophrenen Patienten erfolgreich sein kann; die andere besagt, daß sie erfolglos bleiben muß.

Was die erste These anbelangt, so gibt es wahrscheinlich unter den mit der Psychotherapieliteratur Vertrauten wenige, die sie ernsthaft in Frage stellen, d. h. bezweifeln würden, daß eine Einzeltherapie zumindest bei einigen schizophrenen Patienten und mit einigen »schizophilen« Psychotherapeuten Erfolg hat – obschon sich der Beitrag dieser Therapeuten oft nicht von dem anderer Teammitglieder und dem des ganzen Spitals trennen läßt. Die Falldarstellungen, mit denen uns Pioniere der Schizophrenietherapie wie etwa Frieda Fromm-Reichmann, Otto Will, Gaetano Benedetti, Christian Müller und Clarence Schulz, um nur einige wenige zu nennen, vertraut gemacht haben, sprechen hier nach wie vor für sich.

Klinische Daten anderer, aber nicht weniger eindrucksvoller Art als die genannten, stellen jedoch die obige These in Frage. Sie führen vielmehr zu dem Schluß, daß eine Einzeltherapie von schizophrenen Patienten – d. h. eine Therapie ohne Einbeziehung der Familie – *keine* Aussicht auf Erfolg haben kann. Und es war kein anderer als H. S. Sullivan, der dieser zweiten These Auftrieb gab. In einem Gespräch mit Otto Will* bemerkte er einmal: »Das erste Anzeichen einer Besserung im schizophrenen Patienten zeigt sich darin, daß seine Eltern ihn aus der Behandlung nehmen wollen.«

Seit Sullivan vor mehr als 30 Jahren diese Meinung äußerte, ist sie durch die Arbeiten von Bateson, Bowen, Boszormenyi-Nagy, Jackson, Lidz, Wynne, Scott und vielen anderen, mit deren Veröffentlichungen wir inzwischen vertraut geworden sind, theoretisch untermauert worden. Diese Forscher beobachteten, untersuchten und konzeptualisierten auf die verschiedenste Weise die homöostatischen und Systemfaktoren, die den Schizophrenen im Familienghetto gefangen halten. Double-bind (Bateson, et al.), Pseudogemeinschaft, Pseudofeindschaft und Gummizaun (Wynne), Verwischen der Generationsgrenzen (Lidz, et al.), Konsensus-Sensitivität (Reiss), undifferenzierte Ich-Masse (Bowen), intersubjektive Fusion (Boszormenyi-Nagy), kognitive und affektive Bindung (Stierlin) und andere Begriffe boten sich hier als Termini an, um auf die eine oder andere Weise des Schizophrenen ungewöhnlich enge, komplexe und zugleich so schwer faßbare Familienbeziehung in den Griff zu bekommen, eine Beziehung, die – das ergab sich als weitere Folgerung – nur angegangen werden konnte, wenn man die ganze Familie in die Behandlung miteinbezog.

Wie aber läßt sich dieser Widerspruch lösen – daß Einzeltherapie mit Schizophrenen ein sinnvoller und erfolgreicher Behandlungsansatz sowohl sein und nicht sein kann, und daher die Familie von der Behandlung auszuschließen oder in sie einzubeziehen ist?

Um hier eine Antwort zu finden, bedarf es meiner Meinung nach spezifischer Erklärungen dafür, warum in einigen Fällen eine Einzeltherapie von Schizophrenen (ohne Einbeziehung von deren Familien) Erfolg hat, während sie in andern Fällen mißlingt. Und solche Erklärungen müssen, meine ich weiter, nicht nur die Charakteristika und Fähigkeiten der einzelnen

---

* persönliche Mitteilung

Therapeuten und Patienten berücksichtigen, sondern müssen auch dem Rechnung tragen, was wir inzwischen über die Familienbeziehungen dieser Patienten gelernt haben.

Angesichts des obigen läßt sich nun an folgende Möglichkeiten denken: wir können uns erstens vorstellen, daß in einer Reihe von Fällen die Einbeziehung der Familien in die Behandlung unnötig wird, weil zwischen der Eltern- und Kindgeneration eine Beziehung, die diesen Namen verdiente, nicht länger besteht. Wir finden vielmehr eine so tiefe Entfremdung, daß die einzelnen Familienmitglieder ihre Lebenswege und Interessen völlig unabhängig voneinander zu verfolgen scheinen. Eine derartig tiefe Entfremdung könnte aus jenen zwischenmenschlichen und intrapsychischen Wechselfällen erwachsen, die sich im Zuge des Ausstoßungsmodus einstellen: einem Beziehungsszenarium, das vor allem durch frühe Zurückweisung und Vernachlässigung der Kinder durch ihre Eltern charakterisiert ist und das beim Kinde in den Worten von Lyman Wynne ein Zuneigungsdefizit (»attachment deficit«) hinterläßt.

Hier läßt sich nun vorstellen, daß zumindest einige schizophrene Patienten, anstatt mit ihren Familien symbiotisch verstrickt und daher massiv an diese gebunden worden zu sein, frühzeitig ausgestoßen und sich selbst überlassen wurden.

Ihr weiteres psychologisches Überleben mußte dann davon abhängen, ob und wie weit sie ihren ausstoßenden Eltern gegenüber eine frühreife Autonomie zu entwickeln vermochten. Gelang ihnen eine derartige Autonomie, ließe sich weiter annehmen, daß sie auch später als schizophrene Patienten weniger Schwierigkeiten als massiv gebundene Kinder haben würden, einen Therapeuten als Ersatzelternteil und damit als Quelle notwendiger Stützung und korrektiver emotionaler Erfahrung zu akzeptieren. Denn zu Eltern, bei denen ein Kind im wesentlichen nur auf Zurückweisung und Vernachlässigung stieß, dürfte dies Kind kaum Bindungen entwickelt haben, die den Namen Verstrickung oder Symbiose verdienten, noch ließen sich starke Loyalitätsbande erwarten.

Es läßt sich jedoch auch an Familieneinflüsse denken, die einst stark und bindend waren und einen Kontext konstituierten, der sowohl zu tiefen innerpsychischen und zwischenmensch-

lichen Konflikten als auch zu Reifungshemmungen Anlaß gab. Zugleich ließe sich aber vorstellen, daß sich diese Konflikte und Reifungshemmungen später einmal irgendwie aus dem ursprünglichen Familienkontext herauslösten, d. h. sich von früheren und noch bestehenden Familienbeziehungen unabhängig machten, um in einer Art sekundärer Autonomie weiterzuleben. Dieser Gesichtspunkt wäre demjenigen H. Hartmann's und anderer Psychoanalytiker verwandt, die bestimmte neurotische Symptome und Abwehrstrukturen als Folge und Ausdruck einer sekundären Autonomie verstanden. Diese Symptome und Strukturen könnten Hartmann zufolge auch dann noch weiterbestehen, nachdem die intrapsychischen Konflikte, die sie einst hervorgebracht hatten, bereits abgestorben waren. (Amerikanische Verhaltenstherapeuten wie etwa J. M. Rhoads und B. W. Feathers (1974) sprechen hier von Phantomsymptomen, die sich mittels Techniken der Verhaltensmodifikation – wie z. B. Desensibilisierung, Durchsetzungstraining, usf. – beseitigen lassen, ohne daß aufdeckende, psychoanalytische Methoden, die bei noch virulenten, wiewohl unbewußten Konflikten angezeigt wären, ins Spiel gebracht werden müssen. Von psychoanalytischer Seite ist vor allem S. Greenspan (1975) diesen Zusammenhängen nachgegangen.)
Ich für meinen Teil zweifle jedoch daran, daß die obige Dynamik in der Mehrzahl jener schizophrenen Patienten, bei denen sich eine Einzelpsychotherapie als erfolgreich erwiesen hat, eine Rolle spielte. Denn ich kam im Laufe der Jahre zu der Überzeugung, daß viele schizophrene Patienten auch dann noch starke psychologische Bindungen zu ihren Familien haben, wenn äußere Indizien für die Existenz dieser Bindungen schwer oder nicht zu finden sind. Daher bin ich heute der Ansicht, daß selbst viele jener chronisch schizophrenen Patienten, die unsere psychiatrischen Krankenhäuser bevölkern und die emotional und geographisch Hunderte von Meilen von ihren Eltern und Familien getrennt zu sein scheinen, tief und tragisch mit letzteren verstrickt geblieben sind und bleiben. Hier decken sich eigene klinische Erfahrungen und Formulierungen mit denen von Scott und Ashworth (1967). Die letzteren Autoren beschrieben das tragische und paradoxe

Band, das viele Eltern mit ihren hospitalisierten schizophrenen Kindern verbindet und sie gleichzeitig von diesen trennt. Viele derartige Eltern erreichten Scott und Ashworth zufolge einmal einen Punkt, an dem sie ihr später schizophrenes Kind ausstießen und dadurch eine Art »closure«, d. h. Verschluß, bzw. Versiegelung der Beziehung, herbeiführten, wie ich dies im vorhergehenden Kapitel andeutete.

»Closure« impliziert hier, daß der designierte Patient – in der Regel ein Jugendlicher – als »krank, verrückt, jenseits menschlicher Beeinflussung oder Sorge stehend« wahrgenommen, daß er zu einem lebendigen Tod – zu einer in einer psychiatrischen Klinik zu führenden Schattenexistenz – verurteilt wird. Paradoxerweise behält aber dieser »tote«, zur Schattenexistenz verurteilte Patient die Macht, das Leben seiner Eltern mit nie endender Sorge, Schuld und Terror zu erfüllen. Obschon sein »toter Körper« aus dem elterlichen Hause entfernt wurde, bleibt er für die Familie Gegenstand nie aufhörender Besuchsrituale.

Beobachtungen und Überlegungen der obigen Art veranlaßten mich im Laufe der Zeit auch bei Einzeltherapien starke existente, obzwar unsichtbare Familienbindungen in Anschlag zu bringen und mich gleichzeitig zu fragen, ob eine erfolgreiche Einzeltherapie nicht auch jeweils die Familie des Patienten miteinbezogen hatte – ohne daß dies notwendigerweise dem Therapeuten und vielleicht sogar dem Patienten bewußt geworden war. Dieser Annahme zufolge implizierte die erfolgreiche Einzeltherapie ein »un-binding«, eine Ent-Bindung bzw. Auflockerung der gesamten Familie des Schizophrenen.

Lassen sich weitere Argumente anführen, die diese Annahme stützen? Ich glaube, dies ist der Fall.

Beispielsweise lassen sich hier Argumente erwähnen, die kürzlich B. Montalvo und J. Haley (1973), zwei erfahrene Familienforscher und -theoretiker, zur Diskussion stellten. Sie versuchten dadurch einen konventionellen, einzeltherapeutischen Ansatz in der Kinderpsychiatrie – d. h. einen Ansatz, bei dem die Eltern (zumindest offen) von der Behandlung ausgeschlossen waren – familientheoretisch zu untermauern. Viele der von diesen Autoren verwendeten Argumente scheinen mir nun auch für die Arbeit mit Familien Schizophrener zu gelten. Das wesentliche Argument der beiden Autoren ist hier, daß »die bewußte Etikettierung und Aussonderung eines Kindes als ›krank‹ und eine an diesem Kinde ansetzende Intervention, die einen direkten therapeutischen Kontakt mit der restlichen Familie ausschließt, Änderungen bei dieser Familie ermöglichen könne, die andernfalls unerreichbar gewesen wären«.

Beispielsweise vermag ihrer Meinung nach ein individuumzentrierter Ansatz, dessen Fokus ein krankes, als Patient designiertes Kind ist, Eltern von dem Gefühl der Schuld zu befreien, das Leben dieses Kindes zerstört zu haben. Weiter kann ein Einzeltherapeut möglicherweise gerade dadurch, daß er versagt, d. h. sich bei der Behandlung des Kindes als genauso erfolglos wie seine Eltern erweist, nach der Meinung von Montalvo und Haley schließlich Erfolg haben. Denn sein Versagen könnte die Schuld der Eltern wegen *ihres* Versagens so sehr erleichtern, daß sie dem Kinde zu gestatten vermögen, sich gesundheitlich zu bessern. In Übereinstimmung mit Vorstellungen, die I. Boszormenyi-Nagy (1973) in seiner Arbeit über Loyalität und Übertragung entwickelt hat, bliebe diesem Kinde nun ein andernfalls unerträglicher Loyalitätsverrat erspart.

In anderen Fällen können Eltern, die eine teure Einzelbehandlung ihres Kindes bestreiten, endlich das Gefühl bekommen, etwas Sinnvolles und Hilfreiches für ihr Kind zu tun, nachdem sie vorher lange Perioden der Hilflosigkeit und Verzweiflung durchleben mußten. Auf diese Weise könnten sie ebenfalls ihre Schuld wegen der Ausbeutung und Bindung ihres schizophrenen Kindes mindern, und könnten sie sich innerlich weniger getrieben fühlen, verdeckt zum Mißlingen der Einzeltherapie beizutragen.

Ferner kann etwa ein massiv gebundener Patient, dem vorher niemals eine Beziehung zu einem Außenstehenden erlaubt worden war, nunmehr möglicherweise in eine Beziehung eintreten, die die Billigung seiner Eltern findet usw. Im Lichte solcher Beobachtungen und Überlegungen stellt sich uns daher die Aufgabe, besser zu verstehen, wie psychotherapeutische Strategien, die beim designierten Einzelpatienten ansetzen, auch seine Familie zu »ent-binden« vermögen. Gleichzeitig gilt es jene Familienkräfte zu verstehen und begrifflich zu fassen, die in einem Falle einem designierten Patienten die Rolle eines Heilers und Befreiers seiner Familie zuweisen, und im andern Falle eine solche Heiler- und Befreierrolle pervertieren und zunichte machen.

Wie also können wir diese Kräfte in den Griff bekommen? Hier kann nun, meine ich, mein Konzept der Interaktionsmodi von Diensten sein. Dazu erinnern wir uns: in allen Phasen des sich zwischen den Generationen abspielenden Ablösungsprozesses spiegeln diese Modi das Wechselspiel und/oder die relative Dominanz zentripetaler und zentrifugaler Kräfte wider. Treten altersangemessene Interaktionsmodi nicht phasengerecht oder zu intensiv auf, oder vermischen sie sich unangemessen mit andern Modi, leidet die gegenseitige Individuation und Trennung zwischen Eltern und Kindern. Als verdeckte Organisationsprinzipien prägen diese Modi die am Tage liegenden und spezifischen Interaktionen zwischen Eltern und Kindern. Dabei vermögen sie einen designierten Patienten in eine Lage zu bringen, aus der heraus er die Individuation und Trennung seiner Familie entweder zu fördern oder zu hindern vermag.

Betrachten wir also zunächst die erste Ebene der Bindung – die einer überstarken Es-Bindung – und fragen wir uns, wie hier ein gebundener Schizophrener als Einzelpatient ein »unbinding«, eine Ent-Bindung seiner Familie zu fördern vermag. Um eine Antwort zu finden, müssen wir uns daran erinnern, daß das übermäßig es-gebundene, d. h. verwöhnte, einer unangemessenen und oft tyrannischen Fürsorglichkeit ausgesetzte Kind sich beim Versuch der Trennung von seinen Eltern als Objekt ihrer regressiven und bindenden Manipulationen aus dem Wege schaffen bzw. aus dem Wege geschafft werden muß. Dies kann in vielen Fällen offenbar nur mittels einer Hospitalisierung geschehen, die gerade auch für die Eltern schmerzhaft ist, für diese aber zugleich einen lange überfälligen Entwöhnungsprozeß einleiten kann. Von dem zum hospitalisierten Einzelpatienten gemachten Kind läßt sich dagegen nach seiner Herauslösung aus dem Familienkreis erwarten, daß es seine übertriebenen Bedürfnisse nach regressiver

Befriedigung nunmehr auf seinen Therapeuten oder das Spitalteam richtet – um dabei schließlich, aber sicher, frustriert zu werden. Dieses Arrangement läßt daher hoffen, daß auch das Kind im Durcharbeiten seiner Frustrationen entwöhnt wird. Als »entwöhntes« und erwachseneres Individuum wird es aber in der Lage sein, einen weiteren gewichtigen Beitrag zu einem die ganze Familie erfassenden »un-binding« zu leisten, indem es seiner erneuten regressiven Verwöhnung durch die Eltern entgegenwirkt, und damit zum Agenten der Befreiung und Individuation aller Familienmitglieder wird. Eine derart auf der Familienebene zum Zuge kommende Ent-Bindung setzt jedoch voraus, daß der in Einzeltherapie stehende designierte Patient seine eigene Ablösung und seine positive Beziehung zum Therapeuten nicht als verbrecherischen Loyalitätsverrat erlebt, der massive Ausbruchsschuld, eine unbewußte Selbstsabotage und damit letztlich auch ein Scheitern der Einzeltherapie bewirken würde. Daher würde ich in allen Fällen, in denen ein Einzelpatient erfolgreich den Anstoß zur Befreiung und Individuation seiner Familie gibt, annehmen, daß eher eine Es- als eine Überich-Bindung vorliegt, da Überich-Gebundenheit per definitionem eine Neigung zu massiver Ausbruchsschuld und damit zu unbewußter Selbstsabotage bedeutet.

Aber auch ein primär ich-gebundenes, d. h. mystifiziertes und hinsichtlich seiner inneren Bedürfnisse und seiner Realitätsorientierung »fehl-definiertes« Kind kann in seiner Familie als designierter und einzelbehandelter schizophrener Patient eine der obigen vergleichbare »Ent-Bindung« auslösen: Als Folge seiner wachsenden Selbst-Objekt-Differenzierung bzw. seiner bezogenen Individuation, die sich – so ist zu hoffen – im Verlauf seiner Einzeltherapie ausbildet, kann auch er strategisch optimal plaziert sein, um die Ent-Bindung seiner Familie voranzutreiben. Dies vermag er nun vor allem dadurch zu tun, daß er für eine größere Differenzierung der bislang undifferenzierten »Familien-Ich-Masse« den Anstoß gibt: Er vermag sich jetzt als das Familienmitglied zum Einsatz zu bringen, das den Stachel zur größeren Differenzierung und Artikulation der Positionen, Bedürfnisse, Wahrnehmungen und Erwartungen *aller* Familienmitgliedert liefert: Da er selbst infolge seiner Einzeltherapie ein höheres Maß an Selbst-Objekt-Differenzierung als die andern Familienmitglieder zu erreichen vermochte, ist er nun vor diesen anderen in der Lage, dem entgegenzuwirken, was bei diesen Familien etwa als kognitives Chaos (Wynne 1965), als Konsensus-Sensitivität (Reiss 1971), als Verstricktsein in Double Binds (Bateson et al. 1956) oder als Tendenz zur Disqualifizierung aller einmal gemachten Aussagen, Absprachen und Regeln (Haley 1959) bezeichnet wurde. Die hinsichtlich der eigenen Selbstdifferenzierung und Selbstdemarkation gemachten soliden Fortschritte erlaubten ihm nun – wenn wir uns für einen Augenblick die von M. Bowen (1976) entwickelte Differenzierungsskala zu eigen machen – das Differenzierungsniveau seiner ganzen Familie um eine Reihe von Punkten anzuheben. Jedoch würde auch hier ein Erfolg voraussetzen, daß seine Ausbruchsschuld in Grenzen blieb, d. h. daß er auf der Überich- oder Loyalitätsebene nicht zu massiv gebunden war.

Das bringt uns schließlich zu jenen designierten schizophrenen Patienten, die in eine Einzeltherapie eintreten, während sie an ihre Eltern oder Familien in massiver Weise überich- oder loyalitätsgebunden bleiben. Es sind diese Patienten, bei denen jede Art des Fortschritts – einschließlich eines Fortschritts in einer Selbst-Objekt-Differenzierung und Selbstverwirklichung – sowie jede Entwicklung einer positiven Übertragung zu ihrem Therapeuten die Ausbruchsschuld unerträglich ansteigen lassen muß. Es sind daher diese Patienten, von denen sich erwarten läßt, daß sie alle einmal erreichten therapeutischen Fortschritte wieder rückgängig machen – etwa in der Form von Selbstsabotage, Agieren oder einer dauernden Produktion von Rückfällen – und dabei langsam aber sicher ihren Eltern und Therapeuten die Botschaft vermitteln, daß eine Psychotherapie für sie zwecklos ist. Diese Patienten machen es daher notwendig, ihre Familien so bald wie möglich in die Behandlung miteinzubeziehen. Jedoch scheint auch hier für den designierten schizophrenen Patienten eine charakteristische Rolle als Agent der Befreiung und Individuation seiner Familie vorgezeichnet zu sein; denn es eröffnet sich ihm nun die Chance, mit seiner massiven Ausbruchsschuld fertig zu werden, indem er für die Familie eine konstruktive Wiedergutmachungsarbeit leistet. Das heißt: mit Hilfe seines Therapeuten vermag auch er zum Initiator und Schrittmacher einer seine ganze Familie einbeziehenden Therapie zu werden. In meiner eigenen Arbeit mit Familien Schizophrener hat mich diese Schrittmacherrolle des designierten Patienten zunehmend beeindruckt. Hier kann ich dieses Thema jedoch nicht im einzelnen ausführen.

Entsprechende Überlegungen treffen schließlich für jene schizophrenen Patienten zu, die ich als Delegierte ihrer Eltern bezeichnete, d. h. Patienten, bei denen bestimmte, sie massiv überfordernde Beauftragungen im Vordergrund stehen.

Neben massiver Ausbruchsschuld begegnet uns, wie wir sahen, bei diesen Patienten oft ein starkes Bewußtsein ihrer Bedeutung für die eigenen Eltern. Als Delegierte dieser Eltern findet ihr Leben einen Sinn, sind sie jemand. Gleichzeitig aber finden wir wegen der in ihrer Delegation beschlossenen Ausbeutung oft ein unerhörtes Racheverlangen. Daher entwickeln sie sich typischerweise häufig zu grausamen Folterknechten ihrer Eltern (und ihrer selbst), indem sie stur in ihrem Status als Kranke, Verrückte und letztlich unbehandelbare Patienten verharren – es sei denn, ihre Loyalitäts- und Auftragskonflikte werden analysiert, verstanden und durchgearbeitet. Um hier Fortschritte machen zu können, muß ein Therapeut unter anderem die sich über mehrere Generationen hinweg darstellende Verdienstkartei der Familie, den »multigenerational ledger of merits« berücksichtigen und, damit einhergehend, eine »Neuordnung bzw. Ausgleichung der Konten« anstreben, wie dies von Boszormenyi-Nagy und Spark (1973) beschrieben wurde; gleichzeitig aber darf er von dem designierten Patienten häufig einen speziellen Beitrag erwarten – daß dieser als Initiator, Katalysator und Schrittmacher der ganzen Familie eine besondere Mission erfüllt. Diese Mission leitet sich von dem in der Familientherapie immer wieder bestätigten Paradox her, daß das »kränkeste« oft das ethisch gesundeste Familienmitglied und daher als einziges in der Lage ist, die Verrücktheit, die die andern Familienmitglieder von sich abstoßen und verbergen müssen, sich zu eigen zu machen, zu zeigen, und damit einer Durcharbeitung zu erschließen.

Damit aber ein »krankes« schizophrenes Mitglied seine andernfalls unbeeinflußbare Familie in eine Behandlungssituation bringen kann, bedarf es der Hilfe und Empathie seines Therapeuten.

Wie die obigen Beispiele zeigen, muß sich der Therapeut hier eine dialektische Perspektive zu eigen machen können, die es ihm erlaubt, das Positive im Negativen zu erkennen und wirksam werden zu lassen. Gelänge ihm das, sollte es ihm auch nicht schwer fallen, im Schicksal des Schizophrenen nicht nur die Auswirkungen destruktiver Kräfte – etwa einer destruktiven Vereinnahmung des Patienten durch seine Eltern, ihrer Blindheit für seine wirklichen Belange – kurz, von Ausbeutungs- und pathogenen Bindungs- und Delegationsprozessen zu sehen, sondern auch positiver Kräfte in der Familie gewahr zu werden, die sich etwa als tiefste Loyalität und als Bereitschaft zur Selbstaufopferung, zur Wiedergutmachung und äußersten Hingabe darstellen, Kräfte, für deren konstruktive, befreiende Verwendung er sich nun einzusetzen hat.

Kreativität und Destruktivität:
Konflikte des einzelnen, der Familie
und der Gesellschaft

8. KAPITEL

Befreiung und Selbstzerstörung im kreativen Prozeß

Befreiung ist primär ein politisches und soziales Konzept. Als solches beschwört es Vorstellungen von gesprengten Fesseln, von neu keimendem Leben, von Freisetzung von Unterdrückung und Ausbeutung, von Revolution herauf. Befreiung ist jedoch auch ein psychologischer und ein Beziehungsbegriff. Aus dieser Perspektive erschließt uns der Begriff Wechselfälle des persönlichen Wachstums, der Individuation, aber auch der psychologischen Ausbeutung und Selbstzerstörung. In diesem Kapitel möchte ich einige dieser Wechselfälle näher betrachten und deshalb mit dem Lebensabschnitt beginnen, der, wie ich glaube, schicksalhaft all unsere späteren Befreiungsbemühungen formt – die frühe Kindheit.

DIE VERSCHRÄNKUNG BEFREIENDER UND KREATIVER KRÄFTE BEIM KIND

Um dieser Frage nachgehen zu können, greife ich zunächst ein Phänomen auf, das der verstorbene Kinderanalytiker D. W. Winnicott (1953) beschrieben hat: das, was er *Übergangsobjekte* nannte, Objekte, denen bei der ersten Ablösung des Kindes von der Mutter eine zentrale Rolle zukommt. Typischerweise handelt es sich hier um Objekte wie Decken, Puppen oder Teddybären, in denen sich für das Kind wesentliche Eigenschaften der Mutter verkörpern, insbesondere ihre Wärme und schützende Gegenwart. Diese Objekte erlauben dem Kind, in konkreter Weise mit seiner Mutter verbunden zu bleiben und sie dabei doch seinen Wünschen entsprechend zu kontrollieren und zu manipulieren. Damit löst es sein Problem in fast optimaler Weise: es trägt seine Mutter sozusagen mit sich herum, kann sie aber auch, wenn es das wünscht, loswerden; es hat Autonomie, kann sich aber auch in Abhängigkeit wiegen. Auf diese Weise macht das Kind einen entscheidenden Schritt zu seiner Befreiung. Gleichzeitig aber – und das ist hier wesentlich – gelingt dem Kind eine kreative Leistung. Denn es versöhnt, was zunächst unversöhnbar erschien: Autonomie und Abhängigkeit. Die Versöhnung des scheinbar Unversöhnbaren in einer neuen und in der Regel komplexeren Kombination (sei es im Verhaltens-, Beziehungs- oder ästhetischen Bereich) ist jedoch, wie ich glaube, das Wesensmerkmal des schöpferischen Prozesses. Indem das Kind sich Übergangsobjekte sucht, betreibt es seine Befreiung von der Mutter und wird zugleich kreativ.

DIE KRITISCHE SCHWELLE

Im Zuge seiner Reifung erreicht das Kind jedoch bald eine Schwelle, an der seine Kreativität und seine Befreiungsbemühungen einen positiven oder negativen Anstoß erhalten können. Diese Schwelle ist erreicht, wenn es Exkursionen in die Welt der Worte und Symbole zu machen beginnt, wenn es anfängt, sich das bereitliegende Kulturgut durch Märchen, Wiegenlieder, Mythen und andere Elemente anzueignen. Um ermessen zu können, was dies bedeutet, müssen wir uns weiteren Beobachtungen Winnicotts (1967) zuwenden, die sich auf das beziehen, was er abwechselnd den Bereich der kulturellen Tätigkeit, des Spiels und der künstlerischen Illusionen genannt hat. H. Lincke (1973), ein Schweizer Psychoanalytiker, hat sich ebenfalls eingehend mit dieser Thematik beschäftigt.

Dieser Erlebensbereich nimmt Winnicott zufolge eine Mittelstellung zwischen zwei anderen Bereichen ein: einerseits dem Bereich der »subjektiven Erfahrung«, die etwa in Träumen und Phantasien zum Ausdruck kommt, andererseits dem Bereich der »objektiven Erfahrung«, die den Stempel gesellschaftlicher Institutionen und der tradierten Sprache trägt. (Für Hegel war dies die Welt des »objektiven Geistes«.) Daher sprach Winnicott hier auch von einem »Zwischenbereich«. Innerhalb dieses Zwischenbereichs büßen Übergangsobjekte immer mehr an Gegenständlichkeit ein – Teddybären werden zu Bildern von Teddybären und Bilder von Teddybären werden zu Worten und Symbolen, die Teddybären repräsentieren. Auch diese Worte und Symbole vermögen neben vielen anderen Zügen noch machtvoll die Wärme und Gegenwart der Mutter zu evozieren, implizieren aber einen noch größeren Spielraum der Manipulation und Versöhnung, als er bei konkreten Teddybären und Decken gegeben ist.

Indem Winnicott diesen Zwischenbereich hervorhebt, gelingt es ihm, ein paar von jenen Problemen faßbarer zu machen, mit denen wir zu kämpfen haben, wenn wir uns zwischenmenschlich befreien und zugleich kreativ bleiben oder werden wollen. Denn erstens macht er dadurch verständlicher, warum menschliche Wesen als Kinder gar nicht anders können als *nicht* kreativ zu sein: denn alle Kinder sind gleichsam Gefangene dieses Zwischenbereichs, und während ihre Welt noch relativ ungebrochen, reich und voller Farben ist und Emotionales bei ihnen noch leicht und ungehemmt hervorbricht, müssen sie *nolens volens* aus dem Zusammenprall der Objekte und Wahrnehmungen neue Bilder, neue Dinge und einen neuen Sinn kreieren (obwohl oder weil sie die drei oft noch nicht auseinanderhalten können). Daher die häufige Originalität ihrer Äußerungen, die Frische ihrer Zeichnungen, die Spontaneität ihres Spiels, daher ihr Charme. Wenn sie aber älter werden – und auch dies steht im Einklang mit Winnicotts Beobachtungen – fällt es Kindern offensichtlich immer schwerer, sich kreativ im Zwischenbereich einzunisten: sie sind nämlich jetzt von zwei Seiten einem Sog ausgesetzt, der sie vom Zwischenbereich wegzuziehen droht. Dieser Sog kommt einmal aus dem Bereich der rein subjektiven Erfahrung – d. h. dem der Träume und Phantasien –, zum anderen aus dem der objektiven Erfahrung – dem Bereich tradierter Denk- und Handlungsschemata. In jedem Fall leidet der kreative Impetus.

Gewiß gibt es viele Menschen, die das eben Gesagte in Frage stellen und die Auffassung vertreten, es handle sich auch bei Träumen und Phantasien um kreative Tätigkeiten. So hören wir etwa die Meinung, daß wir uns in Träumen alle in kreative Visionäre und Dramatiker verwandeln, da wir hier ständig Bilder voll tiefen Sinns erzeugen, kühne Dramen konzipieren, das anscheinend Unverbindbare verbinden, das Unaussprechliche aussprechen, verbergend entbergen und bei all dem eine Zielsicherheit und Kunstfertigkeit entfalten, die uns – und unseren Analytiker – später in Erstaunen versetzt.

Aber die uns aus Träumen bekannte Kreativität pflegt schnell dahinzuwelken, sobald sie sich dem grellen Licht des täglichen Lebens aussetzt. Denn nur selten transformiert sich das kreative Moment der Träume in wache Produktivität, wie dies etwa bei Kekulé der Fall war, als er 1865 in einem Traum die Formel des Benzolrings entdeckte. (Das eben Gesagte gilt *grosso modo* auch für Bewußtseinszustände, wie sie etwa durch LSD, Marihuana oder Peyote erzeugt werden, die Traumzuständen ähneln können und gleich diesen kreative Kräfte freizusetzen scheinen. Auch hier steigen häufig aus den archaischen Schichten der Seele Visionen auf, intensivieren sich Farben, eröffnen sich neue Verbindungen und Sinnzusammenhänge, erweitern sich Horizonte. Aber auch hier sackt der kreative Aufschwung – wenn wir ihn so nennen können – gleichsam in sich zusammen, ohne zu bleibenden Produktionen Anlaß zu geben. Vielmehr scheinen viele Drogensüchtige, die sich bloß noch passiv auf sich selbst zurückziehen, Lebenslust und Lebensenergie zu verlieren.) Obwohl Träume die emotionale Besetzung und visionäre Kraft wirklicher Kunst haben können, entfernen sie sich doch zu weit vom Bereich greifbarer, dauernder, objektiver Erfahrungen – d. h. vom Bereich tradierter und verbindlich benutzter Worte und Symbole –, um als wirklich kreative Leistungen gelten zu können.

Aber auch jene menschlichen Produktionen, die der objektiven Erfahrung zu nahe kommen, d. h. sich zu eng an etablierte Denk- und Wahrnehmungsschemata anlehnen, können kaum als kreativ gelten, da sie sich allzu eng an ausgefahrene Gleise halten. Daraus folgt, daß Kreativität prekär in Winnicotts Zwischenbereich angesiedelt bleibt, dabei in einmaliger Mischung Privates *und* Öffentliches, Wirkliches *und* Illusionäres, Subjektives *und* Objektives versöhnend. Und diese Mischung ist offenbar nicht leicht zu verwirklichen.

Und doch gelingt es einigen Individuen, die wir kreative Künstler nennen, eine solche Mischung zu realisieren. Sie sind die eigentlichen Objekte für eine tiefergehende Untersuchung des kreativen Prozesses, und deshalb soll ihnen meine Aufmerksamkeit gelten.

Selbst wenn sie älter werden, lassen sich diese Künstler – und hier möchte ich mich primär mit kreativen Schriftstellern befassen – aus dem Zwischenbereich nicht abdrängen bzw. abziehen. Weder träumen sie bloß, noch lassen sie sich auf eingefahrene Gleise abschieben. Vielmehr vermögen sie, sich über relativ lange Strecken im Zwischenbereich anzusiedeln. Wie gelingt ihnen das?

Zunächst einmal, so scheint mir, müssen sie in wesentlicher Hinsicht kindlich bleiben, müssen sie sich wie Kinder die Fähigkeit erhalten, diverse »Kaiser ohne Kleider« zu sehen. Weder dürfen sie sich durch tradierte Klischees noch durch den Glanz von Reichtum oder Macht noch durch konventionell feilgebotene Sentimentalitäten zum Narren halten lassen. Dabei müssen sie es irgendwie fertigbringen, der abstumpfenden, Konformismus erzeugenden Wirkung einer sogenannten Erziehung zu entgehen. Denn wie Kafka einmal bemerkte, bedeutet Erziehung »wahrscheinlich zweierlei Dinge: Wie ja allerdings wahrscheinlich alle Erziehung nur zweierlei ist, einmal Abwehr des ungestümen Angriffs der Kinder auf die Wahrheit und dann sanfte, unmerkliche, allmähliche Einführung der gedemütigten Kinder in die Lüge«. (1936)

Und wie viele Kinder müssen kreative Schriftsteller auch ein Gespür für die Magie der Worte haben. Wie Simone de Beauvoir sagt (1963): »Worte vibrieren in meinem Mund, und durch sie kommuniziere ich mit den Menschen. Sie setzen willkürlich ihre Tränen frei und verwandeln die Nacht und sogar den Tod. Es mag sein, daß ich nichts sehnlicher wünsche, als daß Menschen ein paar Wörter wiederholen, die ich aneinandergereiht habe.« Und gleich vielen Kindern scheint diesen Künstlern eine anscheinend unerschöpfliche Vitalität, Begeisterungsfähigkeit und Neugier eigen zu sein.

Aber bloß kindlich zu sein oder zu bleiben, genügt nicht. Um kreativ sein und bleiben zu können, müssen Künstler einen schwer aufzutreibenden Artikel, »Talent« genannt, besitzen; müssen sie, was noch wichtiger ist, in der Lage sein, verschiedene im kreativen Prozeß gegebene strukturelle Gegensätze miteinander zu versöhnen.

Das bedeutet, daß sie in der Lage sein müssen, an ihre persönliche Vision zu glauben, daran zu arbeiten und nicht von ihr abzulassen, auch wenn sie Kritik, Mißverständnis oder Ablehnung hervorruft – Reaktionen, die um so wahrscheinlicher sind, je neuer und kühner die Vision ist. Es muß ihnen daher gleichsam eine Fähigkeit zur trotzigen Einsamkeit, ein letztlich unbeirrbares Selbstvertrauen eigen sein, das ihnen, *coûte que coûte*, weiterzuleben und weiterzuschaffen erlaubt. Dennoch müssen sie Zugang zu anderen suchen, müssen sie doch ihre Vision in einer Weise verkaufen können, die andere Menschen letztlich zwingt, diese zu akzeptieren und sich anzueignen.

Um dieses Werk der Versöhnung zu vollbringen, muß sich ein Künstler in der Regel völlig in sein Vorhaben versenken, jedoch gleichzeitig mit einem Fuß in der öffentlichen Welt stehen; er muß sich in ungewöhnlichem Ausmaß auf die eigenen unbewußten Prozesse einstimmen, diese aber zugleich an der gegebenen Realität (oder besser an dem, was andere für Realität halten) prüfen können; kurzum, er muß kraft seiner Kreativität zugleich mit den anderen und ohne sie sein. Goethe sagte: »Man weicht der Welt nicht sicherer aus als durch die Kunst, und man verknüpft sich nicht sicherer mit ihr als durch die Kunst.«

BEFREIUNG VON DER BÖSEN MUTTER UND FAMILIE

Um dieses schwierige Unterfangen der Versöhnung besser erfassen zu können, kehren wir noch einmal zum Kleinkind und seinen Übergangsobjekten zurück. Das Kleinkind befreite sich von der Mutter, indem es ihre begehrten Attribute in seiner Decke oder seinem Teddybär verpackte, während es sich der unerwünschten entledigte. Auf diese Weise brachte es gleichsam eine kreative Verwandlung der Mutter zustande: es spaltete sie in verschiedene Komponenten auf, von denen nun einige gut und erhaltenswert, andere schlecht und zum Wegwerfen bestimmt waren; indem es sie der Kontrolle seiner Einbildungskraft unterwarf, machte es sie sich gleichsam transportierbar.

Aber eine derartige kreative Verwandlung der Mutter hat ihre Grenzen – Grenzen, die durch Kind *und* Mutter gesetzt sind. Das Kind zeigt uns die Grenzen insofern, als sein Potential für eine kreative Befreiung zwar eindrucksvoll ist, jedoch auch Schwächen aufweist. Läßt sich doch an der Tatsache, daß es seine wirkliche Mutter – und zwar für lange Zeit – braucht, nicht rütteln: es braucht ihre schützende Abschirmung, es braucht ihre physische und emotionale Nahrung, ihre kognitive Anleitung; und, was vielleicht am wichtigsten ist, es braucht das Gefühl, daß es für sie wichtig ist, es braucht ihre Liebe – und das nicht etwa, weil es diese durch Leistungen verdient, sondern einfach, weil es als ihr kleines Kind da ist. Damit kommen auch die jedem Befreiungsversuch gesetzten Grenzen ins Blickfeld, die durch die Mutter gegeben sein können – wenn letztere es z. B. unterläßt, dem Kind Schutz zu gewähren oder ihm richtige Nahrung und Anleitung zu geben oder ihm ein tiefes Gefühl seiner Wichtigkeit zu vermitteln. Bei einem derartigen mütterlichen Versagen gerät das Kind in eine Notlage. Denn es stellt sich ihm nun nicht nur die Aufgabe, sich von seiner (um einen anderen Begriff Winnicotts zu gebrauchen) »nicht genügend guten Mutter« *(not good enough mother)* zu befreien; es muß darüber hinaus ihr Versagen zu kompensieren und den ihm angetanen emotionalen Schaden wiedergutzumachen versuchen. Es muß sein eigener Emotionalmechaniker werden. Es muß, mit anderen Worten, nicht nur für das oben beschriebene Abhängigkeits-Unabhängigkeitsdilemma eine kreative Lösung finden, sondern es muß auch mit seiner, sich aus dem mütterlichen Versagen herleitenden emotionalen Deprivation bzw. dem Trauma der dadurch bedingten Überstimulation oder Mystifikation fertigwerden.

Nun muß ich hinzufügen, daß die Mutter zwar von alles überstrahlender Bedeutung für das Kind ist, aber doch nicht alles das bedeutet, was es braucht. Sie ist nur ein Teil der Familie, die es umgibt, erhält und ernährt. Und wenn ich mich in meinem vor neun Jahren veröffentlichten Buch *Konflikt und Versöhnung* (1969; *Conflict and Reconciliation*) noch beinah ausschließlich auf die Mutter-Kind-Beziehung konzentrierte, bin ich inzwischen »familienbewußter« geworden; so bemerkte ich beispielsweise, daß häufig nicht die Mutter der bemutterndste Teil der Familie oder daß sie oft nicht der Elternteil mit der »stärksten Realität« (Stierlin, 1959) ist, daß demzufolge die Befreiungs- und Kompensationsversuche eines Kindes vielfach direkt auf ein anderes Elternteil gerichtet sind oder auf (ein)andere(s) Familienmitglied(er), die (das) nicht die Mutter sind (ist). Daraus ergibt sich, daß wir bei unserem Versuch, die Dynamik einer derartigen Befreiung zu erfassen, die interpersonale Arena der Unterdrückung und Ausbeutung miteinbeziehen müssen, wie sie von der ganzen Familie abgesteckt wird.

Im Folgenden möchte ich nun die bereits in den vorhergehenden Kapiteln dargestellten Interaktionsmodi bzw. Beziehungsszenarien der Bindung und Ausstoßung heranziehen, um zu zeigen, wie die Befreiungs- und Kompensationsbestrebungen eines Künstlers zu schicksalhafter Gestalt oder aber zur Selbstzerstörung führen.

Im Folgenden soll also überprüft werden, wie diese beiden gegensätzlichen transaktionellen Szenarien für bestimmte Künstler unterschiedliche Modalitäten der Befreiung und der Kreativität mit sich bringen können. Dabei soll jedoch nicht vergessen werden, daß es hier ein leichtes ist, das eigentliche Thema aus den Augen zu verlieren, da die Erfahrungs- und Erlebniswelt eines großen Künstlers häufig so reich und vielgestaltig ist, daß wir darin beinahe alles finden können, was wir suchen, auch die widersprüchlichsten Gegensätze und Paradoxa – sowohl Schein als auch Wirklichkeit.

DIE BEFREIUNG DES SCHRIFTSTELLERS VOM GEBUNDENSEIN

Vor einiger Zeit (1972) schrieb ich über Hölderlin, den viele Deutsche als ihren größten Dichter betrachten. Ich versuchte zu zeigen, daß Hölderlin psychologisch unauflöslich an seine

Mutter gebunden war (und zwar sowohl an die internalisierte als auch an die wirkliche Mutter), da er ihre belebende Wärme suchte und dennoch gleichzeitig um ihre tödliche Umarmung warb. Schließlich wurde er beim Versuch, sich aus der Bindung zu lösen, verrückt und zerstörte sich selbst als Künstler. Obwohl seine Befreiung scheiterte, konnte er seinen hoffnungslosen Zustand analysieren. In einem seiner Briefe schrieb er: » . . . weil ich alles, was von Jugend auf Zerstörendes mich traf, empfindlicher als andre aufnahm, und diese Empfindlichkeit scheint darin ihren Grund zu haben, daß ich im Verhältnis mit den Erfahrungen, die ich machen mußte, nicht fest und unzerstörbar genug organisiert war. Das sehe ich. Kann es mir helfen, daß ich es sehe? Ich glaube, so viel. Weil ich zerstörbarer bin als mancher andre, so muß ich um so mehr den Dingen, die auf mich zerstörend wirken, einen Vorteil abzugewinnen suchen . . .« Ich kenne keine andere Stelle in der Literatur, aus der so eindeutig die Hoffnung auf und zugleich die Gefahren einer Befreiung durch Kreativität hervorgeht. Ich will mich jedoch nicht weiter mit Hölderlin beschäftigen, sondern mich einem anderen gebundenen Schriftsteller zuwenden, der uns modernen Menschen noch näher steht – Franz Kafka.

Wie Hölderlin war auch Kafka die psychotische Desintegration nicht fremd. Wie Hölderlin besaß er unglaubliche Gaben der Selbstanalyse, der Selbstbeobachtung und der präzisen, prägnanten Beschreibung. Und wie Hölderlin benutzte er diese Fähigkeiten, »um einen Nutzen aus den Dingen« zu ziehen, die einen zerstörerischen Einfluß auf ihn hatten – d. h. die Dinge, in denen die Ursache lag, daß er gebunden wurde und blieb. Bei der Anwendung dieser Fähigkeiten gelang es Kafka, das scheinbar Unversöhnliche auf oft atemberaubende Weise miteinander zu versöhnen. Er war einer der privatesten und am stärksten autobiographisch orientierten Schriftsteller – und dennoch fing er ein Gefühl ein, das allgemeingültig für seine Zeit zu sein schien: Entfremdung und existentielle Verzweiflung. Er schien seine Alpträume direkt aus seinem Unterbewußten heraufzuholen, und dennoch goß er sie in die Form meisterhafter Erzählungen; und während er wie ein religiöser Prophet sprach, vibrierte er von hintergründigem Humor (und zwar so sehr, daß ihn Thomas Mann einen »religiösen Humoristen« nannte). Aber anstatt die kreativen Versöhnungsleistungen Kafkas aufzuzählen, möchte ich vielmehr einige der wechselhaften Aufs und Abs der Befreiung an ihm, dem gebundenen Künstler, beispielhaft darstellen. Binden, so sagte ich bereits, vollzieht sich auf drei maßgeblichen Ebenen, einer Ebene der Abhängigkeit, der Kognition und der archaischen Loyalität. Was wir aus seinen vielen autobiographischen Erzählungen, Tagebucheintragungen und Briefen über Kafka wissen, deutet darauf hin, daß er auf *allen* diesen Ebenen gebunden war. Er war gebunden auf der Abhängigkeitsebene, da ihm scheinbar endlose regressive Zuwendung zuteil wurde, nicht nur von seiner ihn abgöttisch liebenden Mutter, sondern auch von seinen drei Schwestern, insbesondere seitens seiner Lieblingsschwester Ottla. Zweitens war er gebunden an seinen Vater, einen autoritären Tyrannen, der nicht nur die Schrecken der Kastrationsangst, sondern auch mutwilliger Willkür verkörperte. Kafkas berühmter Brief an ihn, eines der außerordentlichsten psychologischen Dokumente der Literatur, bietet mannigfache Beispiele dafür, wie sein Vater – der eine »rätselhafte Unschuld und Unverletzlichkeit« besaß – seinen Sohn hinsichtlich dessen irreführte, was er, der Sohn, fühlte, brauchte und wollte und ihn dadurch an seinen, des Vaters, Bezugsrahmen band. Und drittens war Kafka zutiefst und pathologisch loyalitätsgebunden. Jeder Versuch der Selbstbehauptung mußte deshalb eine massive Ausbruchsschuld auslösen, die ihn auf immer im Spannungsfeld von Verzweiflung, Selbstbestrafung und Selbstvorwürfen gefangenhielt. Es kann nicht verwundern, daß Kafka niemals heiraten konnte, da die Ehe ihm zwar die »ehrbarste Unabhängigkeit« verhieß, aber gleichzeitig die tödlichste Bedrohung darstellte.

Kafkas Werke sind ein Zeugnis dieses unentrinnbaren Gebundenseins auf allen Ebenen. Es ist allgegenwärtig in der alptraumhaften Szenerie des *Verhörs* und des *Schlosses;* es geht aus seinen Briefen und Tagebüchern hervor; es ist ständig präsent in seinen Gesprächen mit seinen Freunden. Ebenso durchdringt es seine berufliche Existenz als Anwalt und Angestellter der Prager Versicherungsanstalt – ein ihm verhaßtes bürokratisches Monster. Weil er Bürokratien für unerschütterlich hielt, konnte er nicht auf den Erfolg sozialer Revolution hoffen. Im Hinblick auf die russische Revolution stellte er deshalb folgende Überlegung an: »Je weiter sich eine Überschwemmung ausbreitet, um so seichter und trüber wird das Wasser. Die Revolution verdampft, und es bleibt nur der Schlamm einer neuen Bürokratie. Die Fesseln der gequälten Menschheit sind aus Kanzleipapier.«

Letztendlich waren es jedoch nicht Bürokratien, die Kafka gefangen hielten, sondern er selbst. »Ich lebe in einem Käfig«, sagte er dem jungen Dichter Janouch, »... nicht nur im Büro, sondern überall ... Ich trage die Gitterstäbe die ganze Zeit in mir.« (Janouch, 1968, S. 20). Und diese psychologischen Gitterstäbe bestanden aus seinem mangelnden Selbstvertrauen, seinem Gefühl der Schwäche, seiner Angst, sich in die kalte, abweisende, mit zahllosen Fallen und Anforderungen bestückte Welt hinauszuwagen: vor allem bestanden sie jedoch aus seinem riesigen Schuldgefühl über irgendeinen möglichen Akt oder Wunsch der Befreiung.

Und dennoch kämpfte Kafka bis zuletzt um seine Selbstbefreiung, indem er die Sprache, diese »ewige Geliebte«, zu seinem Hauptverbündeten und seine Feder – »nicht ein Handwerkszeug, sondern ein Organ des Schriftstellers« – zu seiner Hauptwaffe in diesem Kampf machte. Kafkas ganzer Seinszustand variierte, je nachdem, ob er zu einem gegebenen Zeitpunkt fähig war zu schreiben oder nicht. Konnte er nicht schreiben, so sank er in die tiefste Depression: er war, wie er Felice Bauer mitteilte, »gleichzeitig flach auf dem Boden, reif für den Mülleimer« (Kafka, 1976). Dann war es, so bemerkt Brod (1966), sein langjähriger Freund und Biograph, »als sei jemand in einen Abgrund versunken. Aber wenn er schrieb, schien in ihm ein zutiefst inneres Feuer zu brennen, selbst wenn er litt. Jedes Mal war es ein Wunder« (S. 109).

Aber selbst der kreative Prozeß mit seinen wunderbaren energetisierenden Kräften verstrickte Kafka noch tiefer in das Gebundensein, da er, wie Hölderlin, nur noch stärker versuchte, »einen Nutzen zu ziehen« aus den Dingen, die einen zerstörerischen Einfluß auf ihn ausübten. Wie Hölderlin gelang es ihm jedoch nur, noch mehr Zerstörung zu entfesseln.

Hier fallen zwei ineinander verwobene Kräfte ins Auge. Zunächst machte Kafkas tiefe Ausbruchsschuld letztlich alles das, was er an Befreiendem aus seinem Werk gewann, zunichte. So erwuchsen ihm aus seinem Schreiben keine Flügel für einen Flug in die Freiheit, sondern nur weitere Fesseln. Kein Wunder also, daß er dieses Schreiben nur als »Kritzeln« bezeichnete, daß er Max Brod bat, alle seine Manuskripte zu zerstören, daß er sich unbehaglich und verlegen fühlte, wenn seine Werke gelobt oder auf seinen literarischen Erfolg angespielt wurde. Deshalb meine ich, daß Kafka zu Recht zu dem Schluß kam, daß seine Werke als »Bemühungen um Unabhängigkeit, als Fluchtversuch« nur »den geringsten Erfolg erzielten«. Obwohl sie keine lohnenden Schritte in dieser Richtung darstellten, betrachtete er es dennoch als seine »Pflicht, oder vielmehr als das Wesentliche seines Lebens, über sie zu wachen, damit ihnen keine Gefahr zustoße.« (Kafka, 1975, S. 117).

Um verstehen zu können, warum seine Befreiungsversuche fehlschlugen, müssen wir auch die zweite wesentliche Kraft in seinem Leben betrachten, die seinen Untergang verursachte – die Tuberkulose, die ihn schließlich tötete. Für Kafka beschwor das Schnaufen und Keuchen eines tuberkulösen Patienten das Bild eines Tieres, dessen Hauptwerkzeug »nicht seine Krallen sind, mit denen es vielleicht nur nachhilft, sondern seine Schnauze oder sein Rüssel, die allerdings abgesehen von ihrer ungeheuren Kraft, wohl auch irgendwelche Schärfen haben. Wahrscheinlich bohrt es mit einem einzigen mächtigen Stoß den Rüssel in die Erde und reißt ein großes Stück heraus, während dieser Zeit höre ich nichts, das ist die Pause, dann aber zieht es wieder Luft ein zum neuen Stoß. Dieses Einziehen der Luft, das ein die Erde erschütternder Lärm sein muß, nicht nur wegen der Kraft des Tieres, sondern auch wegen seiner Eile, seines Arbeitseifers, diesen Lärm höre ich dann als leises Zischen ... Tag und Nacht gräbt es, immer in gleicher Kraft und Frische ... Was waren alle kleinen Gefahren, mit deren Durchdenken ich die Zeit hinbrachte, gegen diese eine!« (Kafka, Der Bau, 1970, S. 384). Ganz eindeutig versucht Kafka sogar aus dieser mörderischen Krankheit einen Vorteil zu ziehen, indem er zuläßt, daß sie sich in ihm zu einer atemberaubenden Vision auswächst und er sie einer durchdringenden psychologischen Analyse unterzieht; aber am Ende triumphiert das »wilde Tier« über alle seine Versuche, es zu analysieren, zu zähmen und in Schranken zu halten. Denn indem sich das Tier tiefer in Kafkas Lungen hineinpflügt, untergräbt es seine Vitalität und zerstört seinen Wunsch, weiterzukämpfen, Freiheit zu suchen, zu heiraten. Schließlich ist die einzige Befreiung, die für ihn noch denkbar ist, die einer tiefen, regressiven Selbstaufgabe – eine Befreiung, die ihn ins Nichts, in den Tod treibt.

Als am 4. September 1917 seine Tuberkulose diagnostiziert wurde, schrieb er seinem Verleger Kurt Wolff: »Die schon seit Jahren mit Kopfschmerzen und Schlaflosigkeit angelockte Krankheit ist nämlich plötzlich ausgebrochen. Es ist fast eine Erleichterung.« (Kafka, 1958, S. 159). Gerade zu diesem Zeitpunkt stand Kafka nach einem tiefen inneren Kampf schließlich kurz davor, Felice Bauer zu heiraten. Wie sein psychoanalytischer Biograph John S. White (1967) schrieb, ersparte ihm nunmehr die Krankheit diese verhängnisvolle, schicksalsschwere Handlung. Sie gestattete ihm, die so verhaßte Tätigkeit in der Arbeiter-Unfall-Versicherungsanstalt aufzugeben. Zudem konnte er nun mit seiner Schwester Ottla zusammenleben, die eine kleine ländliche Pension in Zürau in der Nähe von Saatz führte. Daher auch das Gefühl innerer Befreiung, beinahe der Euphorie, das ihn überkam, als er sich schließlich voll in seine Krankheit stürzte. Die Krankheit kam also während eines Abschnittes seines Lebens über ihn, als er sich anschickte, den, wie er meinte, wichtigsten Schritt zur Reife zu unternehmen – die Heirat; aber anstatt diesen Schritt auch wirklich in die Tat umzusetzen, ließ er sich – unter dem Alibi eines äußeren Zwangs – in die Passivität und immer tieferes abhängiges Gebundensein ziehen. Aus seiner Tuberkulose zog er nun, wie er Felice sagte, »eine solche ungeheure Unterstützung, wie sie ein Kind erhält, das sich an die Röcke seiner Mutter klammert« (Kafka, 1973, S. 545). Und da war Ottla, ein Ersatz für seine Mutter, die bereit war, all die regressiven Zuwendungen zu gewähren, die er nur wünschen konnte. »Ottla«, so schreibt er, »trägt mich wirklich förmlich auf ihren Flügeln durch die schwierige Welt ... das Zimmer ist ...

ausgezeichnet, luftig, warm . . . alles, was ich essen soll, steht in Fülle und Güte um mich herum (nur die Lippen krampfen sich dagegen, so geht es mir aber in den ersten Veränderungstagen immer) und die Freiheit, die Freiheit vor allem.« (Kafka, 1958, S. 161) Es ist jedoch klar, daß es nicht mehr die Freiheit war, die er durch den kreativen Prozeß zu erreichen hoffte.

DIE BEFREIUNG DES SCHRIFTSTELLERS VON DER BINDUNGSLOSIGKEIT

Wenn das zweite transaktionale Szenarium vorherrscht, müssen wir die Bedeutung von Befreiung näher bestimmen. Denn der bindungslose Ausgestoßene braucht nicht so sehr Freiheit von menschlichen Bindungen, sondern ihre Neu-Schaffung und eine neue Teilhabe daran – Bindungen, die ihn nähren könnten, die seine Loyalität und seine Anteilnahme stärken, ihm ein Gefühl seiner eigenen Bedeutsamkeit vermitteln könnten. Deshalb muß der kreative Prozeß hier – wenn er sich überhaupt entfalten kann – nicht so sehr auf die Befreiung von unterdrückenden Fesseln gerichtet sein, sondern längst überfällige Kompensation leisten.

Diese Aufgabe stellt jedoch hohe Anforderungen. Denn wir haben allen Grund anzunehmen, daß eine ausreichende mütterliche Fürsorge – eine Fürsorge, die zumindest irgendwann irgendwie einmal existiert hat – den Grundstock für jegliche spätere Kreativität bildet. Deshalb erstickt eine zu massive Deprivation und Ausstoßung im frühen Alter höchstwahrscheinlich von vornherein das kreative Feuer.

Wenn jedoch die Ausstoßung nicht total war, besteht die Möglichkeit, daß die kreativen Flammen trotz allem brennen. Und genau hier kann sogar ein in die Bindungslosigkeit Ausgestoßener – vorausgesetzt, daß er kreativ ist – »einen Nutzen aus den Dingen ziehen, die einen zerstörerischen Einfluß auf ihn haben«; anders gesagt: die Tatsache seiner Ausgestoßenheit und seiner Bindungslosigkeit kann ihm zum Vorteil gereichen. Wir wollen uns näher ansehen, wie er das bewerkstelligen kann.

Erst kürzlich wurde mir eine Lektion zuteil, wie das möglich sein könnte. Und zwar las ich meinen Töchtern, damals vier und sieben Jahre alt, die Geschichten von Pippi Langstrumpf vor – Geschichten der schwedischen Autorin Astrid Lindgren (1969); Pippi Langstrumpf ist ein bindungsloses Kind, von seinem Vater, einem auf den Weltmeeren umherziehenden Kapitän, sich selbst überlassen. (Auch ihre Mutter scheint sie früh verloren zu haben.) Diese bindungslose Pippi zieht aus der ihr aufgezwungenen, zu frühen Autonomie die Stärke zum Überleben: sie stürzt sich in ein Leben ohne jede Prinzipien, Vorsätze und Konventionen, das Scharen konventioneller Kinder – d. h. Kinder, die unfreier und gebundener sind – unendlich fasziniert. Zu ihrem Entzücken geht Pippi ins Bett, wann immer sie will, hat schlechte Tischmanieren, was sie anzieht ist schmutzig und hat Löcher, und sie macht noch viel mehr, was »liebe« Kinder eben nicht tun. Ebenso spottet sie allen Standards konventioneller Hübschheit, sie hat rote Haare und Sommersprossen und ist ziemlich dürr – sie benimmt sich wie eine junge Protagonistin von *Womens' Lib*, die der geschlechtsrollenorientierten, von Männern beherrschten Gesellschaft eine lange Nase macht. Natürlich hilft ihr dabei, daß sie mit einem Arm ein Pferd hochheben und damit dutzendweise Jungen in die Flucht schlagen kann.

Wir können mit gutem Grund annehmen, daß Astrid Lindgren, als sie Pippis Abenteuer niederschrieb, versuchte, ihre eigene schwierige Kindheit zu verarbeiten, die gewiß nicht durch frühes Gebundensein, sondern eher durch frühe Ablehnung und Vernachlässigung gekennzeichnet war – ein Schicksal, so möchte ich hinzufügen, das in Schweden relativ häufig zu sein scheint. (Dort gibt es beispielsweise Unmengen von »Schlüsselkindern«, die so früh wie möglich mit dem Haus- oder Wohnungsschlüssel um den Hals in den Kindergarten geschickt werden, damit ihre Mütter nur schnell genug ihre Arbeit wieder aufnehmen können. Der amerikanische Psychoanalytiker H. Hendin (1965) zeigte scharfsichtig auf, in welcher Weise solch frühe Vernachlässigung und Ablehnung die Persönlichkeiten und Beziehungen der Schweden prägen.)

Aber Kindergeschichten *à la* Pippi Langstrumpf sind eine Sache für sich, und reifes kreatives Schreiben ist vielleicht eine ganz andere. Können auch Nicht-Kinderbuch-Autoren einen Vorteil aus der Tatsache ihrer einstigen Deprivation und Vernachlässigung ziehen? Ich meine, daß das der Fall ist, und bin der Ansicht, daß in diesem Zusammenhang einige der dynamischen Kräfte des Narzißmus, wie sie von H. Kohut beschrieben wurden (1966), aufschlußreich sind. Bestimmten sogenannten narzißtischen Individuen und einigen bindungslosen sind gewisse Züge gemeinsam: auch sie waren als Kinder vernachlässigt und depriviert, und auch sie scheinen unzugänglich für die Bedürfnisse anderer; indem sie einzig ihren eigenen Launen folgen, mißachten sie die gemeinsamen Werte und Handlungsprinzipien. Interessanterweise – und hier decken sich meine eigenen Beobachtungen mit denen von Kohut – findet man unter ihnen nicht wenig ungewöhnlich Kreative. Ihre Kreativität wird zumindest teilweise verständlich, wenn wir davon ausgehen, daß der kreative Mensch erstens relativ frei von Konventionen sein muß (d. h. frei von den gewöhnlichen Handlungserwartungen und -prinzipien), und daß er zweitens gezwungen sein muß, sein Heil in einer ungewöhnlich frühen psychischen Synthese und Autonomie zu suchen. Indem er seine eigene Welt oder Vision schafft, »treibt« er seinen Eigensinn und seine Unabhängigkeit häufig über seine eigene Belastungsgrenze hinaus »voran«.

Typischerweise findet man bei vielen dieser narzißtischen Individuen an der Oberfläche ein überstarkes Gefühl ihrer eigenen Wichtigkeit; auf den zweiten Blick wird jedoch genau das Gegenteil sichtbar – d. h. ein mangelndes Selbstwertgefühl und ein verzweifelter Kampf gegen die Bedrohung, von anderen als unbedeutend angesehen zu werden. Diese Bedrohung führt dazu, daß diese Menschen unablässig bestrebt sind, eine Bestätigung ihrer Wichtigkeit zu suchen (eine Wichtigkeit, die sie innerlich anzweifeln), ein Bestreben, das ihrem kreativen Prozeß sowohl Brennstoff als auch Farbe verleiht.

Solche eigensinnigen und sich selbst suchenden narzißtischen Künstler sind in gewisser Weise besser dran als Gebundene wie Kafka. Indem sie ihren Narzißmus ausbeuten und sich von Bindungen frei halten, schützen sie auch ihre eigene Kreativität. Bertolt Brecht, der nicht zwangsläufig zu dieser Gruppe gehört, schien nichtsdestoweniger in ihrem Namen zu sprechen, als er sagte: »In mir habt ihr einen, auf den könnt ihr nicht bauen.« Und es hat den Anschein, als laste auf ihnen weder eine massive Ausbruchsschuld, noch grämten sie sich, andere zu verletzen oder auszubeuten, da andere für sie nur insofern bedeutsam sind, als sie ihre eigenen Bedürfnisse erfüllen und/oder ihrer Jagd nach Wichtigkeit dienlich sind. Sie sind vollkommen absorbiert von ihrem eigenen kreativen Abenteuer und benutzen diese anderen nur als unerschütterliche Bewunderer oder als lebendige externalisierte Phantasien, die beiseite geschoben werden, sobald sie ihren Zweck erfüllt haben, und die von den narzißtischen Persönlichkeiten nicht als Menschen mit eigenen Rechten, Bedürfnissen und Interessen anerkannt werden. Es ist deshalb nicht erstaunlich, daß sich viele dieser kreativen Künstler in einem menschlichen Katastrophengebiet bewegen, das von den Wracks ruinierter Leben und Hoffnungen übersät ist.

Verschränkung von Gefahr und Erlösung

Ein gebundener Künstler ist der ständigen Bedrohung ausgesetzt, seinen kreativen Impetus in Verzweiflung zu verlieren. Aber das gleiche gilt für den, der zu wenig gebunden ist. Während ersterer mit den tieferen Quellen seiner Kreativität zu nah und verwundbar konfrontiert ist, mag es letzterem geschehen, daß er die Verbindung zu ihnen ganz verliert. Früher oder später kann seine narzißtische Distanziertheit die Quellen zum Versiegen bringen, da er sich zu erfolgreich vor dem Umgang mit anderen absichert und damit auch vor der Erfahrung von Abhängigkeit, Konflikt und Schuld – all dem, was das Drama des Lebens ausmacht.
Der deutsche Dichter Stefan George, dessen Narzißmus viele seiner Zeitgenossen beeindruckte, bietet ein Beispiel für einen derartigen Austrocknungsprozeß. Er wurde 1868 geboren und veröffentlichte zwischen 1890 und 1900 sechs Bücher. Danach begann seine Produktivität nachzulassen und hörte um 1920 ganz auf. Er starb 1933. Was er über Nietzsche sagte, scheint auf George *selbst* während seiner letzten Lebensjahrzehnte zuzutreffen:

»Du hast das nächste in dir selbst getötet
Um neu begehrend dann ihm nachzuzittern
Und aufzuschrein im schmerz der einsamkeit.«

Im Licht des oben Gesagten kann es nicht verwundern, daß Befreiung durch kreative Arbeit ebenso häufig fehlzuschlagen wie zu gelingen scheint, unabhängig davon, ob der Künstler gebunden oder narzißtisch entfremdet ist. A. Alvarez (1973), der selbst einen Suicidversuch beging, erinnert uns an die enorm hohe Todesrate unter den Künstlern dieses Jahrhunderts. Er stellt fest: »Von den großen Prämodernen gab Rimbaud im Alter von 20 Jahren das Dichten auf. Van Gogh brachte sich um, Strindberg wurde verrückt. Seitdem ist die Zahl ständig gestiegen ... Virginia Woolfe ertränkte sich, ein Opfer ihrer eigenen Übersensibilität. Hart Crane wandte eine unmenschliche Energie auf, um sein chaotisches Leben, ein verzweifeltes Durcheinander von Homosexualität und Alkoholismus, ästhetisch zu gestalten – um sich schließlich als Versager zu erleben und in der Karibik über Bord eines Dampfers zu springen. Dylan Thomas und Brendan Behan tranken sich zu Tode. Antonin Artaud verbrachte Jahre im Irrenhaus. Delmore Schwartz wurde in einem heruntergekommenen Hotel in Manhattan tot aufgefunden. Joe Orton wurde von seinem Freund umgebracht, der ebenfalls Schriftsteller war und anschließend Selbstmord beging. Cesare Pavese und Paul Celan, Randall Jarrell und Sylvia Plath, Majakovsky, Esenin und Tsvetayeva töteten sich. Unter den Malern begingen Selbstmord Modigliani, Arshile Gorki, Mark Gertler, Jackson Pollock und Mark Rothko. Die Generation dieser Künstler umspannt Hemingway, der ... schließlich ... dem Beispiel seines Vaters folgte und sich erschoß.« (S. 228–29)

Das ist eine lange Liste, und es wäre ein leichtes, sie zu ergänzen. Und dennoch: sie zeigt zwar, daß das, was den Künstler retten kann – nämlich der kreative Prozeß –, auch zu zerstören vermag, daß aber das Gegenteil ebenso wahr ist; wie Hölderlin sagt: »... mit der Gefahr wächst das Rettende auch«.

Diese letzte Feststellung möchte ich belegen mit dem, was Simone de Beauvoir am Ende ihrer dreibändigen Autobiographie (1963) schreibt. Sie reflektiert über ihr Altern (und ihre

Kinderlosigkeit), das auf ihr lastet, ihre Vitalität aussaugt und sie einschließt in einem einsamen, melancholischen Gefängnis; dennoch fährt sie fort:
»In dem Augenblick, wo ein Schriftsteller zu schreiben beginnt, erhält er die Chance, der Versteinerung zu entgehen. Mit jedem neuen Buch setze ich einen neuen Anfang. Ich zweifle, ich verliere den Mut, die Arbeit vergangener Jahre ist weggefegt, meine Notizen erscheinen so unbrauchbar, daß ich es für unmöglich halte, mein Vorhaben zu beenden – bis zu dem undefinierbaren Punkt... wo es unmöglich wird, es *nicht* zu beenden. Jede Seite, jeder Satz erfordert dann eine neue Vision, eine totale Auflösung. Kreative Arbeit ist Abenteuer, ist Jugend, ist Befreiung.« (S. 616)

9. Kapitel

Der mißlungene Dialog und seine Folgen

Dieses Thema ist weit gesteckt, und ich kann daraus nur einige Fragen und Probleme aufgreifen, die mich als Familientherapeuten und -forscher besonders beschäftigt haben. Und dazu rechnet vor allem ein Problem, das für mich immer wichtiger wurde – das Problem der Perspektive.

Probleme der Perspektive

Von unserer Perspektive, unserer Einstellung, hängt es großenteils ab, was uns als Konflikt erscheint. Zwei Eheleute, die sich fortwährend quälen, lassen sich beispielsweise als unversöhnlich zerstrittene Feinde, aber auch als Partner, als willige Spieler eines – mehr oder weniger bewußt abgekarteten – sadomasochistischen Spieles sehen. Entscheidend für unser Verständnis – und für unsere therapeutische Strategie – ist daher unsere Perspektive, die in einem Fall einen Konflikt, im anderen eine verdeckte Kollusion, ein Zusammenspiel im Sinne des Züricher Psychotherapeuten Jürg Willi (1975) ins Gesichtsfeld bringt. Daher unsere erste Frage: Was bedeutet hier »Perspektive«?

Das Wort Perspektive leitet sich vom lateinischen »perspicere«, überblicken, durchschauen, her. Ein Maler, der Perspektive berücksichtigt, überblickt und durchschaut die räumlichen Beziehungen der Gegenstände – zueinander und zu ihm selbst. Er ist sich des Standpunktes bewußt, der seine Schau bestimmt, und malt in einer Weise, die das Geschaute kontextgerecht vermittelt. Diese Seh- und Malweise stellt sich ihm nicht »natürlich« ein, wie das Beispiel der zahllosen, über Jahrhunderte bis zur Frührenaissance naiv und unperspektivisch malenden Künstler zeigt: indem er eine Perspektive anlegt, strukturiert er sein Sehfeld aktiv und scheint den Gegenständen sogar Gewalt anzutun (er malt etwa ein entfernteres

Haus kleiner, als es sich auf den ersten Blick darstellt). Die nähere Betrachtung zeigt jedoch, daß er die Gegenstände angemessener wiedergibt, als er es durch eine nicht-perspektivische Darstellung vermöchte – weil er deren Relationen zum Schauenden und zu anderen Gegenständen berücksichtigt.

Das bedeutet also: die Perspektive, unter der sich uns menschliche Konflikte darstellen, hängt von dem Standpunkt ab, der unsere Sicht – die Sicht des Konfliktträgers selbst, wie die des außenstehenden Beobachters – bestimmt. Und sie hängt weiter von der Technik und den Werkzeugen ab, mittels derer wir Konflikte zu erfassen und darzustellen suchen – der Sprache und den daraus erwachsenden Begriffen und Theorien, durch die wir nunmehr unser Sehfeld – anders, weitgespannter und zum Teil differenzierter, als es das bloße Auge vermag – ausstecken und strukturieren.

Diese Sprache ist einem Teleskop vergleichbar, dessen Positionen und Einstellungen sich ändern lassen. Es bringt jeweils verschiedene Aspekte und Ebenen der Realität (oder dessen, was wir für Realität halten) ins Blickfeld, während es andere ausblendet oder unscharf am Rande verschwimmen läßt. Und von dieser Sprache hängt es daher wesentlich ab, ob und wie sich uns Konflikte darstellen.

Sprache kann Konflikte darstellen und erzeugen

Ich verwende hier den Terminus Sprache in einem weiten Sinne. Er bezeichnet das Instrument unserer Beziehung und Kommunikation sowohl mit anderen als auch mit uns selbst. Das schließt die Sprache der Vorstellungen und Bilder – wie sie uns etwa in Träumen und künstlerischen Schöpfungen begegnen – und die Sprache der klar definierten und differenzierten Begriffe, die gesprochene wie die ungesprochene Sprache ein. Ohne diese Sprache gäbe es in den Worten Hegels nur »die bewußtlose Nacht, die nicht zur Unterscheidung in ihr, noch zur Klarheit des Selbstwissens kommt«.

Wir können nun sagen: durch diese Sprache erschließen, differenzieren und artikulieren wir Welt, und erschließen, differenzieren und artikulieren wir auch Konflikte.

Um Welt im hier gemeinten Sinne zu erschließen, müssen wir Gefühle, Eindrücke, Wahrnehmungen, innere Zustände, Motivationen, Bedürfnisse, vegetative Überströme usw. »zum Sprechen bringen«. Dadurch können wir wahrhaben und mitteilen, was uns schmerzt, bedrückt, bewegt. Wir vermögen Konflikte – in uns selbst oder anderen – zu lokalisieren.
Um Welt zu erschließen und Konflikte zu lokalisieren, müssen wir weiter sprachlich differenzieren und Unterschiede artikulieren. Dabei denke ich besonders an jene Unterschiede, die gleichsam den Grundplan unserer Welt abstecken, ja diese konstituieren – Unterschiede wie die zwischen innen und außen, Phantasie und Realität (bzw. dem, was wichtige andere für Realität halten), *meinem* Erleben, meinen Bedürfnissen und meinen Ideen einerseits und *anderem* Erleben, anderen Bedürfnissen und anderen Ideen andererseits.
Die Erschließung von Welt und die Lokalisierung von Konflikten mißlingt daher einmal, wenn wir zu wenig differenzieren und abgrenzen. Dann nivelliert sich unsere Welt, wird konturlos, und Konflikte bleiben verborgen, im Untergrund. Die korrekte Lokalisierung von Konflikten mißlingt aber auch, wenn wir zu starre und grobe Abgrenzungen und Unterscheidungen schaffen oder festhalten. Dann gerinnt diese Welt gleichsam zu harten Blöcken mit schroffen Konturen, die sich nicht mehr verschieben, nicht mehr bearbeiten, sich nicht mehr in Frage stellen lassen. Unterscheidungen wie etwa die zwischen gut und schlecht, bewußt und unbewußt, abhängig und unabhängig, mächtig und ohnmächtig, werden nun absolut gesetzt, werden ein für alle mal bestimmten Menschen oder Wesenheiten zugeschrieben. Diese werden wiederum reifiziert oder »verdinglicht«; anstatt Konstruktionen zu bleiben, verkörpern Begriffe nun Realität. Beispiele sind – um im psychologischen Bereich zu bleiben – etwa *das* Unbewußte, *die* Triebe, *die* Gefühle, *die* Schizophrenie usw. Sie alle stellen begriffliche Konstruktionen dar, die nunmehr wie erwiesene und konstant greifbare Dinge, Eigenschaften oder Tatsachen behandelt werden. Damit dies geschehen kann, muß eine substantivierende, verdinglichende Sprache den Fluß der möglichen Erklärungen und Deutungen an einer bestimmten Stelle abstoppen, müssen gewisse Interpunktierungen (im Sinne von

Gregory Bateson, (1973) Paul Watzlawick (1960) und anderen amerikanischen Autoren) sozusagen »einfrieren«. Die Folge ist eine Art selbstgeschneiderter Realität, die dann auch ihre selbstgeschneiderten Konflikte enthält, eine Realität, die von der erstgezeichneten blanken Realität ohne harte Konturen und – wie es schien – ohne Konflikte absticht.

Aber wie sich nun auch die Realität zeigen mag – ob konfliktlos nivelliert oder ob von selbstgeschneiderten Konflikten zerklüftet – wir laufen jedesmal Gefahr, uns darin zu verirren.

»REALE« KONFLIKTE VERSUS PSEUDOKONFLIKTE

Diese Überlegungen akzentuieren nun die Frage, die mich als Therapeuten mehr und mehr beschäftigt hat: wie weit sind unsere Konflikte überhaupt bloß Sache einer (beliebig wechselbaren) Perspektive bzw. Einstellung, und wie weit sind sie »real«? Wie weit sind sie in Problemen unseres erkennenden Apparates – vor allem sprachlichen Zwängen, zu starren, einseitigen, verzerrenden Einstellungen oder Mängeln des Objektivs etc. – und wie weit sind sie in der Natur der Dinge, d. h. in echten Gegensätzen der Bedürfnisse und Interessen begründet? Je nachdem wie unsere Antwort ausfällt, sind die therapeutischen und möglicherweise politischen Konsequenzen verschieden. Denn wo Probleme der Einstellung und des erkennenden Instrumentes vorherrschen, sind andere Erkenntnisvoraussetzungen zu korrigieren, so daß sich Konflikte als Pseudokonflikte erweisen und dann gleichsam in sich zusammenfallen können; wo sich aber echte Interessen- und Bedürfniskonflikte zeigen, müssen wir mit diesen auf die eine oder andere Weise – sei es durch Austragen, sei es durch Aushandeln von Kompromissen – fertig werden.

Wie wichtig diese Frage ist, zeigt das Beispiel Adolf Hitlers, der den Deutschen verschiedene Pseudokonflikte als echte Konflikte zu verkaufen vermochte – mit Folgen, an denen wir noch alle tragen. Denn Hitler berief sich darauf, daß tiefste Konflikte zwischen den Organismen in einer harten, existentiellen Realität begründet seien. Er verwies auf den Löwen, der, um zu überleben, die Gazelle reißen muß. Von der Erkenntnis, daß das Leben einer Art auf Kosten anderer Arten geht, war es für Hitler dann nicht weit zu dem Schluß, auch zwischen Menschen, Einzelnen wie Völkern, seien tiefste unvermeidliche Konflikte programmiert. Die harte Realität des Kampfes ums Dasein, der vitalen Interessen- und Bedürfniskonflikte bestimmte seiner Meinung zufolge nicht nur die Beziehung des Menschen zu Pflanzen und Tieren, sondern auch zu seinen Artgenossen. Besonders Darwins Erkenntnisse rechtfertigten ihm solche Auffassung. Sie mündete schließlich in einer Weltanschauung, die er als das »granitene Fundament« bezeichnete, »das all seinem Denken und Handeln die Richtung wies«. Deren zwei Hauptaxiome besagten, daß die Deutschen, ein Volk ohne Raum, sich einmal in einem Kampf auf Leben und Tod Lebensraum erkämpfen, zum anderen, daß sie alle Juden umbringen müßten. Denn die Juden, meinte Hitler, »korrumpierten« den natürlichen Überlebenskampf der Völker. Sie seien von Natur aus keine Kämpfer, keine Soldaten, nur Parasiten und Drahtzieher: ein extremes Beispiel für eine Definition unserer Wirklichkeit, die blutigen Konflikt- und Überlebenskampf zwischen Menschen und Völkern für alle Zeiten vorzeichnet. Ein extremes Beispiel aber auch dafür, daß diese Wirklichkeit sich unter geänderten historischen Perspektiven schnell als Phantasie, ja als Wahn herausstellen kann.

Aber wenn sich auch Hitlers Konfliktszenarium als Wahngebilde erwiesen hat, es bleiben doch genug »harte Fakten«, die in unserer heutigen Welt tiefste Gegensätze und Konflikte zwischen Menschen entweder zu bedingen oder aufzuzeigen scheinen. Dazu rechnet die Tatsache, daß in großen Teilen dieser Welt gegenwärtig mehr Menschen als jemals zuvor (etwa 800 Millionen) hungern, während in anderen Teilen sich mehr und mehr um ihr Übergewicht sorgen, daß lebenswichtige Ressourcen (Nahrungsmittel, Bodenschätze, unverschmutzte Umwelten) schrumpfen, während sich die Weltbevölkerung noch vermehrt und weltweit die Ansprüche steigen, und daß dabei das Arsenal tödlicher Waffen noch täglich zunimmt. Daher die düsteren Prognosen vieler Futurologen, die uns blutige Überlebenskämpfe zwischen Armen und Reichen, Nord und Süd, Privilegierten und Benachteiligten, Ausbeutern und Ausgebeuteten dieser Welt voraussagen.

Aber selbst diese »harten Fakten« lassen sich – zum Teil wenigstens – unterschiedlich bewerten: Viele Menschen sehen sie als unabänderliche Gegebenheiten an und nehmen damit schwerste Interessen-, ja Überlebenskonflikte als unvermeidlich hin. Sie beschwören etwa das Bild eines untergehenden Schiffes, das zu wenig Rettungsboote hat. Sollen nicht alle – d. h. die ganze Menschheit – untergehen, müssen die Okkupanten der Boote die anderen Rettungssuchenden ins Meer zurückstoßen. Sicher keine günstige Situation für das Aushandeln von Kompromissen.

Andere Beurteiler aber sehen die genannten Mangel- und Notsituationen nicht als harte Fakten, sondern als (mehr oder weniger) veränderliche Größen an, die man nicht hinzunehmen braucht, die man ändern kann, und bei deren Änderung sich die angedeuteten Konflikte als hinfällig, unnötig, eben als Pseudokonflikte erweisen. Die Anhänger dieser Sicht haben noch Hoffnung für die Menschheit. Ihnen zufolge wächst »mit der Gefahr auch das Rettende«. Sie vertrauen darauf, daß die Furien des technischen und wissenschaftlichen Fortschrittes, die unsere Welt aus dem Gleichgewicht gebracht haben, auch immer wieder neue – wenn auch sicher komplexe und labile – Gleichgewichte herzustellen vermögen. So bauen sie etwa darauf, daß sich in nicht zu ferner Zukunft neue Ressourcen und Lebensmöglichkeiten erschließen lassen, die auch noch der doppelten oder dreifachen heutigen Erdbevölkerung eine lebenswerte Existenz garantieren könnten. Kurzum: sie vertrauen darauf, daß aus den Konflikten der Menschen – oder richtiger: aus dem, was sich als deren Konflikte darstellt – immer wieder Anstöße zur Änderung der Realität, zu neuen kreativen Lösungen, Synthesen und Entwicklungen kommen.

Also auch hier unterschiedliche Perspektiven, die in einem Falle unvermeidbare, weil in der Realität begründete, im anderen (vielleicht) vermeidbare Konflikte aufzeigen. Wieder stoßen wir damit auf die Frage: wie weit sind unsere Konflikte perspektivenbedingt, wie weit »real«?

Um diese Frage voranzutreiben, müssen wir uns vergegenwärtigen: Wenn sich die Einstellung unseres Objektivs – und damit unsere Perspektive – ändert, ändert sich für uns auch die Realität. Und je häufiger die Einstellungs- und Perspektivenänderung erfolgt, um so eher beginnt diese Realität zu »schillern«. Es stellt sich dann überhaupt die Frage: »Wie wirklich ist diese Wirklichkeit?«, eine Frage, die schon zahllose Denker beschäftigt hat und die Paul Watzlawick 1976 in den Titel eines seiner Bücher übernommen hat.

Hier ist nun nicht der Ort, um dieser Frage im einzelnen nachzugehen. Ich möchte aber meinen, daß sich zumindest zwei Arten von Realität unterscheiden lassen: Es gibt einmal so etwas wie eine »harte« Realität, die bei Einstellungsänderungen des Objektivs zwar auch schillern kann, aber vergleichsweise subjektunabhängig dableibt, was immer wir auch tun. Dazu gehört etwa der Stein, an dem ich mich stoße und der mir wehtut, wenn ich ihm nicht aus dem Weg gehe, die Straßenbahn, die mich überfährt, wenn ich ihr nicht ausweiche, mein Körper, der abmagert, wenn ich ihn nicht ernähre, und der eines Tages stirbt, auch wenn ich mich dagegen sträube. Dem läßt sich eine vergleichsweise »weiche« Realität gegenüberstellen, die stärker als die harte Realität durch eigene wie fremde Wahrnehmungen, Deutungen, Gefühle und Phantasien gestiftet wird. Dazu gehört etwa die Meinung, die mein Ehepartner, Freund oder Vorgesetzter über mich hat, die Erwartungen, die meine Eltern – offen oder verdeckt – in mich setzen, die Loyalitäten, die mich an bestimmte Menschen (einzelne wie Gruppen) binden, die Wünsche, Phantasien und Verbote, die mich leiten, wenn ich sexuelle Begegnungen suche.

Bis heute fehlt uns jedoch ein guter Name für diese zweite Art von Realität. Wir könnten von psychologischer, sozialer, zwischenmenschlicher oder Interaktionsrealität, oder mit Hegel von der Realität des »objektiven Geistes« sprechen. Ich möchte den Terminus *»Beziehungsrealität«* vorschlagen und mich hier von Gregory Bateson leiten lassen, demzufolge das Gestalten und Verstehen von Beziehungen die zugleich zentralste und umfassendste menschliche Tätigkeit darstellt. Dabei müssen wir den Begriff »Beziehung« weit fassen. Er schließt sowohl meine Beziehung zu mir selbst – etwa zu meinem Innenleben, meinen Bedürfnissen, meinem Körper – wie zu anderen, ihrem Innenleben, ihren Erwartungen, ihren Körpern, wie zu den uns steuernden sozialen Institutionen ein. Die Beziehungsrealität im gemeinten Sinne läßt sich oft nicht klar von der erstgenannten »harten« Realität abgrenzen, die ja ebenfalls subjektiv vermittelt ist. Sie konstituiert wie die harte Realität das, was wir erleben, erleiden, hoffen, erwarten, was uns krank macht oder gesund sein, überleben oder zugrundegehen läßt, eben das, was für uns zur Welt wird.

Und doch ist solche Abgrenzung sinnvoll: die Beziehungsrealität gewinnt in dem Maße an Bedeutung, als Grundbedürfnisse nach Nahrung, Kleidung und Behausung gestillt sind. Sie ist vergleichsweise stärker im Fluß als die harte Realität, läßt sich durch Einstellungsänderungen unseres Objektivs leichter zum Schillern bringen und ist in besonderem Maße menschen- und kulturgeschaffen. Sie ist uns daher weniger ein Gegenstand der Prüfung und Anpassung, als der ständigen intersubjektiven Bestätigung, des gegenseitigen Aushandelns und Bewertens von Wahrnehmungen, Deutungen und der gemeinsamen Festlegung auf verbindliche Werte einschließlich Religionen und Ideologien, des Teilens eines gemeinsamen Aufmerksamkeitsfokus, kurzum, ist Sache des Dialogs, oder, wie ich es auch ausdrückte, einer positiven Gegenseitigkeit. Während daher für den Umgang mit der harten Realität Begriffe wie Realitätsprüfung und Realitätsanpassung, die dem Psychoanalytiker vertraut sind, taugen, erscheint für den Umgang mit der Beziehungsrealität eher der Begriff der »Consensual Validation«, der übereinstimmenden Bewertung, wie ihn der amerikanische Psychiater Harry Stark Sullivan 1940 formuliert hat, angebracht.

Im Hinblick auf das uns gestellte Problem – wie weit sind Konflikte einstellungsbedingt, wie weit »real«? – läßt sich nun wie folgt weiterfragen:

1. Zeigen sich uns Konflikte jeweils als Teil einer Beziehungsrealität, die menschengeschaffen ist und sich durch Menschen ändern läßt?

2. Ist solche Realitätsänderung und damit Konfliktbearbeitung durch Dialog möglich?

Lassen Sie mich nun, mit diesen Fragen vor Augen, kurz auf einige der Perspektiven eingehen, die unser heutiges Konfliktverständnis bestimmt haben und noch weiter bestimmen.

EIN AUSBLICK IN DIE INNERPSYCHISCHE KONFLIKTSZENERIE

Als erste nenne ich die von Freud eingeführte *psychoanalytische Perspektive*. Diese Perspektive ist individuell zentriert; sie eröffnet den Blick vor allem auf *innerpsychische* Konflikte des Einzelnen – jenen Bereich der Beziehungsrealität, der unsere Beziehung zu uns selbst betrifft. Diese Beziehung zu uns selbst, zu unseren Bedürfnissen, Trieben, vegetativen Unterströmen, verinnerlichten Geboten usw. – konnte in Freuds Sicht in zweifacher Weise durch Konflikte gestört sein: 1. wenn vitale Triebe, Bedürfnisse, etc. keine Möglichkeit bzw. kein Recht haben, sich zu äußern, weil sie gehemmt, verdrängt, unbewußt sind. In diesem Falle sind sie für einen Dialog mit uns selbst, und daher auch für einen Dialog mit anderen nicht verfügbar. Es bleibt diesen, in den Untergrund verwiesenen Teilen unserer selbst keine Wahl, als sich indirekt, gleichsam als außerparlamentarische Opposition Geltung zu verschaffen – etwa durch Symptombildungen, Fehlleistungen und andere als Ich-fremd bzw. als neurotisch gedeutete Produktionen.

Eine gestörte Beziehung zu uns selbst liegt Freud zufolge darüberhinaus immer dann vor, wenn Anteile unseres Selbst *gegeneinander* anstatt *miteinander* arbeiten – und dies zum Teil auch unabhängig davon, ob diese bewußt oder unbewußt sind. Hier erschloß sich für Freud ein komplexes inneres Konfliktszenarium, in dem sich Namen und Qualitäten der jeweiligen Gegenspieler im Laufe der Zeit wandelten. Ich-Triebe stritten sich etwa mit libidinösen Trieben, Thanatos (Todestrieb) mit Eros, das Lustprinzip mit dem Realitätsprinzip. Mit der Einführung der Strukturtheorie 1923 komplizierte sich diese Konfliktszenerie noch mehr. Ich, Es und

Über-Ich hießen von nun an die Kräfte, die in immer neuen Konstellationen – sei es als Gegenspieler, sei es als Verbündete – aufwarteten.

Freuds Abkehr von der Verführungstheorie

Dieser Primat eines inneren Konfliktszenariums und eines inneren Dialogs war für Freud nicht von Anfang an gegeben. Bis zum Jahre 1896 hielt Freud an der sogenannten Verführungstheorie der Neurosen fest, einer Theorie, die konkreten Familieneinflüssen in Form sexueller Verführungen und Überstimulierungen des Kindes durch die Eltern oder deren Vertreter einen zentralen Platz einräumte. Die Absage an die Verführungstheorie erfolgte unter der, Freuds eigenen Aussagen zufolge, schwersten Krise seiner wissenschaftlichen Laufbahn. Diese Krise spiegelt sich unter anderem in Freuds Briefen an Wilhelm Fliess, seinen damaligen »Mentor« wider.
Im Hinhören auf die unbewußten Produktionen, insbesondere die Träume seiner Patienten – so erfahren wir in jenen Briefen – wurde für Freud ein Schluß unabweisbar: nicht konkrete traumatisierende Verführungen, sondern vielmehr Phantasien bzw. verdrängte, abgewehrte Wünsche, kurzum innerpsychische, d. h. dem inneren Konfliktszenarium angehörende Kräfte lagen den neurotischen Symptomen seiner Patienten zugrunde. Diese Einsicht bestimmte in der Folge bis heute die Perspektive der auf Freud aufbauenden Psychoanalytikergenerationen: die Psychoanalyse etablierte sich als Tiefenpsychologie und das bedeutete hier wesentlich als Psychologie der *innerpsychischen* und großenteils unbewußten *Tiefe*.
Viele Hintergründe der schicksalhaften Krise Freuds blieben bis in die Gegenwart ungeklärt. Neuere Untersuchungen insbesondere der Bonner Soziologin Marianne Krüll (1978) legen aber nahe, daß Freuds Absage an die Verführungstheorie mit Erlebnissen in Zusammenhang stand, die er in seiner eigenen Ursprungsfamilie gemacht hat. Hier ist nicht der Ort, auf die Ergebnisse von Frau Krülls minuziöser Untersuchungsarbeit näher einzugehen. Nur soviel:

Freuds schließliches Einschwenken auf eine innerpsychische anstelle einer zwischenmenschlichen Perspektive könnte den Untersuchungen Frau Krülls zufolge die Funktion gehabt haben, eigenes und fremdes Interesse von stark scham- und schuldbesetzten Vorkommnissen in Freuds Ursprungsfamilie abzulenken. Stimmte diese Hypothese, würde Freuds Verhalten vor allem eine starke Loyalität dieser Familie, besonders aber dem Vater gegenüber beweisen.

Freuds Vater Jakob war, als er Freuds Mutter heiratete, sehr wahrscheinlich bereits zweimal verheiratet gewesen. (Allerdings blieb die Existenz seiner zweiten Frau Rebekka bis heute mysteriös. Es ist sogar fraglich, ob Freud von der geheimnisvollen zweiten Ehe seines Vaters etwas wußte.) Aber soviel scheint sicher: Zur Zeit, als der kleine Sigmund Freud im mährischen Freiberg aufwuchs, war sein Vater als reisender Textilhändler oft von zu Hause abwesend. Seine um viele Jahre jüngere dritte Frau Amalia, die Mutter Freuds, stand damals etwa im selben Alter wie zwei ebenfalls im Haushalt lebende Söhne aus der ersten Ehe ihres Mannes, Philipp und Emanuel. Die Freiberger Wohnverhältnisse der Familie Freud waren äußerst bescheiden: alles Leben spielte sich in einer kleinen Ein-Zimmer-Wohnung ab. Dieser Umstand läßt uns annehmen, daß der kleine Sigmund Zeuge vieler intimer Aspekte der Beziehung zwischen seinen Eltern und Geschwistern wurde. Eine ganze Reihe der von Frau Krüll analysierten Daten stützen aber auch die – zugegebenerweise gewagte – Hypothese, daß Amalie zu ihrem Stiefsohn und Sigmunds Halbbruder Philipp eine sexuelle Beziehung unterhielt.

Weiter: ein Bruder des Vaters, Freuds »Onkel Joseph«, mußte nach Übersiedelung der Familie nach Wien wegen Beteiligung an einem – in der Tagespresse ausführlich dokumentierten – Geldfälschungsskandal eine Gefängnisstrafe absitzen. Philipp und Emanuel, die damals in England lebten, scheinen in den Skandal verstrickt gewesen zu sein. Es läßt sich nicht ausschließen, daß Freuds Vater die aufwendigen Ausgaben für die Erziehung seiner Kinder – und vor allem auch für die Erziehung Sigmund Freuds – zum Teil aus den Erlösen der kriminellen Handlungen dieses Bruders bestritt.

Es gibt also Gründe, die Freud vielleicht haben veranlassen

können, seine Suche nach der Wahrheit auf einen Bereich zu konzentrieren und zu begrenzen, aus dem ihm selbst – in seiner Eigenanalyse aufzuarbeitendes – Belastungsmaterial erwuchs, während sein Vater und seine Familie »geschützt« blieben.
Wie dem auch sei, von 1896 an war die Psychoanalyse auf ein wesentlich intrapsychisches Konfliktszenarium eingestellt.

Die Ausdifferenzierung des innerpsychischen Konfliktszenariums

Der ehemals österreichische, später US-amerikanische Psychoanalytiker Heinz Hartmann differenzierte dann diese Konfliktszenerie weiter. Einerseits grenzte er konfliktfreie und konfliktbesetzte bzw. konflikterzeugte Funktionen und Bereiche voneinander ab. Andererseits unterschied er zwischen inter- und intrasystemischen Konflikten, so daß sich nun nicht nur Ich, Es und Über-Ich *untereinander,* sondern auch *in sich* zerstritten zeigten, also beispielsweise Untersysteme des Es als sich gegenseitig befehdende Instanzen auftraten.
Freud und Hartmann, so sehen wir daraus, siedelten die durch eine Psychoanalyse faß- und lösbaren Konflikte nur in einem Teilbereich der Beziehungsrealität an, eben dem innerpsychischen Bereich. Vor allem die kulturellen und gesellschaftlichen Institutionen, die ebenfalls menschengeschaffene Beziehungsrealität ausmachen, blieben davon ausgeschlossen, blieben eine vergleichsweise harte Realität, die keine Änderung, lediglich Anpassung zuließ. Daher Freuds These vom unausweichlichen Triebverzicht, den die Kultur uns abverlangt; daher sein Diktum, daß auch eine erfolgreiche Psychoanalyse neurotisches Leiden nur in gemeines Leid verwandeln könne, daher sein Pessimismus hinsichtlich der möglichen Befreiung des Menschen durch gesellschaftliche Revolutionen. Hartmann untermauerte solche Forderung nach Anpassung an Kultur und Gesellschaft, indem er entsprechende Konzepte anlieferte: er entwickelte den metapsychologischen Gesichtspunkt der Anpassung (the adaptive point of view) und den

Begriff der durchschnittlich zu erwartenden, d. h. Anpassung erheischenden Umgebung (the average expectable environment).

Dabei gab es für Freud und Hartmann sicher genug Zeichen für die Veränderlichkeit von Kultur und Gesellschaft. Denn die Gesellschaft, in der sie aufwuchsen, die Wiener Gesellschaft um die Jahrhundertwende, war von sozialen Erschütterungen, rapiden ökonomischen und industriellen Entwicklungen und kulturellem Wandel geprägt. Es gab darin zwar noch Fassaden einer scheinbar unwandelbaren Ordnung – etwa die Symbolfigur des greisen Kaisers Franz Josef, die Verwaltungshierarchie des österreichischen Staates, den von Freud selbst geteilten Lebensstil des gehobenen Bürgertums – aber diese Fassaden bröckelten, und umstürzlerische, ja revolutionäre Kräfte zeugten überall von brodelnden gesellschaftlichen Konflikten. Diese Konflikte blieben jedoch in einem Szenarium angesiedelt, auf das das Freudsche und Hartmannsche Objektiv nicht eingestellt war.

Der Dialog, dem die Psychoanalyse demgemäß diente, war der *innere Dialog*. Es ging ihr um eine bessere Beziehung des Analysanden zu sich selbst. Der Analytiker verstand sich dabei, streng genommen, nicht als Dialogpartner des Patienten, obschon und weil er als Zielscheibe für Übertragungen fungierte, sondern als *Dialog-Ermöglicher,* als jemand, der dem Patienten half, zu den abgewehrten, verdrängten und in sich zerstrittenen Teilen seiner selbst eine bessere – sprich tolerantere – Beziehung herzustellen. Das scheint auch für Freuds eigene psychoanalytische Praxis zuzutreffen. Dr. Dorsey (1976), ein Analysand Freuds aus den dreißiger Jahren, berichtet etwa, seine Analyse bei Freud sei ganz innerpsychisch und überhaupt nicht zwischenmenschlich orientiert gewesen.

Ein Ausblick auf ein gesellschaftliches Konfliktszenarium

Die nächste zu diskutierende Perspektive bringt uns nun gerade den Bereich der Beziehungswirklichkeit ins Blickfeld, den Freud und Hartmann ausgeblendet oder als harte unveränderliche Realität hingenommen hatten: den gesellschaftlichen bzw. kulturellen Bereich. Diese Perspektive deckt sich zum Teil mit der klassischen marxistischen Sicht. Sie erschließt ein Konfliktszenarium, das, obwohl anders strukturiert, ähnlich komplex wie das skizzierte innerpsychische Szenarium ist. Zentral sind darin Klassengegensätze, welche – vorwiegend ökonomisch verstandene – Ausbeutungsverhältnisse widerspiegeln und hervorbringen.

Es blieb Autoren wie Wilhelm Reich und Herbert Marcuse vorbehalten, die beiden Konfliktszenarien – das innerpsychische und das gesellschaftliche Szenarium – als Teile *einer* Beziehungswirklichkeit zu sehen, wobei jedoch die Gesellschaft den Primat bekam. Ihre Kurzformel hieß nun etwa: die auf vielerlei Ebenen – zum Beispiel in Schule, Betrieb oder bürgerlicher Ehe – zum Zuge kommenden, überwiegend ökonomisch begründeten Herrschafts- und Ausbeutungsverhältnisse sind repressiv und bedingen dadurch innerpsychischen Konflikt und Neurose. Deren Behandlung muß daher zu allererst bei der Gesellschaft ansetzen. Denn läßt sich die gesellschaftlich bedingte Repression aufheben, so verschwinden auch innerpsychischer Konflikt und Neurose, da sich Bedürfnisse nun frei entfalten und einregulieren können. Anstelle der Freudschen Formel vom nötigen, uns von der Kultur abverlangten, trat nun – bei Wilhelm Reich, Marcuse und anderen – die Formel vom unnötigen Triebverzicht, anstelle des Vokabulars der Anpassung *an die,* das der Befreiung *von der* Gesellschaft und Kultur.

Fragen wir nun nach der Rolle des Dialogs bei der Veränderung einer so gesehenen Beziehungswirklichkeit, dann geben uns weder die Theoretiker, noch die Geschichte eindeutige Antworten. Wir finden einerseits Beispiele einer friedlich dialogischen – sprich demokratischen – Veränderung der Gesellschaft. Dazu gehören die sich vielerorts mit Unternehmern an einen Tisch setzenden Gewerkschaftler, oder überhaupt unblutige (oder relativ unblutige), d. h. demokratische Revolutionen, wie wir sie etwa heute in Spanien beobachten; es finden sich aber nicht weniger Beispiele für undialogische, d. h. gewaltsam gesuchte gesellschaftliche Veränderungen – wie beispielsweise durch Jakobiner, durch Revolutionäre vom

Schlage eines Lenin oder Trotzki oder durch gewaltbereite Guerilleros unserer Tage. Bei letzteren zeichnet bereits die Sprache eine undialogische Veränderungssuche vor: Begriffe wie »autoritäre Unterdrückung«, »Ausbeutung«, »strukturelle Gewalt«, »Repression« programmieren und rechtfertigen zwangsläufig Komplementärbegriffe von Auflehnung, gewaltsamer Befreiung, antiautoritärer Revolution, Zerschlagung der repressiven Strukturen – Begriffe, die die Erstellung eines gemeinsamen Aufmerksamkeitsfokus und das Klären und Aushandeln gegenseitiger Positionen nicht mehr zulassen.

Ein Ausblick auf Familienkonflikte

Wenden wir nun schließlich die Perspektive an, die für viele von uns zentral ist – die der Familie. Mit dem Blick auf die Familie erschließt sich uns ein weiterer Bereich der Beziehungswirklichkeit, ein Bereich, der zwischen dem innerpsychischen und gesellschaftlichen Bereich angesiedelt ist, jedoch mit beiden in Wechselwirkung steht. Auch dieser Bereich offenbart ein charakteristisches Konfliktszenarium, dessen Untersuchung einer bestimmten Einstellung des Objektivs, d. h. einer bestimmten Sprache und bestimmter Konzepte bedarf. Lassen Sie mich jetzt auch dieses Szenarium kurz skizzieren und dann zu den erwähnten innerpsychischen und gesellschaftlichen Szenarien in Beziehung setzen.

Als ersten Begriff, durch den sich dieses Konfliktszenarium erschließt, nenne ich wieder die *bezogene Individuation*. Sie bezeichnet, wie wir sahen, eine bestimmte Art von Versöhnungsfähigkeit und -leistung, die uns allen ständig abverlangt wird. Sie ermöglicht vor allem die Differenzierung der Innenwelt in bewußte und unbewußte Sphären, in klar artikulierte Gefühle, Bedürfnisse, Erwartungen, innere und äußere Wahrnehmungen usw. und die Abgrenzung einer solchen differenzierten Innenwelt von der Außenwelt, insbesondere von den Ideen, Bedürfnissen, Erwartungen und Ansprüchen der anderen. Solche Differenzierung und Abgrenzung wird immer dann wichtig und zugleich auf die Probe gestellt, wenn emotionale Nähe und Empathie eine menschliche Beziehung kennzeichnen bzw. ihre Voraussetzung sind. Wir hörten bereits, welche wichtige Versöhnungsfunktion hierbei die Sprache zu erfüllen hat.

Die innerpsychischen Konflikte, die wir als eigentliche Domäne der Psychoanalyse kennengelernt haben, zeigen nun stets eine Störung der bezogenen Individuation, vielleicht genauer: einen gestörten Dialog mit uns selbst an. Aber während die psychoanalytische Perspektive solche Individuationsstörung relativ unabhängig von Familieneinflüssen erfaßt, stellt die von uns angelegte Familienperspektive einen unmittelbaren Zusammenhang dazu her. Dieser gestörte Selbstdialog verweist nun auf den gestörten Familiendialog, und umgekehrt. Es zeigen sich also stets zwei mögliche Richtungen (oder Achsen) der Störung: von mir zu anderen, und von anderen zu mir.

Im ersten Falle bedingt mein gestörter Selbstdialog – d. h. meine Entfremdung von meinen Bedürfnissen, Wünschen, Motivationen etc. – daß auch der Dialog mit meinen wichtigen Beziehungspersonen, also vor allem mit meinen Angehörigen, fehlläuft. Die Folge ist, daß ich mich und diese anderen in Mißverständnisse und Pseudokonflikte verstricke, etwa, wenn ich aus (der mir unbewußten) Angst vor meinen Abhängigkeits- und Fusionswünschen die anderen, die möglichen Befriediger dieser Wünsche, anstatt willkommen zu heißen, zurückweise und damit sie und mich selbst zu Opfern eines möglicherweise tragischen Verwirrungsspiels mache.

Das gilt z. B. für viele Menschen, die man gewöhnlich als »paranoid« etikettiert: weil diese ihre eigenen Wünsche nach Abhängigkeit und Nähe fehlwahrnehmen und ihnen entfremdet sind, erleben sie andere, die ihre Wünsche befriedigen können, als Feinde und Verfolger. Sie müssen diese bekämpfen und abwehren, und »Wärme« wird ihnen nur durch Reibung möglich. Aber bei solcher Wärmungssuche durch Reibung hat der Dialog keine Chance.

Andererseits – und das wäre die Störung aus der Gegenrichtung – kommen auch Familieneinflüsse ins Blickfeld, die ihrerseits den inneren Dialog stören und den Betroffenen tiefsten inneren Konflikten aussetzen können.

Diese Einflüsse habe ich unter anderem mit Hilfe des Konzeptes der Interaktionsmodi von Bindung und Ausstoßung zu erfassen versucht. Sowohl wenn ich gebunden (d. h. im Familienghetto gefangen gehalten), als auch wenn ich ausgestoßen (d. h. zu früh aus dem Familienverband entlassen) werde, wird der Dialog mit mir selbst und mit anderen erschwert, wenn nicht unmöglich gemacht. In beiden Fällen fehlt jenes Familienklima vertrauensvollen, intimen Lernens, Gebens und Nehmens, in dem sich der Dialog üben läßt und sich die dafür notwendigen Fähigkeiten – z. B. die anfangs genannten Fähigkeiten der Sprache, der subtilen zwischenmenschlichen Wahrnehmung und Kommunikation, der Ambivalenztoleranz – zu entwickeln vermögen.

Aber weiter: mit dem Blick auf Bindung oder Ausstoßung wird das Konfliktpanorama gleichsam mehrdimensional. Es zeigen sich *langfristig* angelegte Konflikte, Konflikte, die über längere Zeiträume latent bleiben, reifen und dann plötzlich hervorbrechen. Ein typisch Es-Gebundenes, d. h. regressiv verwöhntes Kind, bleibt beispielsweise lange lieb, gefügig, brav, infantilisiert. Es liefert dann keinerlei Hinweise für Konflikte zwischen ihm und seinen Eltern. Aber irgendwann während der Adoleszenz »explodieren« massivste Konflikte: das brave, seiner Mutter und seinem Vater aus den Händen fressende Lamm verwandelt sich nun in einen Tiger, der seine Eltern bis zu deren Herzinfarkt und bis zum Eingeständnis ihrer völligen Ohnmacht terrorisiert.

Ähnliche Explosionen von Terrorismus erleben wir aber auch bei bestimmten *ausgestoßenen* Jugendlichen, die von ihren Eltern wesentlich Ablehnung, Desinteresse und mangelnde Fürsorge erfahren haben, Jugendlichen, denen wir häufig Etiketten wie soziopathisch, asozial, kriminell, verwahrlost etc. zulegen. In deren Explosionen teilt sich uns oft eine ungeheure Wut und Enttäuschung mit, von der wir annehmen dürfen, daß sie primär ihren sie ausstoßenden Eltern gilt. Aber weil diese Eltern oft nicht zur Hand sind, explodiert nun der Konflikt am falschen Ort: die Wut wird verschoben und richtet sich gegen Elternsubstitute – etwa gegen Lehrer, Sozialarbeiter, Polizeibeamte, »Bullen« – die sich als Repräsentanten der Gesellschaft anbieten. Ein Beispiel liefern die sadistischen, ihre Umwelt terrorisierenden Rowdys des Filmes »Clockwork Orange«. Der Film zeigt uns beispielhaft ein Paar typisch ausstoßender Eltern, die die Ab- wie Anwesenheit ihres Sohnes kaum registrieren. Als dieser Sohn eines Tages nach Hause kommt, findet er sein Bett und Zimmer von einem Mieter besetzt, er selbst wird kaum wahrgenommen. Der Film zeigt dann eine Zerstörungsorgie: Der Sohn und seine Rowdy-Kumpane brechen in eine Villa ein, schlagen den Besitzer zum Krüppel und mißhandeln und vergewaltigen seine Frau. Auf dem Namensschild am Eingang der Villa lesen wir einfach »Home«. Anschließend zeigt der Film den »Helden« in Zusammenstößen mit Psychiatrie und Polizei.

Diese beiden Formen von Terrorismus – der Terrorismus des gebundenen Tigers und der des ausgestoßenen Rowdys – bringen uns somit – und damit verschiebt sich abermals unser Fokus – die Gesellschaft bzw. deren Repräsentanten (wie Sozialarbeiter, Psychiater, Polizeibeamte) ins Blickfeld. Im ersten Falle müssen diese Repräsentanten einspringen, um des Tigers Terror zu brechen, d. h. um Schutz- und Kontrollfunktionen zu übernehmen, die eigentlich seine Familie hätte übernehmen sollen, aber nicht zu übernehmen vermochte. Im anderen Falle müssen sie einspringen, um einen Terror zu *erleiden*, der für die Eltern des Terroristen und nicht für sie bestimmt war.

Mit solcher Verschiebung bzw. Rückverschiebung der Perspektive zeigen sich die oben angeführten sog. »repressiven« gesellschaftlichen Strukturen und Institutionen in einem neuen Licht. Anstatt als die Ursachen von innerpsychischer Einengung, von innerem Konflikt und Neurose erscheinen sie nun eher als Abfuhrinstanzen *für* bzw. als letzte Verteidigungsbastionen *gegen* Konflikte, die in der Familie angelegt, aber über die Familiengrenzen hinaus wirksam sind.

Ähnliche Folgerungen ergeben sich, legen wir die dritte, von mir im Vorhergehenden ausführlich dargestellte Perspektive an – die der Delegation. Diese Perspektive zeigt uns Kinder als Delegierte ihrer Eltern: die Kinder müssen Aufträge erfüllen, die für das Selbstwertgefühl, ja psychologische Überleben ihrer Eltern zentral sind.

Richten wir nun, mit diesem Delegationsmodell vor Augen,

den Blick erneut auf die Gesellschaft, dann zeigen sich weitere Zusammenhänge: wir sehen einmal, daß diese Gesellschaft mit ihren Zwängen und Forderungen viele der Aufträge vorprogrammiert, die Eltern ihren Kindern delegieren – beispielsweise den Auftrag, im Konkurrenzkampf der Leistungsgesellschaft zu siegen. (Daher kann man schon sechsjährige Grundschulerstklässler von den guten Noten reden hören, die sie brauchen, um einmal Medizin studieren zu können.) Wir sehen weiter, daß diese Gesellschaft zusammen mit den ihr immanenten Aufträgen auch viele Auftragskonflikte vorprogrammiert, die Eltern ihren Kindern vermitteln, – beispielsweise, wenn diese Gesellschaft sowohl aktive Höchstleistung als auch passiven Höchstkonsum fordert (oder zu fordern scheint).

Und dennoch erscheint auch hier das Bemühen vieler derer problematisch, die den Hebelarm zur Besserung des menschlichen Zustandes zu allererst oder ausschließlich bei der Gesellschaft ansetzen wollen.

Denn die Erfahrungen aus der Familientherapie zeigen, daß bei der (gewaltsamen wie gewaltlosen) Abschaffung und Aufweichung gesellschaftlicher Zwänge, Normen und Aufträge ein Kind nicht automatisch zwang-, norm- und auftragslos aufwächst, um sich dann frei für die Normen und Aufträge seiner Wahl entscheiden zu können. Im Gegenteil: es setzen sich, ein Minimum an Familien-Bindung vorausgesetzt, familiär angelegte Zwänge, Normen und Aufträge nun meist stärker als bisher durch. Man kann sogar sagen, daß der gesellschaftliche Strukturverfall einen *Strukturhunger* schafft, den zu allererst die Familie befriedigen muß. Damit aber gewinnen die innerhalb der Familie angelegten Strukturen – insbesondere aber die hier zum Zuge kommenden Delegationen und Vermächtnisse, und die darin begründeten Konflikte – eine immer größere Bedeutung.

Nehmen wir dazu als Beispiel eine junge Frau, der von ihrer Großmutter und Mutter das Vermächtnis aufgetragen wurde, sich für die Befreiung der Frau einzusetzen. Sie kann dieses Vermächtnis nur erfüllen, wenn sie sich beruflich emanzipiert, politisch aktiv wird, und dabei etwas Besonderes leistet. Gleichzeitig jedoch versucht sie das ebenfalls tief in der Familientradition verankerte Vermächtnis einzulösen, eine gebende, dienende Mutter vieler Kinder und eine aufopfernde Hausfrau zu sein. Sie gerät dadurch unausweichlich in einen Auftragskonflikt, der nicht nur sie allein, sondern auch ihre Kinder belastet. Denn voraussichtlich werden diese Kinder sowohl vernachlässigt als auch überfordert werden und möglicherweise ihrerseits den Auftrag erhalten, das von der Mutter nicht eingelöste Vermächtnis zu erfüllen. Ein solcher Auftragskonflikt kann sich aber oft erst dann in aller Schärfe entfalten und zuspitzen, wenn die Gesellschaft sich, wie dies heute geschieht, auflockert, sich pluralistisch fragmentiert und dadurch einer Frau wirkliche Alternativen zur traditionellen Hausfrauenkarriere bietet.

Aber nicht nur familiär angelegte Auftragskonflikte, auch eine familiär begründete Auftragslosigkeit kann in explosiven Konflikten ausmünden, die in erster Linie an der Gesellschaft ausgetragen werden.

Wir sehen somit – und damit komme ich zum Schluß – daß innerpsychische, gesellschaftliche und familiäre Konflikte interdependent, voneinander abhängig sind, daß sie jeweils Bereiche *einer* zusammenhängenden menschen- und kulturgeschaffenen Beziehungswirklichkeit darstellen. Um diese Wirklichkeit zu erfassen, müssen wir sie unter den verschiedensten Gesichtspunkten betrachten und beurteilen. Tun wir es nicht, dann laufen wir Gefahr, sie zu verzerren und immer wieder Pseudokonflikte zu konstruieren.

GEFAHREN UND CHANCEN FÜR DEN DIALOG HEUTE

Und dennoch – die Frage, ob wirklicher, ob Pseudokonflikt? – stellt sich stets neu. Denn indem wir die Perspektive ändern, etwa von einer Betrachtung des Systems zu der des einzelnen übergehen (der sich ebenfalls als ein – untergeordnetes – System bezeichnen läßt), erkennen wir, daß dieser einzelne Bedürfnisse hat, leidet, hofft, Rechte und Pflichten wahrnimmt, Verdienste abwägt und nach tragendem Sinn und Gerechtigkeit sucht. Daher die Bedeutung des Dialogs, in dem zwei oder mehrere einzelne ihre Bedürfnisse artikulieren, ihre Verwundbarkeiten offenbaren, ihre Leiden und Hoffnungen mitteilen, ihre Rechte und Pflichten aushandeln, ihre Konten zu begleichen, eine sie verbindende Beziehungswirklichkeit zu stiften suchen. Solch Dialog erschwert sich jedoch, je mehr sich die Perspektiven vermehren und die Beziehungswirklichkeit zum Schillern kommt. Es wird dann immer *mehr* anstatt *weniger* Versöhnungsleistung und -fähigkeit verlangt. Das kann heute jeder Student, der sich in Psychotherapie ausbilden möchte, bestätigen: auch auf dem psychotherapeutischen Sektor gibt es eine Explosion der Perspektiven – vergleichbar der Bevölkerungs- und Informationsexplosion – die inzwischen ca. 4000 psychotherapeutische Richtungen und Schulen hervorgebracht haben soll. Aber wo gibt es schon den Dialog zwischen Analytikern der verschiedensten Richtungen, zwischen Gruppen-, Sex-, Verhaltens-, Gestalt-, Urschrei-, Logo- und schließlich Familientherapeuten, der eine von allen akzeptierte Beziehungswirklichkeit und therapeutische Praxis stiften könnte? Und doch sehe ich keinen anderen Ausweg als den Dialog, als die positive Gegenseitigkeit immer wieder zu suchen.

Und damit bin ich wieder bei der Familienperspektive angelangt. Denn die Familie trägt sozusagen die Hauptlast und Hauptverantwortung für das Zustandekommen solchen Dialogs. Die entscheidenden Weichen für des Kindes bezogene Individuation, für seine Bindung oder Ausstoßung, seine Delegation und seine Verankerung in einer Tradition, die über mehrere Generationen wirksam ist, stellen sich nun einmal in der Familie.

Für dieses Kind, müssen wir uns erinnern, ist zunächst *alles* Realität – auch das, was wir aus der Erwachsenenperspektive »bloß« Phantasien, Wünsche, Gefühle nennen würden. Unterscheidungen wie die zwischen Realität und Phantasie, innen und außen, mein und dein, gut und böse usw. formen sich auf der Basis einer engen, vertrauensvollen wie vertrauensbereiten Beziehung zu seinen Eltern und anderen nahen Angehörigen. Aber nicht weniger formen sich ihm in solcher Beziehung Grundvorstellungen über eine stabile, gerechte Ordnung der menschlichen Welt, über Verpflichtung und Zwang zur Rechenschaft, über einen tragenden Lebenssinn, der sich einmal auch den noch ungeborenen eigenen Kindern vermitteln läßt.

Und gerade hier erwartet heutige Eltern eine immer schwierigere Versöhnungsaufgabe. Sie müssen Orientierung innerhalb einer Beziehungswirklichkeit ermöglichen, die immer mehr ins Schillern kommt; sie müssen Halt, Stabilität und übergreifenden Sinn vermitteln, obwohl in unserer in Bewegung geratenen, immer komplizierter, immer weniger voraussehbaren Welt solch Halt und Sinn sich mehr und mehr zu verflüchtigen scheinen; sie müssen auf die altersgemäßen Bedürfnisse ihres Kindes eingestimmt sein und doch berechtigte eigene Bedürfnisse artikulieren und vertreten können; sie müssen für die Fragen ihres Kindes offen sein, und doch die Kraft eigener Überzeugungen, die Gewißheit eigner Werte und einer eigenen Weltsicht besitzen.

Kurzum, sie müssen unter immer schwierigeren Bedingungen die Basis des uns ständig abverlangten Dialogs zu legen helfen, eines Dialogs, der mit uns selbst, der Gesellschaft und der Familie zu führen ist, vor allem die Basis an Vertrauensbereitschaft, an Bereitschaft und Fähigkeit zur Fairness, zum Offenbaren eigener Verwundbarkeit und zum Teilen einer gemeinsamen Aufmerksamkeit, ohne die *jeder* Dialog, wo immer er auch versucht wird, scheitern muß.

10. Kapitel

Familienterrorismus und öffentlicher Terrorismus

Unbeantwortete Fragen

Trotz einer wachsenden Literatur zum Thema Terrorismus bleiben bis heute viele Fragen, die uns der Terrorismus aufgibt, ungenügend beantwortet. Zum Beispiel: was motiviert Terroristen? Welche psychologischen Einflüsse prägten sie? Lassen sich bei ihnen unterschiedliche psychologische Strukturen und Prozesse erkennen? Warum rekrutieren sie sich besonders aus Kindern der begünstigten Mittel- und höheren Mittelschicht? Welches sind die Wendepunkte in der Karriere vom Sympathisanten und Helfer zum Terroristen? Und was liegt der Eskalation terroristischer Destruktivität zugrunde, einer Destruktivität, die sich zunächst gegen andere, zuletzt aber gegen die Terroristen selbst richtet?
Herkömmliche Versuche, hierauf Antworten zu finden, litten vor allem daran, daß wichtige Daten über die Terroristen – besonders über ihre Entwicklung und Familiensituation – fehlten. Auch der folgende Versuch leidet an solchem Mangel. Denn ich bin hier, wie fast alle anderen Autoren auch, auf Veröffentlichungen und Informationen aus zweiter Hand angewiesen. Was aber so vermittelt wird, reicht in der Regel nicht aus, um über das Aufschluß zu geben, was aus familientherapeutischer und psychoanalytischer Sicht in erster Linie interessiert – das in der Familie herrschende emotionale Klima, die oft unausgesprochenen Erwartungen, Ambivalenzen, Bedürfnisse und Loyalitäten, die Mythen und (geteilten oder nicht-geteilten) Werte, die Wirkung von Verlusten und ungeleisteter Trauer.
Daher möchte ich im folgenden von dem ausgehen, was ich als Familientherapeut und Psychoanalytiker in meiner klinischen Praxis über »Familienterrorismus« lernte. Darunter verstehe ich ein in Familien beobachtbares erpresserisches Verhalten eines oder mehrerer Mitglieder, das andere Mitglieder aufs

äußerste bedroht, schreckt, lähmt und in hilflose Wut versetzt. Solch Verhalten kann verschiedenste Formen annehmen und psychiatrisch unterschiedlich etikettiert werden – zum Beispiel als manische Zerstörungswut, schizophrene Störung, Anorexia nervosa (Pubertätsmagersucht), Alkoholismus oder Leistungsabfall in Schule oder Betrieb. Gemeinsam ist allen Formen, daß andere Familienmitglieder sich dadurch erpreßt, ohnmächtig gemacht, an den Rand der Erschöpfung und Verzweiflung getrieben fühlen. Kann, so fragen wir uns daher, solcher Familienterrorismus den Blick für wiederkehrende Strukturen und Beziehungsmuster öffnen, die viele, wenn nicht alle, Spielarten des Terrorismus kennzeichnen?

»KURZGESCHLOSSENE« ERKLÄRUNGSVERSUCHE

Bisherige Versuche, Antworten auf diese sowie die anfangs gestellten Fragen zu finden, litten jedoch nicht nur an Datenmangel. Sie litten auch an einem Mangel an Gesichtspunkten, die weiterführende Fragen und damit vertiefte Einsichten hätten ermöglichen können. Denn bisherige Ansätze zum Verständnis der Terroristen zielten wesentlich darauf ab, bei diesen defekte oder pathologische Züge und Motive auszumachen. So sprach der Psychologe, der das Kommando-Unternehmen von Mogadischu begleitete (mit Vorsicht) von einer psychologischen Deformation, andere Autoren von einem Ich-, Überich- oder Charakterdefekt, der sich etwa in Fanatismus, »Haß-Wahnsinn«, paranoidem Freund-Feind-Denken, Fehlen von Schuldgefühlen und einem pathologischen Verlangen nach Beachtung bekunde. Politiker, Historiker und Theologen siedelten dagegen solche Defekte eher in einem ethischen Rahmen an. Wir hörten von fehlgeleiteten Idealisten (so Pfarrer Ensslin, der Vater der durch Selbstmord ums Leben gekommenen Gudrun Ensslin), von verirrten jungen Menschen (Bundespräsident Scheel) oder, am häufigsten, von Gangstern, Verbrechern, Mördern. Golo Mann sah bei diesen den geschichtlichen Durchbruch verbrecherischer Irrationalität, des Bösen schlechthin.
Erklärungsversuche aber, die derart bestimmte Eigenschaften

oder Motive herausstellen, ergeben wenig Anknüpfungspunkte zum Familiengeschehen und selbst zur persönlichen Entwicklung. Denn sie bleiben in einer Weise individuumzentriert bzw. »kurzgeschlossen«, die uns wenig begriffliche Handhabe liefert, um wesentliche Beziehungs- bzw. Systemkräfte zu erfassen. Gerade um derartige Kräfte aber geht es uns im folgenden.

Die verschiedenen betroffenen Systeme

Diese Kräfte kommen in unterschiedlichen, jedoch interdependenten Systemen zum Zuge. Drei solcher Systeme behandelte ich in dem vorausgehenden Kapitel »Der mißlungene Dialog und seine Folgen«, auf der diese Studie aufbaut. Diese Systeme waren das Individuum, die Familie und die Gesellschaft. Im folgenden steht für mich die Familie und, damit zusammenhängend, der Familienterrorismus im Vordergrund. Aber unser Thema verlangt auch, die anderen Systeme – den Einzelnen und die Gesellschaft – zu berücksichtigen. Darüber hinaus verlangt es die Betrachtung noch mindestens eines vierten Systems – der Gruppe der (mehr oder weniger) gleichaltrigen »Peers«, besonders aber der Gruppe der Mitterroristen und der mit diesen solidarisierten Helfer.
Behalten wir diese Systeme und ihre Verschränkung im Auge, so zeigt sich der potentielle oder tatsächliche Terrorist einmal als Träger bzw. Element des jeweils im Blickpunkt liegenden Systems. Er zeigt sich aber auch als Glied in einem Geschehen, das die einzelnen Systeme transzendiert. Wir können ihn uns als Akteur in einem langfristig angelegten Drama vorstellen, das auf mehreren Bühnen (hintereinander und zum Teil gleichzeitig) spielt – der individuellen oder innerpsychischen Bühne, der Familienbühne, der Peergroup-Bühne, der Gesellschafts- oder politischen Bühne. Je nach der Bühne, auf die wir unser Augenmerk richten, stehen andere Phänomene und andere Konstellationen im Vordergrund. Es bleibt aber die Aufgabe, deren Zusammenhang miteinander zu erkennen und zugleich zu bewerten, welches jeweils Haupt- und welches Nebenbühnen sind.

Gerade Konzepte und Erfahrungen, die aus der Familientheorie und -therapie erwuchsen, können bei dieser Aufgabe helfen. Wie jede andere ist auch diese Theorie einem Teleskop vergleichbar, das bestimmte Aspekte der Realität scharf ins Blickfeld bringt, andere unscharf am Rande verschwimmen läßt, und noch andere ausblendet. Auch diese Theorie läßt daher viele Fragen, die uns der Terrorismus – besonders im politischen, ökonomischen, sozialen Bereich – stellt, unbeantwortet. Ich glaube aber, daß sie noch am ehesten der komplexen Interdependenz der genannten Systeme gerecht zu werden vermag.

Terrorismus als Spielart negativer Gegenseitigkeit

Einen ersten allgemeinen Bezugsrahmen, um den Terrorismus auf allen Systemebenen zu verstehen, liefert das von mir 1971 entwickelte Konzept der *negativen Gegenseitigkeit*. Negative Gegenseitigkeit bezeichnet ein dynamisches Geschehen bzw. eine Beziehungsdialektik, worin »das Tun des einen stets auch das Tun des anderen ist«. Diese negative Gegenseitigkeit stellte ich der positiven Gegenseitigkeit gegenüber. Positive Gegenseitigkeit hat einen dialogisch expandierenden Charakter: die Partner bestätigen und anerkennen einander auf immer komplexeren und existentiell bedeutsameren Ebenen. Das erlaubt ihnen eine wirkliche Konfrontation und schließliche Versöhnung. Im Falle einer negativen Gegenseitigkeit ist die dialogische Bewegung dagegen gestört und eingeengt; anstatt sich wechselseitig anzuerkennen, werten die Partner einander ab und die Möglichkeiten für eine wirkliche Konfrontation und Versöhnung fehlen oder schränken sich stark ein. Terrorismus zeigt sich hier als Ausdruck und Folge einer extremen Form negativer Gegenseitigkeit. Es bietet sich daher an, deren Merkmale gleichsam mikroskopisch zu untersuchen. Die folgende »mikroskopische« Untersuchung solcher negativen Gegenseitigkeit orientiert sich wieder an den vier Hauptgesichtspunkten, die wir im vorhergehenden als die Elemente des »Heidelberger Konzeptes« kennengelernt haben: an der bezogenen Individuation, an den Interaktionsweisen von Bindung und Ausstoßung, an der Delegation und an der Mehrgenerationsperspektive von Vermächtnis und Verdienst. Diese Gesichtspunkte öffnen auch, wie ich nun zu zeigen versuche, den Blick für die Dynamik sowohl des Familienterrorismus, als auch überhaupt von Prozessen, die sich uns mit dem Begriff Terrorismus verbinden.

Terrorismus als Störung der bezogenen Individuation: Aspekte der Ent-Differenzierung

Unter dem Gesichtspunkt der bezogenen Individuation läßt sich Terrorismus als ein Verhalten definieren, das Nähe erzwingt, aber Empathie zerstört: denn es erregt, »geht unter die Haut«, mobilisiert stärkste Ängste und andere negative Gefühle. Aber diese Gefühle geraten wie auch die Gedanken in einen Strudel der Entdifferenzierung. Und die Artikulation und flexible Abgrenzung der eigenen von fremden Positionen mißlingt mehr und mehr.
Solche Entdifferenzierung läßt sich beispielhaft in vielen Familien beobachten, in denen ein Mitglied als schizophren diagnostiziert wird. Um derartige Familien zu charakterisieren, haben sich, wie wir bereits im Kapitel 3 S.66 sahen, Begriffe wie kollektives kognitives Chaos (Wynne, 1965), undifferenzierte Familien-Ichmasse (Bowen, 1959) und intersubjektive Fusion (I. Boszormenyi-Nagy, 1965) eingebürgert. Oft meint man hier ein Klima des Terrors zu spüren, obschon es dem Außenstehenden zunächst schwerfallen mag, eines oder mehrere Mitglieder als »Familienterroristen« auszusondern. Ein solches Klima zeigt sich etwa darin, daß die Familienmitglieder ihre Gefühle »zerquatschen«, ihre Aussagen und Positionen unklar und verschwommen lassen, jede Sinnfindung, Artikulation von Positionen und Gegenpositionen, und damit jede Konfrontation unmöglich machen. Nach einer Weile meint der Beobachter zu spüren, wie solche verschleiernden und mystifizierenden Kommunikationsformen eine lähmende Angst – d. h. eine Angst vor dem Terror – sowohl widerspie-

geln wie abzuwehren suchen. Eine derartige, dem Familienterrorismus entspringende Angst bleibt jedoch gleichsam eingefriedet, d. h. auf die Familie begrenzt.
Anders beim öffentlichen Terrorismus. Hier durchbricht die Angst die Familieneinfriedung und breitet sich aus. Und je stärker die terrorisierenden Kräfte, um so mehr Menschen werden in ihren Strudel gerissen – als Protagonisten, Betroffene, wirkliche oder vermeintliche Gefährdete oder als Zuschauer bei einem Drama, das Parteinahme gebietet – und um so mehr Menschen werden damit dem Sog der Entdifferenzierung ausgesetzt.
Typisch für solche Entdifferenzierung sind dann etwa im Meskalero-Stil gehaltene Nachrufe zum Buback-Mord, in denen widersprüchlichste Emotionen und Gedanken – wie »klammheimliche Freude« am Mord, Beschwörung von »Killervisagen«, und gegenläufige verklausulierte Ermahnungen zur Mäßigung – wild durcheinandergehen, aber auch die Gegenreaktionen »rechter« Politiker, die kaum weniger undifferenziert von der »Austrocknung des terroristischen Sumpfes«, dem »linken Sympathisanten-Dunstkreis« und ähnlichem sprechen.
Je stärker aber dieser Strudel und je weiter er seine Kreise zieht, um so mehr verschwimmen auch hier wie beim Familienterrorismus die Grenzen zwischen »bloßen« Gefühlen, Gedanken und Worten einerseits und Handlungen, etwa verdeckten oder offenen Hilfeleistungen für Terroristen, andererseits; um so mehr erscheinen dann auch Auffassungen gerechtfertigt, wonach Gesinnungen bereits strafwürdige Taten seien. Daher auch die – scheinbare oder wirkliche – Berechtigung von Vorwürfen, bestimmte linke Theoretiker unterstützten den Terrorismus. Denn was immer von diesen als Äußerung ihrer Sympathie, (oder vielleicht besser: Empathie) als Idee oder Spekulation gemeint, als Beitrag zur kritischen Aufklärung intendiert sein mochte, wird nun in einem Klima der Angst, der emotionalen Spannung und Entdifferenzierung von Freund und Feind als Zuspruch, Rechtfertigung, Hilfeleistung, kurzum als Tat gewertet. Es bleibt kein Raum mehr für bloße Meinungen, für Qualifizierungen, für »Probedenken«, nur noch für Vorwürfe und Gegenvorwürfe (die sich als letzte

heroische Abgrenzungsversuche angesichts der drohenden Entdifferenzierung verstehen lassen).
In der Eskalation solcher Vorwürfe treibt sich dann die allgemeine Ent-Differenzierung, sprich negative Gegenseitigkeit, voran.
In diesem Prozeß der emotional-kognitiven Ent-Differenzierung und des Verfalls bezogener Gegenseitigkeit lassen sich weitere Aspekte unterscheiden, die untereinander eng zusammenhängen. Sie sind ebenfalls sowohl beim Familien- wie auch beim öffentlichen Terrorismus zu beobachten.
Dazu gehört einmal das Überwertigwerden und die »Ent-Grenzung« bestimmter Phantasien, die sich nicht mehr kognitiv bändigen, d. h. als »bloße« Phantasien erleben und kritisch reflektieren lassen – vor allem Phantasien aus dem Erlebnisbereich des kleinen Kindes. Solche Phantasien spiegeln den Terror, d. h. den Schrecken, die Hilflosigkeit und ohnmächtige Wut des kleinen, von seinen übermächtigen Eltern auf Gedeih und Verderb abhängigen Kindes wider und versuchen zugleich, die ihm drohenden Gefahren abzuwehren. Dazu rechnen Phantasien vom Schrecken der Hölle, von Verschlungen-, Gequält- und Ausgesetztwerden, wie sie uns in verschiedenen Märchen begegnen, möglicherweise auch Phantasien, die sich auf das Geburtserlebnis beziehen (siehe S. Grof 1977, Lloyd de Mause, 1977). Später können solche Phantasien eine ideologische Tünche bekommen, ohne ihre elementare, terrorisierende Macht einzubüßen.
Geläufige Phantasien über den »Kapitalismus« gehören zu dieser Gruppe. Ihnen entsprechen Phantasien über den »Kommunismus«, die ebenfalls eine eskalierende negative Gegenseitigkeit und einen gestörten Dialog zum Ausdruck bringen: während für den Kommunisten der »Kapitalist« zur verschlingenden Elternfigur wird, zum raffenden, übermächtigen, ausbeutenden Moloch, agiert für den Kapitalisten der Kommunist nun die Phantasie des kleinen, trotzigen, wild um sich schlagenden, alles beschmierenden und besudelnden, in einem Dauerwutanfall verharrenden »terroristischen« Babys aus.
Solch Verfallensein an frühkindliche Phantasien geht oft mit einer für frühe Entwicklungsstadien typischen Egozentrizität

und vermeintlichen Omnipotenz einher (Piaget, 1926, Lidz, 1973).
Weiter setzen sich primitive Abwehrmechanismen durch, wie sie von Psychoanalytikern wie Melanie Klein (1946) und Otto Kernberg (1975) beschrieben wurden – zum Beispiel primitive Spaltung, primitive Verneinung, primitive Idealisierung und projektive Identifikation. Schließlich kommt es auch auf der Triebebene zu regressiven, entdifferenzierenden Prozessen: sadistische und sexuelle Elemente vermischen sich und verstärken sich gegenseitig, der »Orgasmus der Gewalt« (the orgasm of violence) überlagert sich dem sexuellen Orgasmus.

STÖRUNG DER DIALOGISCHEN SELBSTWERTREGULATION

Ferner erfaßt der Strudel solcher Entdifferenzierung auch die Fähigkeit zur flexiblen, realitätsorientierten Selbstwertregulation. Auch diese Fähigkeit ist großenteils Voraussetzung wie Folge eines geglückten Dialogs. In solchem Dialog reagiert der eigene Selbstwert sowohl auf Bestätigungen (Erfolgserlebnisse, Anerkennungen, Wertbezeugungen) wie auf Infragestellungen und Kritik – jedoch stets »in Maßen«. Liegt eine Störung der bezogenen Individuation vor, reagiert er »maßlos« oder gar nicht. Dabei verschanzt sich ein in seinem Selbstwert bereits früh und tief verunsichertes Individuum häufig in einem kompensatorisch aufgeblasenen kindlichen »Größenselbst« und nimmt andere nicht als – es realistisch bestätigende oder realistisch infrage stellende – Dialogpartner, sondern als idealisierte Spiegelungen der eigenen Grandiosität wahr (Kohut, 1971).
Solche kompensatorische Eigen- und Fremdidealisierung aber enthält bereits den Keim zu tiefsten und anhaltenden Enttäuschungen und Kränkungen, die später zu terroristischer Kränkungs- und Entwertungsrache Anlaß zu geben vermögen. Dadurch treibt sich auch hier die negative Gegenseitigkeit voran. (Weitere Quellen solcher Enttäuschung und Rache werden uns bei der Besprechung der Delegationsdynamik beschäftigen.)

Schließlich trägt der Verfall bezogener Individuation zu einem Kontext bei, der in den Worten Gregory Batesons eine lineare Kompetition, oder einfacher: einen Machtkampf zwischen polarisierten Protagonisten vorzeichnet. Solch ein Kontext reduziert Bateson (1973) zufolge »unweigerlich das komplexe, menschliche Beziehungen üblicherweise kennzeichnende Wertspektrum auf sehr einfache, ja lineare und monotone Elemente«. Nur wer verliert oder gewinnt, zählt noch; alles andere tritt in den Hintergrund. Solch einen Machtkampf bezeichnete Bateson auch als »symmetrische Eskalation«. Sie zeigt sich beispielhaft beim Wettrüsten: der sich im Rückstand wähnende Kontrahent versucht stets von neuem, den anderen zu überholen, was diesen wiederum zu gesteigerten Rüstungsanstrengungen veranlaßt – und so ad infinitum. Je mehr aber solch Machtkampf eskaliert, um so wahrscheinlicher wird darin der Terror zur Waffe. Somit treibt sich auch hier die negative Gegenseitigkeit voran: es bleibt immer weniger Spielraum für den Dialog, d. h. für Verhandeln, für das gefahrlose Zeigen von Verwundbarkeiten, für den Ausgleich und für die Erarbeitung kreativer Lösungen. (Ein Verhandeln etwa im Falle von Geiselnahmen bleibt beim Fehlen jeder Vertrauensbasis ebenfalls eine Form des Machtkampfes.) In diesem Machtkampf läßt sich immer schwerer bestimmen, wer wen kontrolliert, wer der Beherrschende, wer der Unterworfene ist: etwa der übermächtige, und doch ohnmächtige Staat bzw. dessen Vertreter, oder der »machtlose« Terrorist, dem aber unsere verwundbare interdependente Industriegesellschaft kaum geahnte Angriffsmöglichkeiten bietet.

So treibt die Eskalation des Terrorismus – in der Familie wie in der Gesellschaft – möglicherweise auf eine »revolutionäre Konvulsion« zu. Aber gerade in dieser Konvulsion manifestiert sich ein Wesensmerkmal der negativen Gegenseitigkeit – die Stagnation, der Stillstand der dialogischen Bewegung bei maximaler äußerer Bewegtheit. Daher konnte Murray Bowen mit Recht sagen: die gewaltsame – d. h. unter Terror sich vollziehende – Revolution ist die Konvulsion polarisierter Parteien, welche den wirklichen Wandel verhindert.

Störungen im Bereich der Interaktionsmodi von Bindung und Ausstossung

Diese Interaktionsweisen eröffnen uns, wie wir sahen, den Blick für eine weitere Dimension negativer Gegenseitigkeit. Sie betrifft vor allem das Familiensystem und den Trennungsprozeß zwischen den Generationen. Gerade dieser Trennungsprozeß bedarf des Dialogs – des ständigen Klärens und Aushandelns der sich wandelnden Beziehungen, Ansichten, Bedürfnisse, Erwartungen und Verpflichtungen der Partner. Hier führen die verschiedenen Formen der Bindung wie auch die Ausstoßung zu Deprivationen (Entbehrungssyndromen), ungleichen Entwicklungen und Störungen gegenwärtiger und zukünftiger Beziehungen. Im folgenden konzentriere ich mich auf Schäden und Störungen, die Licht auf die Entwicklung terroristischen Verhaltens – innerhalb wie auch außerhalb der Familie – zu werfen vermögen.

Störungen im Bereich der Bindung

1. Gefängniserlebnis

Zu solchen Störungen gehört erstens das Erlebnis von unentrinnbarer Gefangenschaft, von Ausgeliefertsein, von Ersticktwerden innerhalb einer engen (Familien-)Bindung. Paradoxerweise geht, wie mir gebundene Patienten wiederholt berichteten, solche Erfahrung des Gebundenseins oft mit dem Gefühl einer völligen Isolation einher: gerade bei den sie bindenden Personen (in der Regel den Eltern) finden sie kein Echo, keine Antwort und kein wirkliches Verständnis (was psychologisch verständlich ist, da der Bindende den Gebundenen ja in der Regel nicht als eine Person in eigenem Recht, d. h. als Dialogpartner, sondern als Extension seiner selbst bzw. als Behälter seiner (narzißtischen) Projektionen zu erleben pflegt.)

Dies Gefängniserlebnis kommt zustande, obschon und weil die bindenden Ketten (nur) psychologisch sind. Ich sehe darin ein mögliches Schlüsselerlebnis bzw. den Prototyp der »Isolationsfolter«, deren Schrecken und Unmenschlichkeit Terroristen und ihre Verteidiger immer wieder beschworen, obgleich – stellt man die jeder Haftsituation innewohnenden Entbehrungen in Rechnung – von ungewöhnlicher Isolation oder von Folter bei ihnen bisher kaum die Rede sein konnte.

2. Bei Bindung intensiviert sich der Machtkampf

Weiter: Bindung läßt den oben beschriebenen Machtkampf eskalieren, da sie die Kontrahenten psychologisch aneinanderkettet und damit jeder »Verdünnung«, jedem Abflauen der Beziehung, jedem gegenseitigen Ausweichen und Distanznehmen entgegenwirkt.

Damit aber trägt Bindung zu jenem bereits genannten Kontext bei, in dem sich der Verfall der bezogenen Individuation und der Rückzug der Beteiligten auf starre polarisierte Positionen sowohl widerspiegelt wie verstärkt. Dabei begünstigt Bindung den Dauertrotz oder Dauerwutanfall (bzw. etwas, das uns wie Dauertrotz oder Dauerwutanfall anmutet). Solcher Trotz nährt sich von und erzeugt Gegentrotz, was den Machtkampf wiederum intensiviert. Und auch unter dieser Perspektive läßt sich schwer unterscheiden, wer Trotzender und Gegentrotzender, wer Kontrollierender und Kontrollierter und auch, wer Bindender und Gebundener ist. In der familientherapeutischen Klinik begegnet uns solcher Machtkampf beispielhaft bei Familien, in denen ein Mitglied eine Anorexia nervosa, d. h. eine Pubertätsmagersucht aufweist. Es sind dies Familien, in denen sich auch wesentliche Elemente eines Familienterrorismus beispielhaft darstellen. Und es sind in meiner Erfahrung ausnahmslos Familien, in denen der Bindungsmodus stark vorherrscht. Besonders die Mailänder Analytikerin Mara Palazzoli Selvini (1975) beschrieb die darin zum Zuge kommende Dynamik.

In diesen, in einen Machtkampf verstrickten Familien setzt schließlich ein Mitglied – das an einer Anorexie leidende Mädchen – eine Waffe ein, die den Machtkampf noch einmal radikal eskaliert: den bis zum drohenden Selbstmord durchgehaltenen Hungerstreik. Mittels dieser Waffe verschafft es sich entscheidende Vorteile: es flößt seinen bindenden Eltern tiefste Schuldgefühle ein und blockiert zugleich deren offene Feindseligkeit, läßt sie gleichsam auf ihrer Schuld, Sorge und ohnmächtigen Wut sitzen. Denn es läßt erkennen – und findet dabei die Unterstützung sowohl medizinischer Autoritäten wie einer verbreiteten öffentlichen Meinung – daß seine Kampfstrategie des Hungers im Grunde entweder eine Krankheit oder Ausdruck seiner Ohnmacht und Verzweiflung sei, auf jeden Fall etwas, für das es nichts kann und angesichts dessen Verständnis und Mitleid, nicht aber Aggression und Wut angemessen sind. Solch ein sich zuspitzender Familienterrorismus findet seine Parallele in jener Eskalation des öffentlichen Terrorismus, bei der ebenfalls Hungerstreik und Drohung mit bzw. Erpressung durch den Selbstmord zu zentralen Elementen werden.

3. Materielle Verwöhnung und seelische Deprivation

Drittens führt anhaltende Bindung während formativer Entwicklungsphasen beim gebundenen Kinde zu einer passiv-anspruchsvollen Einstellung. Denn ein solches Kind erhält wenig oder keine Anstöße, eigene Ressourcen oder eigene Initiativen zu entwickeln und sich dadurch selbst und seine Lage zu verändern. Der jugendliche Gebundene wird typischerweise vom Konkurrenzkampf mit Gleichaltrigen abgehalten, sein Wille zur Selbstbehauptung, zum Kompetentwerden durch eigene Anstrengung unterhöhlt. Denn was er braucht (oder vielmehr zu brauchen meint) – wie etwa regressive Verwöhnung und die Gewißheit, etwas Besonderes zu sein, nie etwas falsch machen zu können – liefern ihm überreichlich die ihn jetzt und immerdar bindenden Eltern oder Elternsubstitute (Stierlin, 1975).
Solche Konditionierung zur Passivität schließt oft Deprivationen ein, die sich besonders bei Es-gebundenen, d. h. regressiv verwöhnten Kindern beobachten lassen. Die Deprivationen bleiben jedoch verdeckt, denn für den Außenstehenden leiden solche Kinder keinen Mangel. Im Gegenteil, sie erscheinen beschenkt, begünstigt, haben alles, was sie sich wünschen können. Und doch bedeutet solche Verwöhnung massivste Versagung und Ausbeutung: die Kinder werden nicht gefor-

dert, bekommen keine Chance, aus ihren inneren Kämpfen, ihrem Leiden, ihren schwer errungenen Erfolgen Befriedigung zu ziehen – und müssen dabei immer wieder hören, es gehe ihnen gut, sie seien vor anderen Kindern bevorzugt und haben keinen Grund zur Klage. Solche Kinder bringen, meine ich – bei Hinzutreten anderer intervenierender Variablen –, wesentliche Voraussetzungen zum späteren Familienterroristen mit sich. Aber auch öffentliche Terroristen, müssen wir uns hier erinnern, rekrutieren sich überwiegend aus Kindern der materiell begünstigten Schichten, und die ersten signalsetzenden Gewalttaten solch öffentlicher Terroristen bestanden im Niederbrennen von Warenhäusern Anfang der 70er Jahre. Sie richteten sich gegen den Konsumterror der Gesellschaft. Herbert Marcuse zufolge konnte solch Konsumterror auch zu einem »Leidensneid«, d. h. dem Gefühl Anlaß geben, von einem existentiell wesentlichen und damit auch leidvollen Leben ausgeschlossen zu sein, d. h. einem Gefühl, wie es uns aus der Familientherapie bei vielen materiell verwöhnten, aber seelisch deprivierten und hinsichtlich ihrer Deprivation mystifizierten Kindern vertraut ist.

Bedingungen für eine »Verdünnung« der Bindung

Die genannten Folgen der Bindung – das Gefängniserlebnis, der eskalierende Machtkampf, die passiv anspruchsvolle Einstellung und die Deprivation unter dem Deckmantel der Verwöhnung – können sich unter bestimmten Bedingungen verstärken. Solche Bedingungen bestehen zum Beispiel, wenn der Vater fehlt und sich die Bindungsdynamik während der formativen Entwicklungsphasen auf die Dyade Mutter-Kind einengt. Hier verringern sich dann auch weiter die Möglichkeiten zur »Verdünnung« des Familienklimas, die das Gefängniserlebnis mindern, Ambivalenzen erträglicher machen, alternative Beziehungen und Identifikation erleichtern, einer regressiven Verwöhnung entgegenwirken könnten. Diese Situation bestand für viele deutsche Mütter und deren inzwischen herangewachsene Kinder, die ihren Mann bzw. Vater in den Wirren der Kriegs- und Nachkriegszeit verloren. (Unter der ersten Terroristen-Generation traf dieses Schicksal etwa Ulrike Meinhof, Andreas Baader und Jan Karl Raspe). Wo ein Kind den Vater (oder die Mutter) früh verliert, wird häufig auch ungeleistete Trauerarbeit zu einem zusätzlichen Moment der Bindung (Stierlin, 1975; Stierlin et al. 1977).

»REIFUNG« UND »EXPLOSION« DER AUS BINDUNG ERWACHSENDEN KONFLIKTE

Die genannten, eine Bindung begünstigenden Momente können sich im Laufe längerer Entwicklungen abschwächen oder verstärken. Weiter können konflikterzeugende Konstellationen von Bindung über längere Zeiträume hinweg »heranreifen«, um dann in kritischen Phasen des Individuations- und Trennungsprozesses zu explodieren.

Zu solchen Explosionen kommt es etwa typischerweise während der Adoleszenz, wenn ein bisher infantilisierter, d. h. regressiv verwöhnter Jugendlicher sich gleichsam über Nacht zum mitleidlosen Tyrannen entwickelt, der seine angst- und schuldgequälten Eltern nun durch seine eskalierenden Forderungen und Provokationen (zum Beispiel unflätige Sprache, ewiges Zuspätkommen, lärmende Rockmusik zu jeder Tages- und Nachtzeit, Schuleschwänzen, Drogenabusus) paralysiert und damit den Machtkampf immer wieder anheizt. (Der oben beschriebene Machtkampf zwischen Eltern und anorektischen jungen Mädchen bricht ebenfalls in deren Adoleszenz aus. Bis dahin zeigten sich diese Kinder ihren Eltern fast ausnahmslos als lieb, brav, gefügig.) In anderen Fällen entwickelt sich jedoch das trotzig terroristische Verhalten des Kindes allmählich und steigert sich stetig. Dieses Kind, hören wir dann, ließ sich schon nie etwas sagen, und tyrannisierte seine Eltern mit immer massiveren Methoden bis zu deren körperlicher Bedrohung.

STÖRUNGEN IM BEREICH DES AUSSTOSSUNGSMODUS

Die Folgen der Ausstoßung – vor allem des Erlebnisses, für andere emotional nicht besetzt, nicht wichtig, menschlicher Überschuß zu sein – sind zum Teil von den Folgen enger Bindung kaum unterscheidbar. Hier wie dort kommt es zu Deprivationen, »schiefen« psychosozialen Entwicklungen, und zu dem Gefühl, zu kurz gekommen, um das Lebensrecht und Lebensglück betrogen worden zu sein. Daher können sowohl aus Bindung wie aus Ausstoßung massive Frustrationen und Wut erwachsen, die sich – bei Hinzukommen weiterer Bedingungen – in gewalttätiges und terroristisches Verhalten umzusetzen vermögen.

Es zeigen sich aber auch Unterschiede. Sie resultieren vor allem aus dem Fehlen des Erlebnisses ausgestoßener Kinder, für andere wichtig zu sein, wodurch sich wiederum die Möglichkeiten zum Erleben wirklicher Schuld, Loyalität und Verpflichtung einschränken. Gerade solches Erleben aber, meine ich, spielt bei der Entwicklung terroristischen Verhaltens eine zentrale Rolle. Um dies zu verstehen, wenden wir uns nun dem nächsten Hauptgesichtspunkt zu – der Delegation.

STÖRUNGEN IM BEREICH DER DELEGATION

Ich beschränke mich im folgenden wiederum auf jene Aspekte der Überforderungs- und Konfliktdynamik entgleister Delegationsprozesse, die Licht auf terroristisches Verhalten zu werfen vermögen.

Hier lassen sich besonders zwei – in der Regel sich gegenseitig verstärkende – Konstellationen unterscheiden:

1. Elterliche Aufträge bzw. Auftrags- und Loyalitätskonflikte überfordern den Delegierten und führen zu dem Erlebnis, ausgebeutet, verraten, nicht anerkannt zu sein. Die aus diesem Erlebnis erwachsende Verzweiflung, Frustrationen, Kränkungen und Racheimpulse geben zu einem – zunächst auf einen oder beide Elternteile gerichteten, später auf andere Personen oder Institutionen verschobenen – terroristischen Verhalten Anlaß.

2. Bestimmte elterliche Aufträge ermutigen oder legitimieren beim Jugendlichen bereits Elemente terroristischen Verhaltens.

FAMILIENTERRORISMUS ERWÄCHST AUS DEM ERLEBNIS,
ÜBERFORDERT, AUSGEBEUTET, VERRATEN WORDEN ZU SEIN

Die erste Konstellation begegnete uns typischerweise in vielen Familien mit schizophrenen oder suicidgefährdeten Angehörigen. Das bedrohte Mitglied erscheint hier, wie es bereits im 5. Kapitel beschrieben wurde, zur Erfüllung »unmöglicher Missionen« delegiert: Es muß etwa in seiner Person die »Verrücktheit« austragen, die wie ein Fluch auf der ganzen Familie lastet. Alle Familienmitglieder wissen hier, daß nahe Verwandte und Vorfahren – etwa ein Geschwister des Vaters oder ein Großelternteil – schizophren gestört waren, und alle leben daher in der Angst, die Störung könne erneut auftreten. Daher suchen sie – mehr oder weniger unbewußt – nach Zeichen von Gestörtheit und Verrücktheit in einem gefährdeten Mitglied und induzieren diese schließlich in ihm. Das betroffene Mitglied »entlastet« nun die anderen – um den Preis der Zerstörung des eigenen Lebensglückes.

Zu den Aufträgen, die ein Kind massiv zu überfordern und damit zu unmöglichen Missionen zu werden vermögen, kann, wie wir sehen, weiter der Auftrag gehören, das hochgespannte Ich-Ideal eines Elternteils zu realisieren, das dieser selbst nicht zu verwirklichen vermochte; oder der Auftrag, das ungelebte Leben eines tragisch verstorbenen Geschwisters auszuleben, um dadurch anderen Familienmitgliedern schmerzhafte Trauerarbeit zu ersparen; oder der Auftrag, die Scham und das Versagen der Familie durch eigene Erfolge und Opferleistungen zu überstrahlen. (Solch Auftrag befällt typischerweise die »gesunden« Geschwister geistesgestörter oder geistig behinderter Angehöriger. Sie versuchen dabei, eine Überlebensschuld abzutragen, die sich mit der Überlebensschuld von Angehörigen von KZ-Insassen vergleichen läßt, welche solche Schuld ebenfalls oft nur durch heroische Opferleistungen glauben mildern zu können).

Solche überfordernden Aufträge kollidieren oft mit anderen – meist verdeckt vermittelten – Aufträgen, die das Kind dann in einen Auftragskonflikt verwickeln und lähmen, z. B. wenn es nicht nur heroische Glanzleistungen vollbringen, sondern auch lieb und brav sein muß, die Eltern nicht verlassen darf, und den Konkurrenzkampf mit anderen zu vermeiden hat. Das trifft besonders auf sogenannte »gebundene Delegierte« zu, deren Aufträge erfordern, daß sie im Familienfeld gefangen bleiben.

Schließlich leiden gerade schizophrenie- und selbstmordgefährdete Familienangehörige oft an schwersten Loyalitätskonflikten: sie stehen der unlösbaren Aufgabe gegenüber, als Bundesgenossen des einen Elternteils den anderen bekämpfen und zugleich zwischen den rettungslos zerstrittenen Eltern, ja zerstrittenen Familienclans vermitteln zu müssen.

In solchen Familien zeigt sich dann beispielhaft, wie das Erlebnis, ausgebeutet und durch »unmögliche« Missionen überfordert zu sein, Verzweiflung und Racheimpulse auszulösen vermag, welche schließlich auch terroristisches Verhalten hervorbringen.

Delegation zu terroristischem bzw. quasi-terroristischem Verhalten

Bei der zweiten Konstellation programmieren elterliche Aufträge bei den Kindern bereits Elemente solchen Verhaltens. Dazu gehört der Auftrag eines Jugendlichen, rebellische antiautoritäre Impulse seiner Eltern auszuleben, die diese sich selbst weder zu eigen zu machen noch zu realisieren vermochten. Solch Auftrag erfüllt bei den Eltern oft einen Nachholbedarf an jugendlicher Rebellion und Abenteuerei. Daneben »schützt« er die Eltern. Denn diese Eltern wären oft beruflich und gesellschaftlich gefährdet, agierten sie ihre rebellischen Impulse selbst aus. Das traf etwa auf Eltern zu, die ich zur Zeit des Vietnam-Krieges während meiner psychiatrischen Tätigkeit in Washington näher kennenlernte. Als Beamte, Militärs oder sonstige Stützen des Establishments konnten sie es nicht riskieren, die US-Regierung und ihre Politik offen anzugreifen. Daher delegierten sie dazu, so zeigte es sich in Jahren einer Familientherapie, ihre jugendlichen Kinder.

Hierher gehört auch die Delegation zum Tabubruch, der erregt und Befreiung verspricht, nicht nur im Hinblick auf Sexualität, sondern auch auf ethische und religiöse Traditionen, ein Tabu-Bruch, der ebenfalls von den Eltern selbst nicht vollzogen werden kann und daher von ihnen auf ihre Kinder delegiert werden muß.

Solche Jugendlichen können ihren Eltern schließlich als Lieferanten von aufregender Sorge dienen, wodurch sie ebenfalls einen elterlichen Nachholbedarf zu stillen vermögen. Daneben erfüllen sie damit oft weitere – nicht selten lebenswichtige – Funktionen innerhalb der Familie. So beobachtete ich etwa, wie ein in der Drogenszene ausgeflipptes 15jähriges Mädchen durch ihre Anlieferung von Sorge und Aufregung ihre chronisch depressive Mutter immer von neuem gleichsam galvanisierte und sie aus ihrer Selbstmordneigung »herauspeitschte«.

Bei der Entwicklung zum Terroristen wirken oft beide Konstellationen – die Rachedynamik als Folge von Überforderung, und die Programmierung zu quasi terroristischer Tätigkeit – zusammen. Dabei wird das Erlebnis des Delegierten, ungerecht behandelt, benachteiligt und nicht anerkannt worden zu sein, zur Triebfeder einer negativen Gegenseitigkeit, die meist folgende weitere Momente aufweist:

a) Entwicklung einer paranoiden Einstellung beim Delegierten

Unter Paranoia verstehen wir die Bereitschaft, sich verfolgt, als Opfer von Anschlägen und Verschwörungen, als Werkzeug oder Faustpfand überlegener Mächte zu fühlen. Sie geht mit Mißtrauen gegenüber freundlichem und hilfsbereitem Verhalten anderer einher, sieht dahinter vielmehr Anzeichen verdeckter Feindseligkeit und von Bereitschaft zur Ausbeutung. Ist die paranoide Einstellung ausgeprägt, verzerrt sich die Realitätswahrnehmung und -auslegung bis zum Wahn.

Solch paranoidem Verhalten liegt meiner Erfahrung zufolge oft das Erlebnis zugrunde, in kindlicher Vertrauensbereitschaft mißbraucht und als Delegierter überfordert, ausgebeutet und zugleich mystifiziert worden zu sein.

b) Immunisierung gegen Schuldgefühle

Eine (anscheinende oder wirkliche) Immunisierung gegen Schuldgefühle ist zum Teil Folge und Ausdruck von Projektionsmechanismen, die paranoidem Verhalten innewohnen. Aber die Existenz solcher Mechanismen reicht, meine ich, als alleinige Erklärung nicht aus. Wir müssen auch hier das Erlebnis der Überforderung und Ausbeutung berücksichtigen, das vielen solchen Delegierten das Gefühl gibt, ein positives Schuldenkonto zu haben, Gläubiger zu sein: was immer sie daher anderen antun, steht nun in keinem Vergleich zu dem, was ihnen selbst oder ihren Nächsten angetan wurde. (Und gerade der »selbstlose Einsatz für Nächste« – Familienangehörige, die unterdrückten Bauern, Palästinenser usw. – kann zusätzlich gegen Schuldgefühle immunisieren.) Deshalb kann ein Guerillakämpfer eiskalt und ohne sichtbares Schuldgefühl zahlreiche Unschuldige töten. In seiner Kontenrechnung wiegt deren Tod nicht auf, was ihm selbst oder der durch ihn repräsentierten und mit ihm verbundenen Gruppe oder Sache angetan wurde. Besonders die Delegation zu »heroischen Aufträgen« kann gegen Schuld immunisieren, wie I. Boszormenyi-Nagy (1973) und ich etwa am Beispiel Adolf Hitlers nachzuweisen versuchten (Stierlin, 1975). (Noch in seinem Testament spricht sich Hitler frei von jeder Schuld und behauptet, sein Erwachsenenleben nur in den Dienst des deutschen Volkes gestellt zu haben.) Weitere Aspekte der Schulddynamik bei Delegationen werden uns später beschäftigen.

c) Opferrolle und Rachedynamik

Schließlich besteht hier eine Dialektik von Opferrolle und Rachedynamik. Exemplarisch ist dafür die Situation des sogenannten Symptomträgers bzw. des »designierten Patienten« – zum Beispiel eines geistesgestörten, delinquenten, schulversagenden Jugendlichen – in der Familie. Durch die Erfüllung seiner Aufträge verschafft dieser Symptomträger seinen Eltern oft eine lebenswichtige Befriedigung, ja ist er es, der ihr psychologisches Überleben ermöglicht. Gleichzeitig entlastet er die Eltern von Angst, Scham und Schuld, denn er, und nicht sie, die Eltern, zeigt sich nun als der Kranke, der Versager, der Patient. Auch ist er oft das einzige Familienmitglied, das in seiner Person Probleme und Konflikte darzustellen vermag, die die anderen verbergen müssen; er fungiert deshalb zugleich häufig als Initiator und Katalysator einer Familientherapie, von der alle profitieren. Doch gerade seine Verdienste um die Familie, seine Opfermission geben nun diesem Delegierten die Möglichkeit, die Eltern und andere Familienmitglieder massiv zu ängstigen, mit Scham und Schuld zu belasten und zu erpressen. Denn allein die Tatsache, daß er sich als mißraten präsentiert, sich als krank und gestört zeigt, daß er ein Versager ist, liefert jetzt den lebendigen Beweis für das Versagen und die Schlechtigkeit seiner Eltern. Er sitzt nunmehr am längeren Hebelarm der Schuldauslösung und nimmt schon dadurch, daß er gestört, delinquent, mißraten ist, an seinen wirklichen und vermeintlichen elterlichen Ausbeutern eine schreckliche, trotzige Rache. Und um wieviel wirksamer wird diese Rache, wenn er gar als ein bekannter und weithin gesuchter Terrorist das Versagen der Eltern schonungslos einer weiten Öffentlichkeit preisgibt!

»Die Verzweiflung zum Tode«

Der überforderte Delegierte treibt häufig dem Suicid zu. Der Selbstmord kann – etwa bei bestimmten als depressiv oder schizophren diagnostizierten Patienten – dramatisch und plötzlich, oder langsam, sozusagen in Dosen erfolgen: solch ein Patient läßt sich verkommen, gibt sich hoffnungs- und hilflos, sabotiert jeden eigenen Erfolg, jeden Zuwachs an Lebensfreude und stirbt gleichsam langsam ab. Viele als chronisch schizophrene diagnostizierte Patienten liefern dafür Beispiele.
Im Lichte unseres Delegationsmodells zeigt sich solch ein – plötzlicher oder schleichender – Suicid nunmehr meist mehrfach determiniert.
Zunächst hat er die Bedeutung eines Opfertodes, eines krönenden heroischen Aktes, durch den der Delegierte sein Treuebündnis mit dem Delegierenden einlöst.
Gleichzeitig erweist sich der Selbstmord als Ausdruck und Folge einer zunehmenden Entfremdung zwischen Delegieren-

dem und Delegiertem: trotz und vielleicht wegen des starken, die Partner verbindenden Loyalitätsbandes fehlt oder mißlingt der Dialog über die Angemessenheit der Aufträge, über die gegenseitigen Wünsche und Erwartungen, über Schuld- und Verdienstkonten. Damit aber fehlen die Voraussetzungen für die Bestätigung und Anerkennung der Leistung des Delegierten. Das führt bei diesem oft zu einer zunehmenden Erschöpfung, dem Gefühl, ausgebeutet und im Stich gelassen zu sein, das jedoch weder zugelassen noch den nächsten Angehörigen, sprich dem oder den Delegierenden, mitgeteilt werden kann. Mit der Erschöpfung gehen starke Gefühle von Einsamkeit, Verlassenheit, Verwundbarkeit, Ausweglosigkeit, Hoffnungslosigkeit, ja Verzweiflung einher, die ebenfalls oft für sich behalten und daher von anderen Familienmitgliedern oder Freunden nicht aufgegriffen werden.
Schließlich erwachsen aus dieser Dynamik starke Vergeltungs- und Racheimpulse, die sich sowohl gegen den oder die Delegierenden – bei denen der Selbstmord tiefste, niemals abzutragende Schuldgefühle auslöst – als auch gegen das eigene Selbst richten.
Aus dem Obigen wird verständlicher, warum viele Familien- wie öffentliche Terroristen dem Selbstmord zutreiben: sie erfüllen, oder vielleicht besser: »übererfüllen«, dadurch ihren Vertrag, erlösen sich von Erschöpfung, Einsamkeit, Verzweiflung, ersticken ihre eigenen Schuldgefühle durch Selbstbestrafung und nehmen zugleich an ihren wirklichen oder vermeintlichen Ausbeutern eine schreckliche Rache. Denn sie lassen diese auf ihren Schuldgefühlen sitzen, nehmen ihnen jede Chance zur Wiedergutmachung und setzen womöglich durch ihren »Opfertod« ein Fanal, das über Ländergrenzen und vielleicht Generationen hinweg Legenden bildet und immer wieder neue Rache- und Vergeltungsimpulse erzeugt.
Dabei spielt es eine untergeordnete Rolle, ob man den Selbstmord durch die eigene Hand ausführt oder andere als seine Vollstrecker rekrutiert – etwa, indem man sich durch besonders brutales Verhalten gegen Unschuldige so ins Unrecht setzt, daß man dadurch die eigene Bestrafung, ja Tötung erzwingt. (Der Verbrecher aus Schuld ist Psychoanalytikern seit langem bekannt.)

Somit zeigen sich uns viele Familien- und öffentliche Terroristen auf einem Kurs, der früher oder später mit ihrer Vernichtung enden muß. Im Falle der öffentlichen Terroristen bleibt dann lediglich die Frage, ob diese Vernichtung auch die Vernichtung anderer, vielleicht vieler anderer einschließt. Hier liegt der Vergleich mit dem Menschheitsterroristen Adolf Hitler nahe, der seine Selbstzerstörung mit der Zerstörung großer Teile des deutschen Volkes, ja der abendländischen Menschheit und Kultur verband. Denn so wie Hitler sich einst, von einem »übergreifenden Katastrophenwillen« (Fest 1973) beseelt, seine Götterdämmerung inszenierte, scheinen auch heute öffentliche Terroristen, von einem ähnlichen Katastrophenwillen getrieben, ihr blutiges – sie selbst und viele andere einbeziehendes – Vernichtungsdrama programmiert zu haben.

TERRORISMUS IM LICHTE VON VERMÄCHTNIS UND VERDIENST

Familienterrorismus, so sahen wir, kann aus massiven Überforderungen, wie bestimmten Auftrags- und Loyalitätskonflikten erwachsen. All diese Momente verdeutlichen sich uns nun weiter, legen wir eine Mehrgenerationenperspektive an.
Innerhalb einer solchen Perspektive erweist sich die Überforderung eines Mitglieds häufig in einer Familientradition begründet, die von diesem – oft handelt es sich um den ältesten Sohn – soziale, wissenschaftliche oder patriotische Höchstleistungen verlangt.
Neben Überforderungen, die aus einem Familienvermächtnis erwachsen, erweisen sich auch andere Erlebnisse von Ausbeutung, vorenthaltener Gerechtigkeit und Anerkennung, innerer Zerrissenheit und Verzweiflung, wie sie typischerweise aus den beschriebenen Auftrags- und Loyalitätskonflikten erwachsen, als mehrgenerational determiniert: Das zeigt etwa das Beispiel des 19jährigen Georg, der, als ich ihn kennenlernte, »nur« seine Familie terrorisiert hatte, aber, eigenen und elterlichen Angaben zufolge, das Zeug hatte, einmal auch »öffentlicher Terrorist« zu werden.
Georg kam mit seinen Eltern und seinem 3 Jahre älteren Bru-

der zur Familientherapie, nachdem er mit dem Motorrad des Bruders gegen einen Baum gefahren war. Das Motorrad hatte er ohne Führerschein und ohne Erlaubnis des Bruders benutzt. Beim Erstinterview kamen weitere Delikte Georgs zur Sprache: er hatte von seinen Eltern größere Geldbeträge entwendet, Schecks gefälscht und öfter Hasch geraucht. Seine Schulleistungen – er besuchte die 8. Gymnasialklasse – waren so abgefallen, daß er zum zweiten Male sitzenzubleiben drohte. Der Vater befürchtete jedoch noch schlimmeres, denn er hatte bei Georg ein »Waffenlager« – eine Kiste mit verschiedenen Messern, einen Schlagriemen und ein Kleinkalibergewehr entdeckt.

Während der Vater dies alles mit wachsender Erregung berichtete, saß Georg trotzig und scheinbar gelangweilt da. Es schien, als hörte er einer Platte zu, die schon hunderte Male abgelaufen war. Dem Interviewer fiel jedoch auf, daß Georg dabei von Zeit zu Zeit Blicke mit der Mutter austauschte, die gegenseitiges Einverständnis, und möglicherweise sogar Belustigung angesichts der Erregung des Vaters nahelegten. Daher lag der Schluß nicht fern, daß Georg als Delegierter seiner Mutter seinen Vater bekämpfte und es genoß, wenn der Vater sich in hilfloser Wut erregte. Andere Beobachtungen aber – zum Beispiel eine ernste Betroffenheit bei Georg, als die Sprache auf des Vaters schlechte Gesundheit und dessen berufliche Sorgen kam – ließen den Interviewer annehmen, daß Georg dem Vater gegenüber widersprüchliche Gefühle empfand, daß er sich auch um ihn sorgte und ihm zu helfen versuchte, kurzum, daß seine Beziehung zum Vater ambivalent, konflikt- und spannungsgeladen war.

Mit dem fortschreitenden Interview zeigte sich Georg nun immer deutlicher als Gefangener und Opfer verschiedener, miteinander in Konflikt liegender Familientraditionen und Vermächtnisse. Georgs Vater war Richter, preußischer Beamter, den *sein* Vater schon früh auf Staatsgehorsam, Höchstleistung und »Bekämpfung des inneren Schweinehundes« verpflichtet hatte. Georgs Vater hatte sich immer bemüht, den Erwartungen *seiner* Eltern (Georgs Großeltern) zu entsprechen – und wäre von diesen doch fast verstoßen worden, als er Georgs Mutter, eine Krankenschwester, heiratete. Denn diese kam (in den Augen seiner Eltern) aus der falschen Familie, hatte die falsche Religion und lebte nach falschen Werten. So konnte Georgs Vater seine Loyalität den eigenen Eltern gegenüber letztlich nur beweisen, indem er seine Frau abwertete, ja verließ. Sie zu verlassen, war ihm aber nicht mehr möglich, da ein Kind schon unterwegs war.

Auch Georgs Mutter war stark an die eigene Familie gebunden geblieben. Die Trennung von ihrer Familie, so gestand sie später, war ihr nur dadurch möglich gewesen, daß sie sich schwängern ließ und damit alle Brücken hinter sich abbrach. Aber auch so fand sie in der neuen Ehe kein Zuhause. Im Gegenteil. Sie fühlte sich von ihrem Mann, dem zuliebe sie so viel geopfert hatte, allein gelassen, ja ausgebeutet und begann ihn zu hassen – jedoch ohne sich oder ihm diesen Haß offen eingestehen zu können. Um mit ihrem Haß und ihrer Enttäuschung fertig zu werden, stürzte sie sich in ihre Arbeit und suchte bei ihren Söhnen, vor allem aber bei Georg das, was sie von ihrem Mann (und den eigenen Eltern) nicht bekommen konnte: Verständnis, zärtliche Zuwendung, loyale Unterstützung – eine Unterstützung, die sie nun mehr und mehr gegen ihren Mann einsetzte.

Georg versuchte, ihr all dies zu geben, selbst um den Preis, daß er sein Leben ruinierte. Gleichzeitig versuchte er aber, beiden Eltern loyal verbunden zu bleiben und beiden zu helfen, etwa dadurch, daß er immer wieder zwischen ihnen vermittelte, oder sie mit Sorgen und Aufregungen belieferte, die sie (zeitweilig) ihre Entfremdung und gegenseitigen Haß vergessen ließen.

Doch diese Aufgaben überforderten Georg zunehmend. Denn es zeigte sich kein Erfolg seiner Vermittlungsversuche, es gab keinen Ausweg und er fand keine Anerkennung für das, was er tat. Im Gegenteil, er wurde als Versager, als mißratener Sohn attackiert. Aus Verzweiflung, verletzter Gerechtigkeit und Rache wurde er schließlich zum Terroristen seiner Eltern. Dabei erwuchsen ihm typischerweise aus der Erfüllung seiner Aufträge – etwa dem Auftrag, den Vater zu bekämpfen, beiden Eltern Aufregung und Sorge zu liefern – seine wirksamsten Waffen: indem er delinquent wurde und sein Leben zerstörte, machte er sich zum lebenden Vorwurf für ihr elterliches Versagen, erpreßte er sie, setzte er sie massivsten Schuldgefühlen aus.

(Zu Anfang der Familientherapie hatte der Vater die Sorge zum Ausdruck gebracht, Georg, der Familienterrorist, könnte sich auch zu einem öffentlichen Terroristen entwickeln. Die Sorge schien berechtigt, denn der Vater hatte bei Georg verschiedene Pamphlete einer radikalen linken Gruppe gefunden, in denen zu gewalttätigen Aktionen gegen Gerichte und Atomkraftwerke aufgefordert wurde. Im Verlaufe der Familientherapie schwand jedoch Georgs Bereitschaft zur Teilnahme an solchen Aktionen.)

NEGATIVE GEGENSEITIGKEIT IM LICHTE EINER MEHRGENERATIONENPERSPEKTIVE

Wir definierten negative Gegenseitigkeit als die Blockade einer dialogisch expandierenden Bewegung der Beziehung. Hierfür bildete ursprünglich die Zweierbeziehung das Modell. Eine Mehrgenerationenperspektive betrachtet jedoch außer der Beziehung innerhalb einzelner Familien auch die zwischen den Generationen. Darin bewirkt eine solche Blockade nun Korruption, Stagnation, Entfremdung, fixierte Ausbeutung und Gegenausbeutung, sowie mangelnde Bereitschaft zum Geben und Fordern von Rechenschaft. Die »Schuld der Väter«, erkennen wir hier, kann so bis ins dritte und vierte Glied fortwirken. Dabei erweist sich der Familienterrorismus eines Mitgliedes oft als Folge und Ausdruck von weit in die Familiengeschichte zurückreichenden Konflikten, Ausbeutungsverhältnissen und Ungerechtigkeiten sowie von terroristischen Kettenprozessen. Dies zeigt beispielhaft der Fall des elfjährigen »Familienterroristen« Helmut, den ich mit seiner Familie im Laufe einer Familientherapie näher kennenlernte.*
Helmuts Terrorwaffen bestanden aus Verhaltensweisen, die

---

* Ich beschränke mich in der folgenden Skizze nur auf einige besonders relevante Aspekte und vereinfache und verzerre dabei notwendigerweise die bestehenden komplexen Zusammenhänge. Identifizierung ermöglichende Merkmale wurden verändert.

seine Eltern, zwei erfolgreiche Ärzte, immer wieder hilflos machten und zur Verzweiflung brachten. Helmut quälte sie mit vielerlei aufsässigem und störrischem Verhalten, drohte, sich bei Spaziergängen unter fahrende Autos zu stürzen oder brüskierte die Bekannten oder Freunde seiner Eltern, indem er sie bespuckte, mit Füßen trat, beschimpfte. An manchen Tagen allerdings verhielt er sich mustergültig und gab dann Anlaß zu Hoffnungen – nur um diese in der Folge um so bitterer zu enttäuschen. Schließlich mußten die Eltern Helmut in ein Heim geben, wo sein »Terrorismus« bald nachließ. Aber auch dies war ihnen ein schwacher Trost: jetzt, da das Heim Erfolg hatte, ließ sich ja weniger denn je daran zweifeln, daß sie selbst als Eltern versagt hatten.

Helmuts Familienterrorismus zeigte sich mir zunehmend als Folge und Ausdruck einer Mehrgenerationsdynamik, die vor allem die Familie der Mutter betraf: diese Mutter hatte, so erfuhr ich im Laufe unserer Gespräche, über viele Jahre hinweg auch *ihre* Mutter terrorisiert, indem sie sich etwa geweigert hatte, mit ihr überhaupt zu sprechen, ja von ihr Geschenke für Helmut, ihr einziges Enkelkind, anzunehmen. Ihre Mutter (Helmuts Großmutter) – nennen wir sie Frau Brand – hatte sich daraufhin in eine trotzige Einsamkeit zurückgezogen und ihre Tochter enterbt. Beide – Mutter und Tochter – verharrten anschließend in Trotz und gegenseitiger Entfremdung, und ihre Beziehung stagnierte.

Als Grund für ihren Rückzug von der Mutter gab die Tochter frühe und fortwährende Mißhandlungen an: ihre Mutter habe sie – so erzählte sie es in den therapeutischen Sitzungen – oft grausam geschlagen, zu Hause eingeschlossen, von Freunden ferngehalten. Nur im ständigen Kampf mit der Mutter habe sie sich schließlich einen Freundeskreis schaffen und auch das Studium ermöglichen können. Ihr Entschluß, ein für allemal mit der Mutter zu brechen, sei keine Impulshandlung, sondern Resultat einer langen inneren Auseinandersetzung gewesen.

Als es nach monatelangen Gesprächen mit Helmut und seinen Eltern schließlich doch gelang, auch Frau Brand in die Familientherapie einzubeziehen, zeigte sich eine verbitterte, enttäuschte, durch Krankheiten ausgezehrte Frau. Sie gestand schließlich auch ein, ihre Tochter von Zeit zu Zeit geschlagen zu haben. Aber das Leid, das sie ihrer Tochter zugefügt habe, so betonte sie, könne sich nicht mit dem messen, das ihr von den eigenen Eltern zugefügt worden sei.

Ihr Vater, Prokurist einer mittelgroßen Firma, war ihrer Darstellung zufolge (möglicherweise weil er einen korrupten Bruder zu decken versucht hatte) in einen Fälschungsskandal verwickelt und deshalb entlassen worden. Obwohl ihm eine Gefängnisstrafe erlassen worden war, kam er über die Demütigung nicht hinweg. Er verließ schließlich seine Frau und seine beiden Töchter und zog in ein anderes Land. Die allein gelassene, verzweifelte Frau schloß sich in erster Linie an die älteste Tochter an. Sie bevorzugte sie und förderte sie mit dem wenigen Geld, das ihr verblieben war. Die jüngere Tochter – die spätere Frau Brand – jedoch, die sie in unangenehmer Weise an ihren treulosen Mann erinnerte, vernachlässigte sie und nahm sie sogar aus dem Gymnasium.

Aus dem Gefühl heraus, ungerecht behandelt und benachteiligt worden zu sein, haßte diese nun ihre Mutter und ihre ältere Schwester. Gleichzeitig wollte sie aber den beiden beweisen, daß sie auch ohne höhere Schulbildung Erfolg haben, ja sie überflügeln konnte. Sie besuchte daher Abendkurse, machte das Abitur nach und wurde schließlich eine vielbeschäftigte, erfolgreiche Ärztin. (Womit sie auch den Auftrag ihres verschollenen Vaters erfüllte, der sich stets eine Ärztin gewünscht hatte.) Sie heiratete schon früh einen Arzt, von dem ihr bald eine Tochter – Helmuts Mutter – geboren wurde. Die Ehe zerfiel jedoch schnell und es wiederholte sich für Frau Brand das Schicksal ihrer Mutter: von ihrem Mann verlassen und auf sich selbst gestellt, mußte sie alleine für sich und ihr Kind sorgen.

Da sie sich, unter dem Zwang eigener Aufträge stehend, in erster Linie für ihre Ausbildung und ihren Beruf einsetzte, fand sie nur wenig Zeit und Kraft für das Kind. Notgedrungen überließ sie es schließlich über längere Zeiträume der Pflege ihrer Mutter, seiner Großmutter. Von dieser wurde es jedoch – so sah es zumindest Frau Brand – gegen die eigene Mutter aufgehetzt. Dadurch aber schliff sich mehr und mehr ein verhängnisvoller Zirkel ein: je stärker sich ihre Tochter der Großmutter zuwendete, um so mehr fühlte sich Frau Brand von dieser Tochter verraten, und um so mehr bestrafte sie diese mit Liebesentzug und Schlägen, während sich die Enkelin noch mehr der Großmutter zuwendete. Dabei versuchte die Großmutter – so ging aus späteren Familiengesprächen hervor – an dem Enkelkind etwas von dem Unrecht gutzumachen, das sie ihrer jüngeren Tochter einst durch die Bevorzugung der älteren Schwester zugefügt hatte – vergebens, wie sich bald herausstellte. Denn indem sie das Enkelkind mittels ihrer Zuwendung an sich band, intensivierte sie dessen Loyalitätskonflikt mit der Mutter und verstärkte damit nur noch den Teufelskreis, in dem Großmutter, Tochter und Enkelkind gefangen waren.

Vor dem Hintergrund dieses Familiendramas erschien schließlich auch Helmuts »Terrorismus« in einem neuen Licht. Es drängte sich die Deutung auf, daß die Mutter sich in Helmut gleichsam einen Terroristen herangezüchtet hatte, indem sie ihm hinsichtlich seines Verhaltens unklare – ihn im Endeffekt zu Missetaten ermutigende – Signale gegeben hatte. Später hatte sich Helmut dann nach dem typischen Muster eines ausgebeuteten und verratenden Delegierten aus diesen Missetaten Waffen geschmiedet, mittels derer er dann die delegierende Mutter (und auch den Vater) terrorisierte. Damit stellte sich aber die Frage: hatte sich die Mutter vielleicht einen Terroristen-Sohn herangezogen, um sich für ihren eigenen, an der Mutter ausgeübten Terrorismus zu bestrafen? Oder terrorisierte der Sohn darüber hinaus auch noch die Mutter, weil er für das Recht der geächteten Großmutter einsprang, die sich selbst weder zur Geltung zu bringen noch zu wehren vermochte? (Sehr häufig ist ja der Terrorismus die letzte Waffe der Schwachen, die kein Mittel und kein Forum haben, um ihr Leiden verkünden und ihr Recht durchsetzen zu können.)

Solche Fragen ließen sich jedoch erst stellen und diskutieren, als die Familientherapie vorangeschritten und der Dialog – und damit auch Kontenausgleich und Versöhnung – zwischen den Generationen wieder möglich geworden waren. Typischerweise leistete gerade der »gestörte« Helmut den entscheidenden Beitrag zur Wiederaufnahme des Dialogs. Denn durch sein »gestörtes« Verhalten zwang er die Eltern immer von neuem, sich mit ihren Problemen auseinanderzusetzen, nach neuen Lösungen zu suchen und zuletzt auch eine Familientherapie zu beginnen, im Rahmen derer die Mutter schließlich auch die Konfrontation und Versöhnung mit ihrer geächteten Mutter wagte. Erst nachdem sich eine Versöhnung angebahnt hatte, ließ Helmuts »Terrorismus« entscheidend nach: man konnte ihn aus dem Heim entlassen und wieder nach Hause schicken. Dort war das Leben mit ihm zwar nicht ohne Probleme, aber diese Probleme schienen nicht mehr überwältigend. Von Terrorismus konnte kaum mehr die Rede sein.

Vom Familienterrorismus zum öffentlichen Terrorismus

Vom Familienterrorismus wollen wir nun zum öffentlichen Terrorismus übergehen. Dazu möchte ich mich nacheinander den vier Systemen – oder Bühnen – zuwenden, die für das Drama des Terrorismus wichtig werden – dem Individuum, der Familie, der »Peer-Group«, und der Gesellschaft. Zugleich lassen sich auf diese Weise einige Ergebnisse der vorherigen Überlegungen zusammenfassen.

Das erste System: die »terroristische Persönlichkeit«

»Die Suche nach dem Typus einer terroristischen Persönlichkeit ist vergeblich«, schreibt der Historiker und Terrorismusforscher Walter Laqueur (1977; S. 124). Diese Suche *mußte* bisher vergeblich sein, möchte ich hinzufügen, weil wir einmal zu wenig psychoanalytisch und familiendynamisch relevante Daten über Terroristen besitzen und andererseits die bisher zur Beschreibung eines solchen Persönlichkeitstypus verwendeten Kriterien und begrifflichen Werkzeuge zu oberflächlich, zu eng, zu individuumzentriert, zu »kurzgeschlossen« waren. Bereits der Begriff einer persönlichen Individualität, meinte der amerikanische Psychiater Harry Stack Sullivan, beschwört eine Illusion. Und auch die Suche nach einer sogenannten terroristischen Persönlichkeit muß vergeblich bleiben – es sei denn, wir machen den Begriff »Persönlichkeit« sogleich wieder flüssig, d. h. heben ihn dialektisch in umfassenderen Perspektiven auf.

Nur unter diesem Vorbehalt möchte ich im folgenden versuchen, als Fazit unserer bisherigen Betrachtungen das Portrait eines heutigen deutschen Terroristen idealtypisch zu skizzieren. Dieses Portrait erhebt also keinen Anspruch, die Wirklichkeit genau wiederzugeben; es soll lediglich Orientierungspunkte setzen, die Beobachtungen und Vergleiche ermöglichen.

Der »typische« Terrorist, den ich vor Augen habe, kann in bestimmten Lebensphasen und -situationen Züge aufweisen, die dem landläufigen Bild eines Terroristen zuwiderlaufen – zum Beispiel zarte Empfindsamkeit, Kameradschaftlichkeit, ja Widerwillen gegen Gewalttätigkeiten. Solche Züge halte ich jedoch für weniger wichtig als bestimmte Potentiale und verinnerlichte Konfliktstrukturen, die meist über längere Zeiträume reifen und verdeckt bleiben, um bei Hinzukommen weiterer intervenierender Variablen gleichsam zu »explodieren«.

Ich rechne dazu erstens ein hohes Energieniveau bzw. Aktionspotential, das häufig – zum Beispiel bei bestimmten »sensiblen, stillen, scheuen Charakteren« – über längere Zeiträume blockiert und dann selbst nahestehenden Beobachtern verborgen bleibt. Erst bestimmte – im folgenden noch zu besprechende – Schlüsselerlebnisse und neue Beziehungskonstellationen lassen es hervorbrechen. Auch die destruktiven Energien des Menschheitsterroristen Hitler, so zeigte ich andernorts, (Stierlin, 1975) blieben bis zum Auftreten bestimmter Schlüsselerlebnisse und Beziehungskonstellationen in seinem 30. Lebensjahr weitgehend blockiert.

Zu den relativ beständigen Merkmalen eines solchen Terroristen rechne ich weiter eine Störung der bezogenen Individuation, die den auf Kompromiß, Kontenausgleich und Versöhnung zielenden Dialog mit wichtigen Beziehungspersonen erschwert oder unmöglich macht. Ein solcher Dialog scheitert bei ihm an seinen hohen Erwartungen, seinen Anforderungen an sich selbst und an andere, seinem radikalen »Idealismus«, seinem Absolutheits- und Vollkommenheitsanspruch. Dieser Anspruch verweist auf ein kindliches – wenn man will: narzißtisches – Größenselbst, das nolens volens ständig Erlebnisse von Enttäuschung, Kränkung und Entwertung provoziert, die sich bei ihm dann zunehmend in Wut und Racheverlangen umsetzen.

Ferner sehe ich den (potentiellen oder wirklichen) Terroristen als jemand, der als Kind möglicherweise schwerwiegende Verluste erlitten hat und sowohl materiell verwöhnt (d. h. elterlichem »Konsumterror« ausgesetzt) als auch seelisch depriviert, jedoch hinsichtlich seiner Deprivation im unklaren gelassen bzw. mystifiziert wurde. Solche Verwöhnung verstärkte einerseits die genannte Anspruchs- und Erwartungshaltung, zum anderen machte sie ihn passiv: somit fehlten ihm der Anreiz und das Erlebnis, durch eigenen Einsatz wirklich etwas ändern, zum Guten wenden zu können und dadurch selbst bestätigt zu werden. (Unter der Oberfläche der Passivität brodelt aber ein Aktionspotential, dessen Sprengkraft explosiv aufs Ganze zu gehen und sich gegen »das System überhaupt« zu richten droht.)

Ich sehe dieses Kind auch als einen Delegierten, der zumindest von einem Elternteil – zumeist von der Mutter – verdeckt zu terroristischem oder quasi terroristischem Agieren ermutigt wurde –, vielleicht, weil er dadurch einen elterlichen Nachholbedarf zu stillen, stellvertretend eine ungelebte Seite dieses Elternteils auszuleben oder dessen – gegen den anderen Elternteil oder die Gesellschaft gerichtete – Rachebedürfnisse zu befriedigen hatte.

Vor allem sehe ich dieses Kind als einen *überforderten*, in schwerste Auftrags- und Loyalitätskonflikte verwickelten Delegierten. Da bei diesem aber auch eine Störung der bezogenen Individuation vorliegt, fehlt ihm die Möglichkeit, seine Konflikte durch den verstehens- und versöhnungsbereiten Dialog mit den Eltern und der Familie zu bewältigen. Somit verstärkt sich bei diesem Kind das Gefühl, überfordert, ausgebeutet, ungerecht behandelt, in eine ausweglose Situation getrieben zu sein. Und es verstärken sich daher seine ohnmächtige Wut, seine Racheimpulse, seine »gerechte Empörung« und sein Trotz, die sich zunehmend gegen das ganze kor-

rupte, ausbeuterische, verfahrene und fixierte (Familien-)System richten.
Als Gefangener einer negativen Gegenseitigkeit sehe ich dieses Kind schließlich einem – auf mehreren Ebenen zum Zuge kommenden – Circulus vitiosus ausgeliefert: es schwankt immer wieder zwischen dem Verlangen, seine Aufträge doch noch zu erfüllen und seine Loyalität bis zuletzt zu beweisen, und dem Verlangen, seinem Trotz und seinen Racheimpulsen nachzugeben. Dabei verstrickt es sich aber noch tiefer in Schuld und Konflikte: es verfällt einer – wörtlich zu nehmenden – »Verzweiflung zum Tode«, die sich, wie oben angedeutet, nun in einem übergreifenden Katastrophenwillen zu entladen droht.

Das zweite System: die Familie des Terroristen

Mit der Familie im Blickfeld wird es noch schwieriger, von Merkmalen, Zügen oder Eigenschaften einzelner zu sprechen. Solche Kennzeichen von »Individualität« beginnen bei näherem Zusehen zu schillern oder gewinnen neue, systemrelevante Bedeutung. So können sich etwa der Trotz und die »Faulheit« eines jugendlichen Kindes als wichtiger Beitrag zur Erhaltung des bestehenden Familiensystems erweisen – indem dieses dadurch zwei zutiefst zerstrittene Eltern von ihrer Zerstrittenheit ablenkt (Stierlin, 1972, 1975, 1977).
Aber auch die Suche nach *der* »terroristogenen« Familie muß, meine ich, vergeblich bleiben – aus ähnlichen Gründen wie die Suche nach einer terroristischen Persönlichkeit vergeblich bleiben muß. Dennoch möchte ich – wiederum unter den genannten Vorbehalten und mit der genannten Zielsetzung – kurz in Zusammenfassung des bereits Gesagten zu skizzieren versuchen, was in meinen Augen möglicherweise eine »typische«, öffentliche Terroristen hervorbringende Familie auszeichnet.
Diese Familie erscheint bei oberflächlicher Betrachtung nicht besonders gestört oder gar pathologisch. Im Gegenteil. Sie hebt sich eher aufgrund der Leistung und sozialen Prominenz einzelner Mitglieder positiv von anderen Familien ab. Aber

solche Leistung und Prominenz zeigen sich bei näherem Zusehen als Ursache wie Folge massiver Belastungen und Konflikte, die den Eltern häufig aus uneinlösbaren Vermächtnissen erwuchsen, die nolens volens auch ihre Kinder belasten mußten. Ich denke etwa an Vermächtnisse einer gespaltenen Loyalität (Boszormenyi-Nagy, 1972), die die – den eigenen Eltern weiterhin treueverpflichteten – Eltern einander zu unversöhnlichen Feinden macht und ihren Kindern unter Umständen unerfüllbare Vermittleraufträge und Loyalitätskonflikte aufzwingt; oder Vermächtnisse, wie die Tilgung einer (wirklichen oder vermeintlichen) Familienschmach und -schande durch Erfüllung »heroischer Aufträge«, die notgedrungen die Überforderung und/oder Vernachlässigung der eigenen Kinder nach sich ziehen; oder Vermächtnisse, die das Andenken früh und tragisch verstorbener Familienangehöriger erhalten sollen – etwa indem ein Kind beauftragt wird, das ungelebte Leben eines Elternteils oder Geschwisters auszuleben.

Aber wie auch die Familienverhältnisse und Traumata jeweils beschaffen sein mögen, sie konstellieren nun ein zwischenmenschliches Feld, das einerseits für einzelne oder mehrere Mitglieder Konflikte und Überforderungen erzeugt, andererseits Lösungs- und Bewältigungsmöglichkeiten dafür zunichte macht. Denn die auf der Familienebene wirksam werdende Störung der bezogenen Individuation verhindert das Artikulieren der Konflikte, das Teilen eines gemeinsamen Aufmerksamkeitsfokus, die Korrektur obsoleter Vermächtnisse, den Kontenausgleich und die schließliche Versöhnung, kurzum verhindert den familienweiten Dialog. Daher vermag sich nun jene negative Gegenseitigkeit zu entwickeln, die schließlich ein oder mehrere Mitglieder zu Terroristen, und die anderen zu Förderern und/oder Opfern von deren Terrorismus macht.

Was ich soeben für Terroristen sagte, läßt sich sowohl auf Familien- wie auf öffentliche Terroristen anwenden. Daher läßt sich für beide Arten von Terrorismus ein analoges, wenn nicht homologes Familienursprungsfeld annehmen. In einem Falle bleibt die negative Gegenseitigkeit jedoch gleichsam umfriedet, d. h. auf die Familie begrenzt; im anderen durchbricht sie die Umfriedung und zieht viele andere in ihren Sog. Bevor wir aber nach Erklärungsmöglichkeiten für solchen Durchbruch der Familienumfriedung suchen, wenden wir uns kurz den Persönlichkeiten und Familienbeziehungen der drei bekanntesten, weil »bahnbrechenden« deutschen Terroristen zu – Ulrike Meinhof, Gudrun Ensslin und Bernd Andreas Baader. Läßt sich, so fragen wir uns, ihre Persönlichkeit und ihre Familiensituation zu den skizzierten idealtypischen Portraits in Beziehung setzen?

Kapselportraits einiger Terroristen

Ich zögere, hier eine Antwort zu suchen, da wesentliche Daten entweder noch nicht bekannt oder nicht überprüfbar sind. Auch unterscheidet sich diese erste Terroristengeneration möglicherweise stark von ihren Nachfolgern. Denn letztere fanden bereits eine Realität – das Bestehen eines radikal gewaltbereiten Terrorismus in der Bundesrepublik – vor, die von den ersten »Revolutionären« erst zu schaffen war. Und Führer und Gefolgsleute unterscheiden sich oft sehr. Immerhin wissen wir über die »Führer« – zu denen wir bereits einen gewissen geschichtlichen Abstand haben, (keiner von ihnen lebt mehr) – schon mehr als über die Nachfolger. Und weiter: gerade weil diese Führer auf den ersten Blick zum Teil radikal vom obigen idealtypischen Profil des Terroristen und seiner Familie abzuweichen scheinen, halte ich es für sinnvoll, sich ihnen kurz zuzuwenden. Für eine ausführliche Darstellung des Werdeganges von Meinhof, Ensslin und Baader sei auf die einschlägigen Schriften, besonders die Darstellung von J. Bekker (1977), die auch ausführliche Literaturangaben enthält, verwiesen.

Ulrike Meinhof

Ulrike Meinhof wurde 1934 – ein Jahr nach Hitlers Machtübernahme – als zweite Tocher des Kunsthistorikers Dr. Werner Meinhof und seiner Frau Ingeborg, geb. Guthardt, in Oldenburg geboren. Ab 1936 lebte die Familie in Jena, wo Dr. Meinhof zum Museumsdirektor ernannt worden war. 1940 starb er dort an einem Krebs der Bauchspeicheldrüse, und seine junge Frau mußte allein für sich und die beiden Kinder sorgen. Das war nicht leicht, denn Ingeborg Meinhof hatte keinen Anspruch auf eine staatliche Witwenpension (ihr Mann war lediglich städtischer Angestellter gewesen), sondern mußte, wenn auch durch die Stadt finanziell unterstützt, ihr Abitur nachholen und einen Beruf erlernen, um sich und ihren Kindern eine standesgemäße Existenz sichern zu können. Die Wirren der Kriegs- und Nachkriegszeit erzwangen eine Umsiedlung nach Oldenburg und erschwerten bzw. durchkreuzten ihre Pläne. Sie starb Anfang 1949 – ebenfalls an Krebs –, nachdem sie kurz vorher eine Stelle als Volksschullehrerin angenommen hatte. Ihre Widerstandskraft erschien daneben durch ein langes Asthmaleiden geschwächt.

In dieser Situation sprang die damals knapp 29jährige Renate Riemeck, eine nahe Studienfreundin und Berufskollegin der Mutter, als Ziehmutter für die verwaisten Kinder ein. Wir lesen bei Jillian Becker, daß Renate und Ulrike einander »adoptierten«. Frau Riemeck machte sich in der Folge als Professorin der Pädagogik und Autorin zahlreicher Bücher einen Namen.

Vieles spricht dafür, daß Ulrikes Eltern aufgrund ihrer jeweiligen Familienverhältnisse Idealen nachzuleben versuchten, die vor allem sozialen Einsatz und künstlerisch-wissenschaftliche Leistung verlangten – und daß sie sich dabei überforderten, gleichsam gegen ihre körperlich vitalen Bedürfnisse lebten. (Nicht nur Asthma, sondern auch Krebs stellen sich uns heute als Leiden mit psychosomatischen Anteilen dar.) Diese Ideale bedingten auch, daß Werner Meinhof aus der unter Nazi-Einfluß stehenden evangelischen Staatskirche austrat und sich der »renitenten Kirche«, einer unabhänigen Splittergruppe, anschloß. Seine Frau folgte diesem Schritt. Die Gegnerschaft der Meinhofs zum Naziregime bedeutete für die Familie wahrscheinlich soziale Isolation – sie blieb vom Verbrüderungs- und Gemeinschaftsrausch der anderen Volksgenossen ausgeschlossen –, aber auch ein stärkeres Aufeinanderangewiesensein. Die Meinhofs lassen uns, den Untersuchungen von K. Kenniston (1968) zufolge, an sozial engagierte amerikanische Eltern denken, deren Kinder als erste – wenn auch damals noch nicht mit terroristischen Methoden – gegen den Vietnamkrieg protestierten.

Ulrike wird uns als ein im ganzen fröhliches, warmherziges, schnell auffassendes Kind geschildert – allerdings mit einem Hang zur Melancholie und damit zu einer fatalen Attraktion zum Leiden und Unglück, fast immer den Mittelpunkt der Aufmerksamkeit suchend und um die Anerkennung der ihr wichtigen Erwachsenen bemüht. Als sie älter wurde, trat ihr Hang hervor, sich kompromißlos und leidenschaftlich für eine Sache einzusetzen. Aber die Sache, für die sie sich als junge Erwachsene jeweils entschied, und der Feind, den sie jeweils bekämpfte, schien weniger durch eine kritische Analyse der Verhältnisse als durch den Wunsch bestimmt, einer engagierten Elite anzugehören. Und zunehmend brach dabei ihr alter Hang zur Melancholie hervor, und zunehmend verrieten ihre Worte und Handlungen – vor allem aber auch ihre vielen journalistischen Beiträge – Bitterkeit, Wut und gerechte Empörung – nicht über Dinge, die ihr persönlich zugestoßen waren, sondern über »die deutsche Bundestagskoalition, die amerikanische Regierung, die Polizei, die staatlichen und Universitätsbehörden, das Bürgertum, den Schah von Persien, die internationalen Gesellschaften, das kapitalistische System« (Becker, S. 159).

Hier fragen wir jedoch nach Dingen, die ihr persönlich zugestoßen waren und die aus familiendynamischer Sicht wichtig erscheinen. Und dazu möchte ich – aufgrund meiner Erfahrung mit ähnlichen Familienkonstellationen – die These wagen, daß Ulrike als Kind mit Hilfe ihrer Wärme, Liebenswertheit und Intelligenz den durch eigene Familienvermächtnisse und Auftragskonflikte überforderten (und möglicherweise einander entfremdeten Eltern) einen Zustrom an Lebensfreude, Kraft und Zuversicht zu geben versuchte – um den Preis eigener Überforderung und Konfliktbelastung, und auch ohne die Eltern schließlich retten zu können. Den frühen Verlust beider Eltern – so lese ich das mir zur Verfügung stehende Material – vermochte sie nicht angemessen zu betrauern. Damit aber verstärkte sich ihre Notlage. Ihr Nachholbedarf an guten, gebenden Eltern und einer »heilen Familie« wuchs, aber gleichzeitig stieg ihr »Schuldenkonto« und damit der Zwang, die elterlichen Vermächtnisse einzulösen, etwas Außergewöhnliches sein, einen besonderen Einsatz leisten zu müssen. Den Nachholbedarf an guten Eltern und einer »heilen Familie« suchte sie, so zeigt es sich mir, durch Anschluß an starke (oder vielmehr stark erscheinende Männer wie Röhl und später Baader), an elitäre, avantgardistische Zirkel, durch Einsatz für unterprivilegierte Menschen, insbesondere bindungslose Jugendliche (sie identifizierte sich mit diesen und versuchte, diesen aktiv zu geben, wie sie sich selbst gewünscht hatte, daß ihre Eltern ihr gegeben hätten), und durch die überstürzte Gründung einer eigenen Familie mit Klaus Rainer Röhl, damals Herausgeber der Zeitschrift *Konkret*, zu stillen.

Aber die weiterbestehende Bindung an die verstorbenen Eltern und die uneingelösten Vermächtnisse – etwas Besonderes zu sein, sich politisch, sozial und vielleicht auch künstlerisch radikal zu engagieren – erlaubten kein sich Zueigenmachen ihrer Verluste und ihrer Trauer, verhinderten eine Stillung ihres Nachholbedarfes an kindlicher Liebe und Geborgenheit und ließen es nicht zu, daß sie sich wirklich an einen Partner band. (Für die Ehe mit Röhl fehlte von Anfang an – auf beiden Seiten – das Engagement. Röhl verliebte sich der Darstellung J. Beckers[S. 153] zufolge bald »ernsthaft« in eine verheiratete Griechin.) So belastete sich Ulrike mehr und mehr mit Konflikten und es intensivierte sich ihre Verzweiflung, die sie schließlich durch eine Flucht nach vorne – d. h. in den Terrorismus – sowohl zu überspielen suchte als auch ausweglos machte.

Es läßt sich vorstellen, daß ihre Beziehung zu ihrer Ziehmutter Renate Riemeck zu dieser Entwicklung beigetragen hat. Offensichtlich hat sich Frau Riemeck noch schärfer als ihre Eltern gegen das Nazi-Regime gestellt (es fehlen allerdings Hinweise dafür, daß sie aktiven Widerstand leistete). Solche frühe intellektuelle Unabhängigkeit und Behauptungskraft verband sich bei ihr, so scheint es, mit einer allgemeinen antiautoritären Einstellung und einer Ablehnung von Zügen konventioneller Weiblichkeit. Eine Schulfreundin Ulrikes, die Frau Riemeck ebenfalls zur Lehrerin hatte, berichtet, wie leidenschaftlich diese Lehrerin von ihren Schülern bewundert wurde. (»Sie war eine jungenhafte Frau, mit einem männlichen Haarschnitt und einer tiefen Stirn, die bei den Schulfesten freche Lieder sang und in deren Klasse man auf den Tischen sitzen und rauchen durfte. Sie hatte bestimmt großen Einfluß auf Ulrike« (zitiert nach Becker, S. 122).

Es gibt manchen Anhalt dafür, daß Ulrike die Persönlichkeit und Ideale, die Frau Riemeck verkörperte, sich zu eigen zu machen versuchte, umso mehr, als sie vielleicht Frau Riemeck gegenüber eine Dankesschuld empfand. (Jillian Becker deutet an, Frau Riemeck habe, als sie sich zur Mutterrolle für Ulrike entschied, eine mögliche Heirat mit einem jungen Akademiker ausgeschlagen.) Aber im Gegensatz zu ihrer Pflegemutter gelang es Ulrike nicht, ihre antiautoritären Ideale in einer tragfähigen Identität zu verankern. Im Gegenteil: ihre Versuche, ihrer bewunderten Pflegemutter nachzuleben, eventuell auch deren Aufträge zu erfüllen, scheinen ihre innere Zerrissenheit, ihre ausweglose Verzweiflung verstärkt zu haben. Ich sehe es als einen Ausdruck solcher Verzweiflung an, daß sie, die so getrieben schien, für sich und ihre Kinder eine heile gerechte Welt zu schaffen oder zu finden, diese Kinder schließlich aufgab und sich in einem Lager der Palästinenser als Terroristinnen ausbilden lassen wollte. So sehr sie sich auch bemühen mochte, sich gegen innere Konflikte und Schuld durch immer radikaleren terroristischen Einsatz zu immunisieren, so schien doch schließlich nur noch der im Stammheimer Gefängnis vollzogene Selbstmord sie wirklich davon befreien zu können.

Gudrun Ensslin

Die 1940 geborene Gudrun Ensslin war das vierte von sieben Kindern des schwäbischen Pfarrers Helmut Ensslin und seiner Frau Ilse. Mehr noch als Ulrike Meinhof vermitteln Gudrun und ihre Familie einen Eindruck von hohen, aber widersprüchlichen und unrealisierbaren Vermächtnissen und Idealen, von innerer Zerrissenheit, von Belastung durch Schuld und Konflikt und von Fanatismus. Jillian Becker beschreibt beide Eltern als »irritierbar, bitter und aggressiv« und deren in den letzten Jahren in den Medien verbreitete Bilder und Äußerungen stützen solche Beschreibung. Aus familiendynamischer Sicht beeindruckt vor allem eine bis zur Realitätsverzerrung gehende Loyalität beider Eltern gegenüber Gudrun: die Mutter mobilisierte fast bis zu deren Ende quasi öffentliche Hilfsaktionen (zum Beispiel eine Geldsammlung für Gudruns Zahnbehandlung), der Vater bezweifelt offenbar noch heute, daß Gudrun wirklich durch Selbstmord aus dem Leben schied.

Die Empfindlichkeit und Bitterkeit der Eltern werden verständlicher, wenn wir erfahren, daß von ihren sieben Kindern eines nach siebenjähriger geistiger Erkrankung durch Selbstmord endete und ein anderes zeitweilig einer psychiatrischen Kur bedurfte.* Nach dem, was wir aufgrund neuerer Forschung und klinischer Erfahrung über Familien mit selbstmörderischen und psychotischen Angehörigen wissen, deutet diese Information nicht nur auf eine tiefe Tragik, sondern auch auf eine schwere Störung der Beziehungen und Kommunikation innerhalb der Familie. Sie läßt uns weiter daran denken, daß Gudrun vielleicht nicht nur beauftragt war, zwischen den, wie ich annehme, zutiefst (wenn auch möglicherweise verdeckt) zerstrittenen Eltern zu vermitteln, sondern zum Teil auch deren Schuld und Konflikte zu übernehmen und durch ihren besonderen Einsatz die Tragik und den »Defekt« in ihrer Ursprungsfamilie zu überstrahlen (siehe vor allem Stierlin et al.,1977, S. 98-107).

Wie dem auch sei, vieles in Gudruns Leben: ihre Chaotik, ihre wiederholten »hysterischen Ausbrüche« und manchmal – in den Augen verschiedener Beobachter – bizarres Gehabe, legt innere Zerrissenheit und massivste Auftrags- und Loyalitätskonflikte nahe, die sie – wie Ulrike Meinhof auch – durch die Flucht nach vorn, d. h. durch immer radikalere, gewaltsamere Aktionen zu meistern suchte. Eine solche »Flucht nach vorn« ergab sich beinahe zwangsläufig aus ihrer Intensität, ihrer Ungeduld und ihrem Fanatismus, die in den kritischen Jahren des Vietnam-Protestes auf manche weniger Entschlossene anfeuernd und charismatisch wirkten. Günther Grass, der sie aus ihren Berliner Tagen kannte, sagte, »sie war idealistisch, mit

---

* (siehe Leserbrief vom M. Greiffenhagen im SPIEGEL, Nr. 46, 31: 12-14, Nov. 1977).

einem angeborenen Ekel vor jedem Kompromiß. Sie sehnte sich nach dem Absoluten, der vollkommenen Lösung« (zitiert nach Becker, S. 72).
Gudrun Ensslin ähnelt Ulrike Meinhof auch darin, daß sie nach einer kurzen erfolglosen Ehe – in ihrem Falle mit dem später durch Selbstmord endenden Bernward Vesper, dem Sohn des Nazischriftstellers Will Vesper – ebenfalls ihr Kind in den Händen anderer zurückließ, um, wie sie wohl meinte, ihrer eigentlichen Berufung leben zu können, einer Berufung, die letztlich auch sie nicht gegen ihre wachsende Schuld zu immunisieren vermochte und schließlich auch zu ihrem Selbstmord führte.

Bernd Andreas Baader
Der 1943 geborene Andreas Baader verlor seinen Vater, einen als Archivar arbeitenden Historiker, bereits 1945 im Kriege. Dessen Witwe, Anneliese Baader, blieb ledig und verdiente ihren und des Buben Unterhalt als Sekretärin. Über längere Zeiträume lebten noch andere weibliche Verwandte, die ihre Männer ebenfalls im Kriege verloren hatten, im Baaderschen Haushalt. All diese Frauen verwöhnten den kleinen Andreas. Andreas, so erfahren wir, war als Kind hübsch, eigenwillig, draufgängerisch, von einer bübisch-verschmitzten Boshaftigkeit, ein Herzensbrecher. In den Augen der ihn umsorgenden Frauen konnte er nichts falsch machen. Sie deckten alle seine Streiche. Seine Lehrer sahen ihn jedoch überwiegend als faul und verzogen an, und selbst seine Großmutter sagte, er habe kein Rückgrat. Als einziger der bekannten, aus Akademiker-Kreisen stammenden Terroristen schaffte er das Abitur nicht.
Nach dem Schulabgang liefen sich seine Ansätze zu einer Journalisten- und Künstlerlaufbahn schnell tot – die Diskrepanz zwischen Anspruch und vorhandenem Talent und Durchhaltewillen waren zu groß –, jedoch bei vielen Frauen hatte er Erfolg. Denn bei diesen gereichte ihm offenbar zum Vorteil, was für den Überlebenskampf in der Leistungsgesellschaft unbedeutend oder von Nachteil war: seine Direktheit, sein »männlicher Charme«, sein Draufgängertum, sein Freisein von intellektueller Verkrampfung, seine Skrupellosigkeit. Zu den Frauen, die er zu seinen Geliebten machte, gehörte

schließlich auch Gudrun Ensslin. Sie vor allem half ihm, so sieht es J. Becker, sich zum »Idealisten« und zum »Revolutionär« zu entwickeln. Aber auch der Revolutionär, der im Kampf gegen den Konsumterror Warenhäuser in Brand steckte, verschmähte nicht die Produkte der Konsumgesellschaft – z. B. teure Autos und Luxusappartements –, die ihm Freunde und Gönner, vor allem aber Gönnerinnen, immer wieder zur Verfügung stellten.

Andreas Baader entspricht auf den ersten Blick wohl am wenigsten dem oben skizzierten Idealtypus eines Terroristen. Im Rahmen einer konventionellen psychiatrischen Diagnostik ließe er sich möglicherweise als ein Psycho- bzw. Soziopath oder einfach als eine unreife, skrupellose, ausbeuterische Persönlichkeit einstufen.

Mir zeigen sich seine Person und Situation jedoch komplexer, als es solche oder ähnliche wertende (oder richtiger: abwertende) Etiketten ausdrücken könnten. Vor allem sehe ich ihn als stark Es-gebundenen Delegierten, dem seine Aufträge eine terroristische Karriere der einen oder anderen Art vorzeichneten.

Es-Gebundenheit zeigt sich bei ihm in erster Linie als eine bedingungslos durch seine Mutter und die anderen ihn bemutternden Frauen gewährte massive regressive Verwöhnung und narzißtische Bestätigung. Für sie war und blieb er einzigartig, großartig, was immer er auch anstellte und was immer auch andere sagen mochten. Selbst was diese anderen Andreas als Mängel ankreiden mochten – z. B. dessen Eigenwilligkeit, Frechheit, Skrupellosigkeit – verwandelte sich, so scheint es, in ihren Augen zu Pluspunkten, zu Beweisen seiner Besonderheit und zu Elementen seines Charmes.

Solche Verwöhnung und Inthronisierung des kleinen Andreas als Prinz und Narziß läßt sich jedoch, so meine ich, nicht nur als Ausdruck selbstloser mütterlicher Liebe verstehen. Ich sehe darin auch verlangende, wenn nicht ausbeuterische Motive am Werk. Diese Frauen, die ihre Männer und vielleicht sogar Väter durch den Krieg verloren hatten, versuchten wahrscheinlich durch aktives Geben (an Andreas) mit Traumata und Versagungen fertigzuwerden, die sie selbst einmal als Kinder und später als passiv Leidtragende erlitten hatten.

Ich habe diesen aus der Psychoanalyse bekannten Mechanismus an anderer Stelle beschrieben (Stierlin, 1975).
Weiter: sie förderten und genossen vielleicht in Andreas Züge von Männlichkeit (oder eher Pseudomännlichkeit), die sie bei ihren Männern und Vätern vermißt hatten oder – wegen deren kriegsbedingter Abwesenheit – nicht erleben durften. Und sie verknüpften möglicherweise mit seiner sich offenbar schon früh zeigenden magnetischen, aktionsgeladenen Persönlichkeit nicht nur die Erwartung, er sei zu etwas Großem bestimmt, sondern auch die, er könne sie rächen – an der Gesellschaft, am Establishment, an den Reichen, an den Mächtigen, die sie irgendwie für ihr eigenes trauriges Witwenschicksal verantwortlich ansahen.

Stimmt diese Deutung, könnte sie nicht nur Andreas' – auf andere charismatisch wirkende – Selbstsicherheit, Skrupellosigkeit und Risikofreudigkeit verständlicher machen (als verwöhnter Prinz mit kindlichem Größenselbst konnte er sich ja alles erlauben, konnte ihm – in seiner Phantasie – nichts passieren), sie könnte auch in seinem Falle die Immunisierung gegen Schuldgefühle angesichts seiner (für den Außenstehenden) häufig korrupten und verantwortungslosen Handlungsweisen wenigstens zum Teil erklären. Denn auch Baader, so müssen wir uns hier erinnern, der sich zeitweilig mit propagandistischem Aufwand für die antiautoritäre Mobilisierung und Befreiung Jugendlicher, von ihren Eltern verlassener Kinder einsetzte, verließ sein eigenes Kind Suse, das er mit der Malerin Elenor Michel gezeugt hatte. Kurzum, es ließe sich auch bei Baader eine langfristig angelegte Konflikt- und Beauftragungskonstellation wahrnehmen, die seine Flucht nach vorn in den Terrorismus bis hin zum schließlichen Selbstmord psycho-logisch einsichtig machen könnte.

DAS DRITTE SYSTEM : GRUPPENPROZESSE IM RAHMEN JUGENDLICHER TRENNUNGSDYNAMIK

Im Jugendalter erreicht das Drama von Trennung und (geglückter oder gescheiterter) Versöhnung, das ich an anderer Stelle (Stierlin, 1975) beschrieben habe, seinen Höhepunkt.

Vom Ausgang dieses Dramas hängt es auch ab, ob und wie bestimmte, in der Familie angelegte Beziehungs- und Konfliktmuster dem öffentlichen Terrorismus Nahrung geben. Dazu fragen wir: wie verschränken sich die Bühnen – die Familienbühne und die öffentliche Bühne –, auf denen jetzt das Drama des Terrorismus gespielt wird? Welches sind hier Haupt-, welches Nebenbühnen? Welche Faktoren kommen gerade im Jugendalter ins Spiel, die einen (offen oder verdeckt ausgetragenen) Familienterrorismus nicht länger eingefriedet, sondern ihn sich zum öffentlichen Terrorismus ausweiten lassen?

Im Rahmen unseres theoretischen Modelles interessieren dabei wiederum die Möglichkeiten des Dialogs, die Interaktionsweisen von Bindung und Ausstoßung sowie die jeweilige Delegations-, Verdienst- und Vermächtnisdynamik des oder der im Trennungsprozeß stehenden Jugendlichen. Gleichzeitig versuchen wir den sich außerhalb der Familie abspielenden Gruppenprozessen Rechnung zu tragen. Diese Prozesse betreffen in erster Linie die Gruppe der Gleichaltrigen, der »Peers«.

CHANCEN UND GEFAHREN DES DIALOGS IM JUGENDALTER

Ganz allgemein gilt, daß das Jugendalter die Bereitschaft und Fähigkeit zum Dialog – mit Familienangehörigen, Peers und anderen Erwachsenen – sowohl verlangt, zu fördern vermag als auch auf die Probe stellt.

Es verlangt solche Bereitschaft und Fähigkeit, weil sich dem Jugendlichen mit neuen Aufgaben und Erlebnissen auch viele neue Fragen stellen; es vermag sie zu fördern, weil sich mit seinem Hineinwachsen in die Welt der Peers und Erwachsenen neue Möglichkeiten und Konstellationen des Dialogs eröffnen; es stellt sie auf die Probe, weil in seiner intensiven Suche nach Wärme, Freundschaft und Intimität auch Fusion und Grenzenverlust drohen.

Jugendliche Terroristen, so sahen wir, zeigen sich weder dialogbereit noch -fähig. Gerade ihr »Radikalismus« und »Idealismus« verhindern, daß ein gemeinsamer Aufmerksamkeitsfokus geteilt, die eigene Position artikuliert, der Partner in seinem Recht gesehen, eine für alle Parteien faire Lösung gesucht werden kann. Radikalismus und Idealismus im Jugendalter müssen jedoch nicht unbedingt dialogfeindlich sein. Besonders Kohlberg und Gilligan (1968, 1971) und Hampden-Turner (1971) verdanken wir empirische Untersuchungen über amerikanische Jugendliche der Mittelklasse, die Radikalität und Idealismus mit der Fähigkeit und Bereitschaft zum Dialog zu verbinden vermochten (s. 2. Kapitel). Sie setzten sich unter eigenen Opfern für die Belange unterdrückter und unterprivilegierter Minderheiten ein, vermochten dabei aber komplexe ethische Probleme wahrzunehmen und zu diskutieren, die Positionen und Bedürfnisse auch ihrer Widersacher anzuerkennen und eigene Projektionen und Racheimpulse nicht zum Tragen kommen zu lassen – ganz im Gegensatz zu den radikalen deutschen »Idealisten« vom Schlage Meinhofs, Ensslins und Baaders. Vereinfachend können wir daher sagen: den genannten amerikanischen radikalen Jugendlichen verhalfen die Trennungs- und Gruppenprozesse des Jugendalters zu einer vermehrten Dialogfähigkeit (bzw. bezogenen Individuation), bei den deutschen radikalen Terroristen war das Gegenteil der Fall.

Wahrscheinlich hätten Kohlberg und Hampden-Turner auch in Deutschland Gruppen von radikalen dialogbereiten und dialogfähigen Jugendlichen ausfindig machen können, die ihrem amerikanischen Sample entsprochen hätten. Ich zweifle jedoch, daß dies ihnen hier so leicht wie in den USA gefallen wäre. Und ich zweifle auch, daß sie an einer US-amerikanischen Universität so leicht eine größere Gruppe von gewaltbereiten potentiellen Terroristen hätten aufspüren können, wie dies etwa in Heidelberg dem Sozialpsychologen Grossarth-Maticek (1975 a, b, 1978) möglich war. Und das nicht nur, weil amerikanische Jugendliche der Mittelklasse zum Teil andere Familienerfahrungen als deutsche Jugendliche gemacht haben, sondern auch, weil ihre Schulen und Universitäten die Trennungs- und Gruppenprozesse des Jugendalters anders als in Deutschland beeinflussen. Um dies zu verstehen, bringen wir noch einmal unseren zweiten Hauptgesichtspunkt ins Spiel – die Interaktionsweisen von Bindung und Ausstoßung.

Wechselfälle von Bindung und Ausstossung
im Jugendalter

Konfliktträchtige Bindungskonstellationen können – so sahen wir – über längere Zeiträume hinweg »heranreifen«, um dann in kritischen Phasen des Individuations- und Trennungsprozesses zu »explodieren«. Eine solche Explosion muß aber nicht unbedingt innerhalb, sie kann auch außerhalb der Ursprungsfamilie erfolgen, um dann dort zu trotzig-terroristischem Verhalten Anlaß zu geben. Das fügt sich in unser Konzept ein, wonach Terrorismus als dynamisches Geschehen innerhalb verschiedener miteinander verschränkter Systeme (oder Bühnen) zur Wirkung kommen kann. Eine starke ungelöste Bindung an die Eltern läßt sich etwa »gegenphobisch« überspielen, indem man sich massiv an den Ehepartner (oder das eigene Kind) anklammert. Viele überstürzte Eheschließungen lassen sich daher als – in der Regel zum Scheitern verurteilte – Versuche verstehen, aus einer überstarken Bindung an Eltern und Familie auszubrechen. Damit aber wird die in der Ursprungsfamilie angelegte Bindung in einem anderen System (bzw. auf einer anderen Bühne) aktiviert. Gleichzeitig wird damit der innerhalb der Ursprungsfamilie angelegte Konflikt auf ein anderes System (die neu gegründete Ehe und Familie) verschoben und möglicherweise erst hier voll zur Explosion gebracht: etwa in der Form einer gegen den Ehepartner gerichteten trotzig-gehässigen Feindseligkeit, die nun auch hier Gegentrotz und Machtkampf auslöst. In anderem Zusammenhang sprach ich dabei von transfamiliärer – die Familiengrenzen überschreitender – Übertragung (siehe 3. Kapitel).

In vielen Situationen jedoch stößt das aus dem Familienerleben erwachsende, anklammernde und bindungsbereite Verhalten während der Adoleszenz gleichsam ins Leere: es fehlen geeignete Partner, an die man sich anklammern könnte, und alle für transfamiliäre Übertragungen zur Verfügung stehenden Personen werden sofort negativ besetzt, d. h. werden zu Elternfiguren, die man bekämpfen, abwerten, provozieren, kurzum terrorisieren muß. Hier erscheint Bindungs- und Abhängigkeitsbereitschaft dann nicht mehr als anklammernde und idealisierende Gefügigkeit, sondern sogleich als wütender, antiautoritärer Trotz.

Und ich meine nun, daß die Situation an den deutschen Schulen und Universitäten in unvergleichlich höherem Maße zu solchem antiautoritären, sprich dialogfeindlichen, Trotz Anlaß gibt, als diejenige, die ich in den USA kennenzulernen Gelegenheit hatte. (Dabei beschränke ich mich auf Schüler und Studenten der gebildeten Mittelklasse, aus der sich in der Bundesrepublik Deutschland Terroristen in erster Linie rekrutieren.)

Im allgemeinen haben die Grund- und Oberschulen (High Schools) in den USA eine weniger »einfriedende« Struktur als die entsprechenden deutschen Schulen. Die Klassen sind unverhältnismäßig groß und anonym, ihre Zusammensetzung variiert relativ früh und häufig nach Maßgabe der wechselnd gewählten Fächer, es kann sich wenig Klassenzusammenhalt und Bindung an einzelne, als Elternersatz fungierende Lehrer ausbilden. Die fehlende einfriedende Struktur muß entweder von der Familie oder vom Schüler selbst aufgebracht werden. Häufig mangelt es an solcher Struktur, und die Familien brechen auseinander, wie das anschwellende, sich der Millionengrenze nähernde Heer jugendlicher amerikanischer Ausreißer zu beweisen scheint (siehe dazu auch Stierlin, 1975). Dessenungeachtet werden amerikanische Jugendliche der Mittelklasse, so scheint mir, schon früh in einer Weise erzogen, die Dialogfähigkeit und -bereitschaft sowie Autonomie und Kompetenz mehr als bei deutschen Kindern fördert. (So lernen amerikanische Kinder im Gegensatz zu deutschen Kindern schon früh in der Schule das »Fair Play« des Debattierens. Das in Deutschland übliche Debattieren wird dagegen, so scheint mir, leicht zu einem Schlagaustausch, der schnell zum unfairen Niederringen eines Dialogpartners führt.)

Die in den USA auf die High School folgende Universität (bzw. das College) stellt jedoch solche Autonomie und Kompetenz noch vergleichsweise wenig auf die Probe. Denn sie ist im ganzen wie eine gewohnte Schule – mit relativ klar strukturierten Kursen, Fächern, Erwartungen, Belohnungs- und Strafsystemen – organisiert. Das gemeinsame Wohnen der Studenten in dem der Universität angeschlossenen Campus

friedet diese ebenfalls ein. Dabei suchen Tutoren zum einzelnen Studenten eine persönliche, ratgebende, orientierungsvermittelnde Beziehung herzustellen. Allgemein läßt sich daher sagen: der amerikanische Student wird einerseits schon relativ früh auf Autonomie, Eigenverantwortung, Kompetenz und den Dialog vorbereitet, andererseits aber doch als ein kontinuierlich anlehnungsbedürftiger und -bereiter Jugendlicher behandelt. Es findet ein allmählicher Übergang zum Status und zur Verantwortung des Erwachsenen statt.
Ganz anders die Erfahrungen des heutigen deutschen Schülers und Studenten. An den deutschen Grundschulen und Gymnasien sind die Klassen meist kleiner und – trotz der inzwischen abklingenden antiautoritären Welle – stärker reglementiert als an den entsprechenden Schulen der USA. Die Klassen bleiben über längere Zeit zusammen, es kann sich daher ein Klassenzusammenhalt und eine tiefere Bindung an einzelne Lehrer entwickeln. Wo dann bereits das Elternhaus bindend wirkte bzw. ein Modell für eine autoritär-bindende Reglementierung lieferte, führt die Schule solche Erfahrung fort und fördert ihrerseits eine passive Abhängigkeitsbereitschaft. Im Vergleich zu den USA bestehen weniger Anreize und Möglichkeiten zur Übung im »Fair Play« des Dialogs und zum Entwickeln von Eigenverantwortung und Lebenskompetenz. Fällige Trennungsschritte werden verzögert.
Um so größer aber der Schritt, den der Übergang von der höheren Schule zur heutigen deutschen Universität verlangt. Denn die Freiheit, die diese Universität bietet, verlangt vom Studenten eine Fähigkeit und Bereitschaft zur autonomen selbstverantwortlichen Lebensgestaltung, zu der ihn wenig oder nichts in seinen bisherigen Lebens- oder Schulerfahrungen vorbereitet hat. Im Gegenteil. Diese Freiheit bedeutet nun, daß er sich einer verwirrenden Zahl von Fächern und Lehrangeboten gegenübersieht, an deren Praxisrelevanz er mit Recht häufig zweifeln muß; sie bedeutet, daß er nur selten einen persönlichen Kontakt zu seinen überlasteten Professoren herstellen kann; sie bedeutet, daß er sich eine eigene Wohnung suchen, einen Freundeskreis aufbauen, allein mit Problemen von Sexualität und Intimität ringen muß; sie bedeutet, daß er sich als ein einzelner in einer anonymen Masse von

Mitstudenten erlebt, einer Masse, die bei aller Orientierungslosigkeit unter Leistungs- und Erfolgsdruck steht und angesichts trüber Zukunftsaussichten von Existenzangst getrieben ist.

Kurzum, der Schritt in die Freiheit der Universität bedeutet oft die Ausstoßung aus relativer Bindung, Einfriedung und Strukturierung in die Ungebundenheit und Ungeborgenheit einer anonymen (obzwar oft durch elitäre Parolen und Ansprüche übertünchten) Massenexistenz.

Solche Ausstoßung erzeugt notwendigerweise Enttäuschung, Frustration, Unsicherheit, Angst und Wut. Und sie macht für bestimmte Gruppenprozesse besonders empfänglich. Ihnen wenden wir uns daher als nächstes zu.

GRUPPENPROZESSE

Begriffliche Werkzeuge zum Verständnis solcher Prozesse haben insbesondere Freud (1914, 1921) und Bion (1961) erarbeitet. Im folgenden greife ich daraus lediglich einige Aspekte heraus, die Licht auf den Terrorismus, vor allem auf die Zusammenhänge zwischen Familien- und öffentlichen Terrorismus, werfen.

Hier erscheint vor allem Freuds Konzept des Überichs bzw. Ich-Ideals wichtig. »Vom Ich-Ideal aus«, schrieb er, »führt ein bedeutsamer Weg zum Verständnis der Massenpsychologie. Dieses Ideal hat außer seinem individuellen einen sozialen Anteil, es ist auch das gemeinsame Ideal einer Familie, eines Standes, einer Nation« (Freud, 1914). In einer Gruppe bzw. Masse gibt das Individuum nach Freud sein Ich-Ideal auf und ersetzt es durch das Gruppenideal, das sich im Führer verkörpert. Gleichzeitig identifiziert – oder besser über-identifiziert – es sich mit den anderen Gruppenmitgliedern. Kohut (1972) zufolge kommt dabei auch ein »grandioses Gruppenselbst« zum Ausdruck, an dem alle Gruppenmitglieder Anteil haben. Damit werden traditionelle Normen und Werte aufgehoben bzw. »umgepolt«, und gewöhnliche – d. h. kulturbedingte – Scham- und Schuldmechanismen suspendiert. Das Gruppenindividuum vermag daher Handlungen zu begehen, die ihm außerhalb der Gruppe größte Verlegenheit oder Schmerz bereiten würden. Normalerweise unauffällige Bürger ermorden etwa als Mitglieder einer SS-Einheit unschuldige Frauen und Kinder, respektierliche Geschäftsleute und Hausfrauen schreien als Mitglieder von Encounter-Gruppen Obszönitäten heraus, tanzen nackt oder besichtigen mit Specula gegenseitig ihre Genitalien, und bis dahin eher stille und scheue Töchter und Söhne gutsituierter Eltern basteln Sprengsätze und rauben Banken aus. Dabei sehen Freud und Bion die Rolle des Gruppenführers unterschiedlich: während Freud diesem Führer als dem Manipulator des Ich-Ideals und Umwerter der Gruppenwerte eine besondere Bedeutung zuschreibt, ist er nach Bion sowohl Initiator als auch Ausführender, sowohl Treibender als auch Getriebener der Gruppenprozesse. Nicht selten erscheint er als das gestörteste Mitglied. Solche Gruppendynamik polt jedoch nicht nur Werte um und immunisiert die Mitglieder gegen Scham und Schuld; sie dient zugleich der Stillung wichtiger Bedürfnisse und der Lösung zentraler Konflikte.

Heutige deutsche Jugendliche, die abrupt aus Familie und Schule in die anonyme Massenexistenz der Universität »entbunden« wurden, dürften in einer Gruppe vor allem Geborgenheit, einen übergreifenden Sinn und Orientierung suchen. Das aber liefern ihnen gegenwärtig insbesondere bestimmte linke wie rechte Gruppen, die im Vorfeld des Terrorismus operieren. Denn sie verhelfen ihren Mitgliedern zu Erlebnissen von Brüderlichkeit, Kameradschaft und Solidarität und verlangen von ihnen oft hohe Opfer. (KBW-Mitglieder etwa müssen neben ihrem Beruf viele Stunden agitatorisch arbeiten und alles über einen Freibetrag hinaus verdiente Geld an die Parteikasse abliefern.) Gleichzeitig liefern sie eine Weltsicht, die solche Solidarität zementiert und die Opferleistung legitimiert. Dabei scheinen großenteils historische Faktoren und Konstellationen darüber zu entscheiden, ob sich solche Weltsicht eher auf linken oder rechten Ideologien gründet. Nach der Ansicht Walter Laqueurs und anderer Historiker wären heutige gewaltbereite westliche Marxisten vor 40 Jahren überwiegend Nazis bzw. Faschisten gewesen (siehe aber auch Grossarth-Maticek, 1968, 1978).

Die Gruppe stärkt weiter ein Feindbewußtsein und richtet ihre Mitglieder auf ein Feindbild aus, wodurch Binnenaggressivität (d. h. Aggressivität innerhalb der Gruppe) vermieden, die Solidarität noch gestärkt und die angestaute Wut und Frustration gezielt nach außen entladen werden können. Damit aber verspricht die Gruppe auch eine Lösung jener Konflikte, insbesondere der Auftrags- und Loyalitätskonflikte, die den Mitgliedern aus ihren Ursprungsfamilien erwachsen waren und dort, wie wir sahen, zu Verzweiflung, Frustration und Wut Anlaß gegeben hatten: Familiendynamik geht in Gruppendynamik über, und die Bühne, auf der das Drama des Terrorismus ausgetragen wird, wandelt und kompliziert sich einmal mehr.

Unter anderem kommen auf dieser Gruppenbühne nach Lloyd deMause folgende Elemente zur Wirkung: »... die Gruppe glaubt, ihr Lebenszweck sei die Erhaltung der Gruppe ... Gruppen verlangen nach Führern, die als Depositorien für schlechte innere Objekte (im Sinne Melanie Kleins) zu dienen haben ... Diese Führer werden vergottet, um Bemutterungsphantasien zu genügen. Auf diese Weise versuchen die Gruppenmitglieder, sich gegen die paranoide Feindseligkeit zu verteidigen, die sie in der Gruppe wahrnehmen. Weiter stellt die Vergottung der Führer eine Gruppenabwehr gegen mächtige Verlassenheitsängste dar und ... wenn diese Vergottung nachläßt, kommt es zu einem Aufschwung der Gruppensolidarität, utopischen Phantasien und Revolutionsversuchen. Untergruppen konstituieren sich mehr auf der Basis gemeinsamer Abwehrhaltungen als auf der unterschiedlicher Bedürfnisse ... Bei Gruppenrollen läßt sich immer eine unbewußte Kooperation erkennen, wobei Führer, Helden, Sündenböcke, Moralisten und paranoide Sprecher unweigerlich, entsprechend den jeweiligen Gruppenbedürfnissen, zum Vorschein kommen ... Je größer die Gruppe, um so mehr wird sie zu einem Behälter für verdrängte Gefühle und umso häufiger finden wir darin Spaltungsmechanismen (Splitting), die der Abwehr projizierter Gruppenaggressionen dienen« (deMause, 1974).

Auf einer solchen Gruppenbühne kann sich weiter eine (mehr oder weniger) unbewußte Delegationsdynamik entwickeln, die auch zur Quelle terroristischer Gewalttätigkeit zu werden vermag: Ein größerer Teil der Gruppe delegiert jeweils einzelne Mitglieder oder eine kleine Minderheit zu jenen radikalen Handlungen, die man selbst nicht durchzuführen bereit ist, d. h. »Sympathisanten« delegieren Terroristen zu Akten, vor denen sie selbst (vielleicht vorläufig noch) zurückschrecken. Dabei vermitteln sie diesen das Gefühl, von der Zustimmung ihrer Freunde und Mitverschworenen getragen, Helden, Auserwählte, etwas Besonderes zu sein, was bei diesen eine noch stärkere Immunisierung gegen etwaige Schuldgefühle bedingt.

Und dennoch: auch Gruppenprozesse, wie hier skizziert, gestatten keine wirkliche Lösung der Probleme, mit denen der durch Familienkonflikte belastete und aus der Familie entlassene Jugendliche ringt. Im Gegenteil: die »Lösungen«, die die Gruppe anbietet, schaffen neue Probleme. Denn der Gruppenprozeß läuft hier gleichsam gegen die Realität an. Die Gruppe übt auf die Mitglieder einen regressiven Sog aus. Dabei geben sie sich einem betrügerischen Gefühl der Omnipotenz hin, ihr Erinnerungsvermögen leidet, und es kommt ihnen mehr und mehr das Gefühl für realistisch gesetzte Schranken abhanden. Die Spaltungen und Konflikte, die der Gruppenprozeß abzuwehren suchte, drohen in anderen Formen immer wieder durchzubrechen, die Erlebnisse von Solidarität und Sinnfindung solchen von Verzweiflung und Sinnlosigkeit zu weichen. Kurzum, anstatt daß der Gruppenprozeß eine bezogene Individuation, Dialog und Versöhnung fördert, erschwert er sie und verstärkt eine negative Gegenseitigkeit.

DAS VIERTE SYSTEM: DIE GESELLSCHAFT

Der Blick auf das vierte System – die Gesellschaft – nimmt weitere, für unser Thema wichtige Prozesse, Zwänge und Konflikte wahr. Zum Teil sind diese typisch für alle modernen Industrienationen, zum Teil nur für deutsche Verhältnisse.

Dabei müssen wir uns erinnern, daß individueller Terror, wie hier dargestellt, nur in Gesellschaften möglich ist, deren Regime den Terror nicht selbst monopolisieren. Unter totalitären Regimen wie etwa denen Sowjetrußlands oder Albaniens besteht für einen Terrorismus nach Art der RAF kein Spielraum. Weiter: der Terror der letzteren aktiviert fast stets den Terror bzw. Anti-Terror der Gesellschaft, und umgekehrt. Gefühle von Ohnmacht, Wut, Rache etc. und daraus erwachsende terroristische bzw. repressive Handlungen lassen dann die negative Gegenseitigkeit, in der beide Seiten gefangen sind, eskalieren. In solcher Eskalation kann ein Punkt erreicht werden, wo der individuelle Terror durch massiven staatlichen bzw. gesellschaftlichen Terror abgelöst wird. Ein Beispiel liefert Uruguay: Vor Einsetzen des Terrors der Tupamaros war dieses Land die wohl (vergleichsweise) freiheitlichste Demokratie Südamerikas. Heute ist darin der Terror der Tupamaros gebrochen – aber um den Preis, daß hier nun Tausende Verdächtigter ohne ordentliche Gerichtsverfahren gefangengehalten, gefoltert und getötet werden (siehe dazu W. Laqueur, 1977).

Im folgenden beschränken wir uns auf die Situation in westlichen Industriegesellschaften, und darunter vor allem auf die Bundesrepublik Deutschland, die zwar durch die dem Terrorismus innewohnende Eskalation negativer Gegenseitigkeit bedroht erscheinen, deren Regime aber den Terror (noch) nicht monopolisiert haben.

FOLGEN DES GESELLSCHAFTLICHEN WANDELS

Gemeinsam ist solchen Industriegesellschaften der sich beschleunigende Wandel. Viele sich daraus besonders für junge Menschen ergebende Probleme warf bereits der Philosoph Hegel in einer Frage auf, die er 1813 als Rektor des Nürnberger Gymnasiums seinen Gymnasiasten stellte. Sie lautete: »Wenn Gesetze und Einrichtungen, die den festen Grund für das Wandelbare ausmachen sollen, selbst wandelbar gemacht werden, woran soll das an und für sich Wandelbare sich halten?«

Bei den Gesetzen und Einrichtungen, die Hegel im Sinne hatte, handelt es sich um die Institutionen, Traditionen und verpflichtenden Werte, die das gesellschaftliche Leben und somit auch das bestimmen, was ich »Beziehungswirklichkeit« genannt habe (s. 9. Kapitel). Mit dem sich beschleunigenden gesellschaftlichen Wandel kommt solche Beziehungswirklichkeit zum Schillern. Je schneller sie aber zum Schillern kommt, um so mehr werden sinn- und orientierungsvermittelnde Strukturen – verbindliche und eindeutige (oder zumindest eindeutig erscheinende) Normen, Erwartungen, zugeschriebene Rollen, Religionen, Mythen usw. – überhaupt zur Mangelware und es wachsen Angst und Frustration. Gleichzeitig aber setzen sich bestimmte »tiefere«, meist unbewußt verhaltensdeterminierende Strukturen vermehrt durch. Und diese sind dann vor allem die über Generationen hinweg wirkenden unsichtbaren Loyalitätsbindungen (Treueverpflichtungen), Delegationen, Vermächtnisse, sowie die daraus erwachsenden Konflikte der Aufträge und Loyalitäten.

Das Resultat solcher Entwicklung erscheint oft widersprüchlich und verwirrend. Ein Jugendlicher etwa, der sich gegen die autoritäre Repression von Schule und Staat auflehnt, zeigt sich jetzt als Opfer einer »inneren Repression«, d. h. als Delegierter seiner Eltern und Vollstrecker eines Familienvermächtnisses, das ihn verdeckt auf rebellierendes Verhalten verpflichtet. Aber weiter: die zum Schillern gebrachte Beziehungswirklichkeit ermöglicht häufig auch ein Jonglieren der sprachlichen Etiketten und Bedeutungszusammenhänge, wodurch die genannten tieferen Strukturen weiterhin verdeckt bleiben. Beides jedoch – die durch den Verfall gesellschaftlicher Strukturen erzeugte Angst und Frustration und das vermehrte Sichdurchsetzen der tieferen Strukturen – muß im Lichte unserer bisherigen Überlegungen öffentlichen Terrorismus gerade jugendlicher und junger Erwachsener begünstigen.

DAS ERWEITERTE UND ZUGLEICH VERRIEGELTE MORATORIUM

Dies zeigt sich etwa in der Weise, in der sich heute das sogenannte Moratorium der Adoleszenz und des frühen Erwachsenenalters für viele junge Menschen zugleich ausdehnt und

»verriegelte«. E. H. Erikson, der den Begriff des Moratoriums einführte, versteht darunter einen Freiraum oder besser eine Phase relativer Ungebundenheit, in der der Jugendliche oder junge Erwachsene vor früher und lebensentscheidender Verantwortung geschützt bleibt und lernend experimentieren, sich umschauen, seine Identität konsolidieren kann. Typisch sind dafür die Universitätsjahre. Dieses Moratorium verlängert sich, wenn das verlangte berufliche Wissen und die dafür notwendigen Ausbildungszeiten wachsen, und wenn Überbeschäftigung, wirtschaftliche Stagnation usw. Aufstiegsmöglichkeiten blockieren. Beides ist heute in der BRD der Fall, wo sich bis vor kurzem noch das Moratorium für manchen Studenten über 20 Semester und länger ausdehnen konnte.

Aber das heute vielen westlichen Jugendlichen zugängliche Moratorium erscheint gerade durch eine gleichfalls von Erikson beschriebene Eigenschaft oder Tendenz eben dieser Jugendlichen gefährdet – durch das, was Erikson »fidelity«, lateinisch fidelitas, ›Treue‹ oder vielleicht besser ›Treuebereitschaft‹ nennt. Er versteht darunter »eine Tugend und Qualität jugendlicher Ich-Stärke, die ein Erbe der menschlichen Evolution ist ... sich aber erst im Wechselspiel einer Lebensphase mit den Individuen und den sozialen Kräften einer wahren Gemeinschaft zu entwickeln vermag.« Solche »fidelity« schließt Treue zu sich selbst und Treue zu anderen, wie auch zu bestimmten Aufträgen und Idealen ein. Sie hat mit Wahrhaftigkeit zu tun, so wie der Jugendliche sie versteht. Aber solche Treue und Wahrhaftigkeit verbergen sich nach Erikson oft in einer »verwirrenden Mischung aus wechselnder Hingabe und plötzlicher Perversität«. Sie zeigen sich in einem Suchen, »... das oft erst Extreme austesten muß, bevor sich ein stetiger, durchdachter Kurs einpendeln kann. Besonders in Zeiten ideologischer Verwirrung und erschwerter Identitätsfindung können solche Extreme nicht nur rebellische, sondern auch abweichende, delinquente und selbstdestruktive Tendenzen einschließen« (Erikson, 1968, S. 235).

Dies aber, meine ich, sind gerade Zeiten, in denen unsere Beziehungswirklichkeit ins Schillern gerät und die sich verstärkt durchsetzenden unsichtbaren Bindungen, Delegationen und Treueverpflichtungen die inneren Spannungen und Konflikte des Jugendlichen erhöhen. In solchen Zeiten kann für bestimmte Jugendliche – und unter ihnen haben wir die Terroristen zu suchen – schnell eine explosive widersprüchliche Situation entstehen, in der die Extreme sich akzentuieren, das Moratorium sich verriegelt und ihre Suche nach Treue (zu sich selbst, zu anderen und zu ihren Idealen) auf einer Einbahnstraße ohne Ausgang endet.

Delegationsprozesse auf der Gesellschaftsebene

Dabei spielt sich – und dadurch kompliziert sich das Bild weiter – eine Delegationsdynamik nicht nur im Familien- und Gruppen-, sondern auch im gesellschaftlichen Bereich ab. Die durch Terroristen ausgelöste Beunruhigung und Faszination läßt sich mit der vergleichen, die sexuelle Triebverbrecher erwecken (I. Fetscher, 1977). Beide – Triebverbrecher und Terroristen – machen sich zu Zielscheiben einer allgemeinen »gerechten Empörung«, indem sie das ausleben (oder auszuleben scheinen), was als faszinierend beunruhigendes und zugleich ängstlich abgewehrtes Potential in vielen, wenn nicht den meisten Menschen liegt. Das entspricht dem Geschehen in bestimmten Familien, in denen ein Mitglied die Gewalttätigkeit, Triebhaftigkeit, Verrücktheit etc. zum Ausdruck bringt und in seiner Person straf- und sühnbar macht, die die anderen sich nicht zu eigen zu machen vermögen. Und hier wie dort dienen solche Delegierte zugleich als Aufregungslieferanten, die die anderen aus ihrer Langeweile und Depressivität »herauspeitschen« und ihnen ermöglichen müssen, ihre chronischen Konflikte (für eine Weile) in einem Gefühl von Solidarität untergehen zu lassen. (In den kritischen Tagen der Schleyer-Entführung und der Lufthansa-Geiselbefreiung kamen sich daher nicht nur die Regierungs- und Oppositionsparteien näher; selbst der Bonner Gesandte der DDR solidarisierte sich mit diesen gegen den »gemeinsamen terroristischen Feind«.)

Ein psychohistorischer Ausblick

Öffentlicher Terrorismus ist heute keineswegs auf Deutschland beschränkt, sondern kommt in vielen Ländern, Kulturen und geschichtlichen Epochen vor. Wir lernten soeben einige Bedingungen solchen Terrorismus kennen, die heutigen Industriegesellschaften (mehr oder weniger) gemeinsam zu sein scheinen, ja, einem internationalen Terrorismus den Boden bereiten. Es zeigen sich aber auch Unterschiede, die psychohistorische Deutungen nahelegen. Zwei Eigentümlichkeiten vor allem heben heute den deutschen Terrorismus vom Terrorismus in anderen Ländern ab.

Einmal fehlt den deutschen im Gegensatz zu anderen Terroristen – wie Basken, Iren, Südmolukkern, Palästinensern – ein allgemeinverständlicher Anlaß, eine einfühlsame »Causa«, ein Loyalitätsfokus. Die letztgenannten Terroristen repräsentieren in der Regel Minderheiten ohne Macht und oft auch ohne ein Forum, das ihnen ermöglichen könnte, das ihnen (in ihrer Sicht) zugefügte Unrecht zu beseitigen oder anzuprangern. (Basken, Kurden, Südmolukker etc. haben bisher keine Stimme in der UNO).

Heutigen deutschen Terroristen fehlt eine solche »gerechte Sache« und ein unmittelbar einsichtiger Fokus ihrer Loyalität. Ihre Behauptung, sich für die unterdrückte Arbeiterklasse einzusetzen, wirkt unglaubwürdig, denn sie finden (im Gegensatz etwa zu manchen lateinamerikanischen Guerilleros) bei dieser praktisch keinen Widerhall. Ihre Ziele – wie etwa »die Zerschlagung des westlichen Imperialismus und Kapitalismus«, »die Befreiung der Dritten Welt« etc. – bleiben vage, abstrakt und fragwürdig. Sie überzeugen kaum, wenn sie sich mit Befreiungsbewegungen in fernen Ländern wie Zimbabwe, Jemen, Timor solidarisieren, während sie das Schicksal Tausender in der DDR unschuldig verurteilter deutscher politischer Häftlinge kalt zu lassen scheint.

Deutschen Terroristen fehlt jedoch nicht nur ein einfühlbarer Loyalitätsfokus, sie entfalten auch einen besonderen »Perfektionismus der Destruktivität«*. Diese Art von Perfektionis-

---

* Dieser ›Perfektionismus‹ läßt sich jedoch auch teilweise aus Strukturele-

mus wird inzwischen möglicherweise von Terroristen anderer Nationen nachgeahmt. Wir denken vor allem an italienische Terroristen unserer Tage. Denn deren Terrorismus weist viele Parallelen mit dem in der Bundesrepublik Deutschland auf, ja erscheint in mancher Hinsicht noch heftiger und gewalttätiger. Und dennoch erkenne ich darin (bis heute) noch nicht dasselbe Element radikaler, aufs Ganze gehender Organisation und Planung, wie sie den Terrorismus der RAF kennzeichnet. Hier liegt ein Vergleich zwischen dem italienischen Faschismus und dem deutschen Nationalsozialismus nahe. Der italienische Faschismus war brutal und unmenschlich und gab zu Unterdrückungen und Eroberungskriegen Anlaß. Aber er brachte keine radikalen, bis ins letzte durchorganisierten »Endlösungen« à la Auschwitz hervor.

Diese Eigentümlichkeiten des deutschen Terrorismus aber – »das Fehlen eines klaren Loyalitätsfokus«, und »die perfektionierte Destruktivität« – verweisen auf eine »nationale Mehrgenerationenperspektive«.

Den Blick dafür eröffnet uns ein Zitat E. H. Eriksons, das sich, ersetzt man das Wort deutsch oder Deutscher für »terro-

---

menten heutiger Technik und Kommunikation erklären. Denn die gegenwärtige elektronische Weltkommunikation ermöglicht, wie es Franz Wördemann (1977) analysierte, Terroristen den »Transport des Schreckens«. Sie können sich des einfachen technischen Prinzips der Kraftübersetzung mittels Transmissionsriemen bedienen, wobei Kommunikation zum Mittel der Übersetzung wird. Auf einer Weltbühne agierend, kämpfen sie um den dramatischen Einbruch in die Psyche der Bevölkerung.

Aber indem sie die Möglichkeiten elektronischer Weltkommunikation für sich auszunutzen suchen, werden sie auch zu deren Gefangenen. Denn die Kommunikationsindustrie lebt vom Unterhaltungswert einer »Story«. »Ein schlichter Mord ist heute so sehr Selbstverständlichkeit des sich verstädternden Lebens geworden, daß er kaum noch Interesse weckt. Die Boulevardpresse kümmert sich folgerichtig nicht mehr um die Tatsache des Mordes, sondern um seine sensationelle oder delikate Pointe. Anders wäre die Zeitung am Kiosk nicht mehr zu verkaufen. Aber solch ein aus den harten Kommunikationspraktiken der modernen Welt geborener Zwang, immer einen Schritt weitergehen zu müssen, treibt die Planer terroristischer Aktionen zum immer schnelleren Abbau letzter moralischer Schranken« (Wördemann, S. 155): auch hier daher ein Zwang zur Eskalation negativer Gegenseitigkeit.

ristisch oder Terrorist«, wie ein Kapselportrait eines heutigen deutschen Terroristen liest: »Das deutsche Gewissen«, schreibt Erikson, »ist selbstverneinend und grausam. Seine Ideale sind jedoch unbeständig und sozusagen heimatlos. Der Deutsche ist hart mit sich selbst und anderen; aber extreme Härte ohne innere Autorität erzeugt Bitterkeit, Furcht und Rachsucht. Da ihm die Versöhnung seiner Ideale nicht gelingt, neigt der Deutsche dazu, mit blinder Überzeugung, grausamer Selbstverleugnung und extremem Perfektionismus viele widersprüchliche und schlechthin destruktive Ziele zu verfolgen« (Erikson, 1950, S. 335/36).
Wie entsteht ein solches Gewissen? Was bewirkt die Heimatlosigkeit seiner Ideale? Und was verhindert deren Versöhnung, so daß dann ein »Perfektionismus der Destruktivität« zu entstehen vermag?
Erikson und ich selbst versuchten dieser Frage nachzugehen, indem wir den Mann mit seiner Familie genauer betrachteten, der wie kein anderer in »Bitterkeit, Furcht und Rachsucht, mit blinder Überzeugung, grausamer Selbstverleugnung und extremem Perfektionismus widersprüchliche und schlechthin destruktive Ziele« verfolgte: Adolf Hitler. Und als Resultat meiner Hitler-Studie (Stierlin, 1975) glaubte ich nachweisen zu können, daß das von Erikson beschriebene zerstrittene und grausame deutsche Gewissen sich typischerweise bei bestimmten »gebundenen Delegierten« findet, die, zutiefst überfordert, unter charakteristischen Auftrags- und Loyalitätskonflikten leiden. Hitler stellte sich mir als solch ein gebundener Delegierter dar – jedoch nicht weniger als zahllose Reichsdeutsche, deren Motivationen sich mit denen Hitlers synchronisierten.
Die Familiensituation, die diesen Typus des gebundenen Delegierten mit grausamem, in sich zerstrittenem Gewissen hervorbringt, schließt oft folgende Elemente ein: ein patriarchalischer, autoritärer Vater, der zwar nicht selten idealisiert wird, aber als verläßlicher Ehepartner fehlt und versagt, und wegen seiner inneren Schwäche und Korruption von Frau und Kindern gefürchtet und verachtet wird; eine Mutter, die vom Vater enttäuscht und allein gelassen, ihr Kind an sich bindet, »parentifiziert«, durch widersprüchliche, manchmal heroische

Aufträge überfordert, das Kind oft als Verbündeten im Guerillakrieg mit dem Ehemann rekrutiert, und es daher mit schwersten Loyalitätskonflikten belastet; und schließlich ein Kind, das unter dem Druck solcher Überforderung und Konfliktbelastung manchmal – wenn es das nötige Talent hat und bestimmte günstige äußere Bedingungen vorfindet – zu radikalen Lösungs- bzw. Versöhnungsversuchen getrieben wird. Hitlers Lösungsversuche, so beschrieb ich es in meinem Buch, liefen darauf hinaus, die in der Situation der deutschen Familie und des deutschen Volkes angelegten Konflikte, sowie die ihm selbst und diesem Volke abverlangte Trauerarbeit durch Inszenieren von Kriegen und Vernichtungskampagnen gegen die Juden zu überspielen bzw. zu vermeiden. Es lag im Wesen dieser Lösungsversuche, daß Hitler schließlich zum Menschheitsterroristen wurde.

Dabei entpuppten sich die Lösungen, die Hitler den Deutschen anbot, als Scheinlösungen. Hitler half den Deutschen nicht, sich ihre Konflikte zu eigen zu machen, zu ertragen und überfällige Trauerarbeit zu leisten. Im Gegenteil – er beließ am Ende zahllose deutsche Familien in einer Situation, in der sich ihre ursprünglichen Konflikte noch verstärkten und noch auswegloser darstellten.

Denn indem er zahllose deutsche Väter in seinen verbrecherischen Krieg verwickelte, entzog er sie nicht nur über lange Zeiträume ihren Frauen und Familien, sondern kompromittierte sie auch in den Augen ihrer Kinder. Darüber hinaus wurden diese Kinder nun oft zwangsläufig von ihren Müttern als Partner und Elternersatz rekrutiert (d. h. parentifiziert), durch verstärkten Delegationsdruck überfordert und mit massiven Loyalitätskonflikten belastet. Dadurch wurde in der Beziehung des Kindes zu seinen Eltern die Vertrauensbasis zerstört, deren ein Kind zu seiner gesunden Entwicklung bedarf. Weiter aber entstand bei diesem Kinde oft ein ungestilltes Verlangen nach Rechenschaft, ein Verlangen, das sich in der Folge zu einer Bürde gestaltete, die über Generationen weitergereicht wurde. Denn das Verlangen blieb und bleibt ungestillt, solange die Nazivergangenheit der Väter verdunkelt oder totgeschwiegen wurde und wird, und damit das deutsche Schicksal unbewältigt bleibt. Dafür liefert gerade der Fall des von RAF-Terroristen ermordeten Arbeitgeber-Präsidenten Schleyer ein Beispiel: In zahllosen, in den Medien im Zusammenhang mit seiner Entführung und Ermordung verbreiteten Berichten und Gedenkadressen blieb unerwähnt, was Schleyer einem Bericht des »Stern« zufolge im Nazideutschland gewesen war: SS-Untersturmführer, Leiter des »Zentralverbandes der Industrie für das Protektorat Böhmen und Mähren« in Prag und damit zentral verantwortlich für die Eingliederung des tschechischen Industriepotentials in Hitlers Kriegswirtschaft. Schleyer gab eindeutige Bekenntnisse von sich: »Ich bin alter Nationalsozialist und SS-Führer«. Schließlich wurde er von dem als Kriegsverbrecher verurteilten Friedrich Flick 1951 zu Daimler-Benz geholt (siehe Stern, Nr. 49, 24. 11. 77, S. 132).*

Fehlt aber die Möglichkeit, Rechenschaft zu geben und zu fordern, dann fehlt auch die Möglichkeit zu einer loyalen, integeren Beziehung zu den uns am nächsten stehenden Gruppen und Institutionen – der eigenen Familie, der eigenen Universität, dem eigenen Betrieb, dem eigenen Staat. Es fehlt weiter die Möglichkeit des Kontenausgleichs und der schließlichen Versöhnung. Und es fehlt letztlich auch die Basis für jenes Vertrauen, aus dem heraus sich der Dialog zwischen den Generationen erneuern und eine positive Gegenseitigkeit entstehen kann. Es muß sich vielmehr eine negative Gegenseitigkeit entwickeln, deren Elemente Korruption, Stagnation, Entfremdung und fixierte Positionen von Ausbeutung und Gegenausbeutung sind.

---

* Totalitäre Staaten verhindern die Aufarbeitung der Vergangenheit und damit das Geben und Fordern von Rechenschaft, indem sie die Geschichte umschreiben, unangenehme Fakten ins Gedächtnisloch à la Orwell wandern lassen. Sogar Frankreich, ein westliches Land, schuf im Anschluß an den Algerien-Krieg ein Amnestie-Gesetz, das das anklagende Erwähnen von Namen – auf die Vergangenheit bezogen – als Vergehen darstellt. Daher bleibt beispielsweise bis heute verschwiegen, daß Mitterand, der sich bei den Parlamentswahlen 1978 als Kandidat der Sozialisten profilierte, Justizminister in der Regierung war, unter der Algerien gefoltert wurde (siehe G. Grass, A. Grosser, F. J. Raddatz: Gespräch über eine schwierige Nachbarschaft. In: »Briefe zur Verteidigung der Republik«. [F. Duve, H. Böll, K. Staeck, Hrsg.], Reinbek, Rowohlt, 1977).

Dies aber, meine ich, ist eine negative Gegenseitigkeit, worin ein in sich zerrissenes, heimatloses Gewissen die Selbst- und Fremddestruktivität grausam zu eskalieren vermag, da es in seinem Verlangen nach Integrität, nach Rechenschaft, nach Versöhnung seiner Ideale und Treueverpflichtung verzweifelt, ein Gewissen, das in sich selbst die Korruption enthält, die es außer sich in immer radikalerer Weise zu bekämpfen sucht.

Literaturverzeichnis

Ackermann, N. W.: The Psychodynamics of Family Life. New York 1958.
- Treating the Troubled Family. New York 1966.

Alexander, F.: Fundamentals of Psychoanalysis. New York 1948.
- Psychosomatische Medizin. Berlin 1951.
- and T. M. French: Studies in Psychosomatic Medicine. New York 1948.

Alvarez, A.: The Savage God. New York 1973.

Ardrey, R.: The Territorial Imperative. New York 1966. Dt. Adam und sein Revier. Der Mensch im Zwange des Territoriums. München 1972.

Aronson, G.: The Influence of Theoretical Models on Practice in Treating Schizophrenia. Defence and Deficit Models – Their Influence in Therapy. Vortrag, American Psychoanalytic Association, New York City 1972.

Baker, L., S. Minuchin, L. Milman, R. Liebman and T. Todd: Psychosomatic Aspects of Juvenile Diabetes Mellitus. A Progress Report (unveröffentlichtes Manuskript).

Bateson, G.: Double Bind. Symposium on the Double Bind. Annual Meeting of the American Psychological Association, Washington, D. C., 1969.
- Steps to an Ecology of Mind. New York 1972. (Deutsche Übersetzung in Vorbereitung, erscheint in Frankfurt, voraussichtlich Ende 1979.)
- D. Jackson, J. Haley and J. Weakland: Toward a Theory of Schizophrenia. Behav. Sci. 1: 251–264, 1956.
- A Note on the Double Bind. In: Family Process 2: 154–161, 1963.

Becker, J.: Hitlers Children / The Story of the Baader-Meinhof Terrorist Gang. Philadelphia/London 1977.

Bion, W. R.: Experiences in Groups. London 1961. Dt. Erfahrungen in Gruppen und andere Schriften. Stuttgart 1974.

Bleuler, E.: Dementia praecox oder Gruppe der Schizophrenien. Leipzig/Wien 1911.

Boszormenyi-Nagy, I.: A Theory of Relationships: Experience and Transaction. In: I. Boszormenyi-Nagy and J. Framo (Hrsg.): Intensive Family Therapy. New York 1965.
- Dialektische Betrachtung der Intergenerationen-Familien-Therapie. Ehe 12, 117–131, 1975.
- and G. Spark: Loyalty Implications of the Transference Model in Psychotherapy. Arch. Gen. Psychiat. 27, 374–380, 1972.
- Invisible Loyalties. New York 1973.

Bowen, M.: Family Relations in

Schizophrenia. In: A. Auerbach (Hrsg.): Schizophrenia. New York 1959.
- Theory in the Practice of Psychotherapy. In: P. J. Guerin (Hrsg.): Family Therapy. New York 1976.

Brod, M.: Der Prager Kreis. Stuttgart 1966.

Bruch, H.: Falsification of Bodily Needs and Body Concepts in Schizophrenia. Arch. Gen. Psychiatry, 6: 18–24, 1962.
- Eating Disorders and Schizophrenic Development. In: G. L. Usdin, Hg.: Psychoneurosis and Schizophrenia. Philadelphia 1966.

Chomsky, N.: Language and Mind. New York 1968. Dt. Sprache und Geist. stw 19. Frankfurt 1973.

Dahrendorf, R.: Homo Sociologicus. 4. Aufl. Köln/Opladen 1964.

Darwin, C.: The Expression of the Emotions in Man and Animals. (1872) Chicago 1965.

de Beauvoir, S.: La force des choses. Paris 1963. Dt. Der Lauf der Dinge. Reinbek 1965.

deMause, L.: The Psychogenic Theory of History. The Journal of Psychohistory 4: 253–268.
- persönliche Mitteilung. 1974.

Dorsey, J. M.: An American Psychiatrist in Vienna, 1935–1937 and his Sigmund Freud. Detroit 1976.

Engel, G.: A Reconsideration of the Role of Conversion in Psychosomatic Disease. Compr. Psychiat. 9, 316–326, 1968.

Erickson, M.: Advanced Techniques of Hypnosis and Therapy. Hg. J. Haley. New York 1967.

Erikson, E. H.: Childhood and Society. New York 1950. Dt. Kindheit und Gesellschaft. 5. Aufl. Stuttgart 1974.
- Identity, Youth and Crisis. New York 1968. Dt. Jugend und Krise. 2. Aufl. Stuttgart 1974.

Ferenczi, S.: Introjektion und Übertragung. In: Bausteine zur Psychoanalyse, Bd. 1, 9–57, Bern/Stuttgart 1964.

Fest, J. C.: Hitler. Eine Biographie. Frankfurt/Berlin/Wien 1973.

Fetscher, I.: Terrorismus und Reaktion. Köln/Frankfurt 1977.

Freud, S.: Bruchstück einer Hysterie-Analyse. GW V, 161–286, 1905
- Zur Einführung des Narzißmus, GW X, S. 137–170, 169, 1914
- Massenpsychologie und Ich-Analyse. GW XIII, 71–161, 1921
- Vorlesungen zur Einführung in die Psychoanalyse. GW XI, 1916/17
- Das Ich und das Es. GW XIII, 235–289, 1921
- Neue Folgen der Vorlesungen zur Einführung in die Psychoanalyse. GW XV, 3–17, 1932
- Aus der Geschichte einer infantilen Neurose. GW XII, 3–157, 1916
- Hemmung, Symptom und Angst. GW XIV, 111–205, 1925
- Aus den Anfängen der Psychoanalyse 1887–1902. Briefe an Wilhelm Fließ. Frankfurt 1967.

Friedmann, M.: Healing through

Meeting: A Dialogical Approach to Psychotherapy and Family Therapy. In: J. H. Smith, Hg., Psychiatry and the Humanities. New Haven/London 1976.

Gardiner, M. (ed.): The Wolf-Man by the Wolf-Man. New York 1971.

Goldstein, M. J., E. H. Rodnick, J. E. Jones et al.: Familial Precursors of Schizophrenic Spectrum Disorders (In: Wynne, L. C., Cromwell, R. L., Matthysse, S. (Hrsg.): The Nature of Schizophrenia, New York 1978.)

Greenspan, S. I.: A Consideration of Some Learning Variables in the Context of Psychoanalytic Theory. New York 1975.

Grof, S.: Perinatal Roots of Wars, Totalitarianism, and Revolutions: Observations on LSD-Research. The Journal of Psychohistory 4: 269–308, 1977.

Gross, G., A. Grosser und K. Raddatz: Gespräch über eine schwierige Nachbarschaft. In: Duwe, F., H. Böll, K. Staak (Hrsg.): Briefe zur Verteidigung der Republik. Reinbek 1977.

Grossarth-Maticek, R.: Anfänge anarchistischer Gewaltbereitschaft in der Bundesrepublik Deutschland. Bonn-Bad Godesberg 1975 a.

– Revolution der Gestörten? Motivationsstrukturen, Ideologien und Konflikte bei politisch engagierten Studenten. Heidelberg 1975 b.

– Der linke und rechte Radikalismus. Familiendynamik 3: 209 bis 228, 1978.

Grossarth-Maticek, M.: Krebserkrankung und Familie: Einige Untersuchungsergebnisse und theoretische Aspekte. Familiendynamik, 1: 294–318, 1976.

Haley, J.: The Family of the Schizophrenic. A Model System. J. nerv. ment. Dis. 129: 357–374, 1959.

– Uncommon Therapy. New York 1973.

Hampden-Turner, Ch.: Radical Man. New York 1971.

Hartmann, H.: Ego Psychology and the Problem of Adaptation. New York 1958.

Hegel, G. W. F.: Phänomenologie des Geistes, Sämtliche Werke, hrsg. von J. Hoffmeister, Bd. V. Hamburg 1952.

– Studienausgabe in 3 Bänden. Bd. 1, S. 64. Frankfurt/Hamburg 1968.

Hendin, H.: Suicide and Scandinavia. New York 1965.

Inhelder, B. and Piaget, J.: The Growth of Logical Thinking from Childhood to Adolescence. New York 1958. Dt. Von der Logik des Kindes zur Logik des Heranwachsenden. Olten 1977.

Jackson, D. D.: Family, Interaction, Family Homoeostasis, and some Implications of Conjoint Family Psychotherapy. In: J. H. Massermann (Hg.): Science and Psychoanalysis. Bd. 2, Individual and Familial Dynamics. New York 1959.

Jackson, D. D., I. Yalom: Family Research on the Problem of Ulcerative Colitis. Arch. Gen. Psychiat. 15: 410–418, 1966.

Jacobson, E.: Contributions to the Metapsychology of Psychotic Identifications. Journal of the American Psychoanalytic Association, 2: 239–264, 1954.

– The Self and the Object World. New York 1964. Dt. Das Selbst und die Objektwelt. Frankfurt 1973.

Janouch, G.: Gespräche mit Kafka. Frankfurt, Fischer 1968.

Kafka, F.: Beschreibung eines Kampfes; Novellen, Skizzen, Aphorismen aus dem Nachlaß. Verlag Heinrich Mercy Sohn, Prag 1936, Seite 317.

– Tagebücher 1910–1923. Frankfurt 1963.

– Sämtliche Erzählungen. (Hrsg. Paul Raabe). Frankfurt 1970.

– Briefe an seinen Vater. Frankfurt, Fischer 1975.

– Briefe. Frankfurt 1975.

– Briefe an Felice. Frankfurt, Fischer 1976.

Kekulé, A.: Theoretical Organic Chemistry. Papers Presented to the Kekulé Symposium. London 1959.

Kenniston, K.: Young Radicals/Notes on Committed Youth. New York 1968.

Kernberg, O.: Borderline Conditions and Pathological Narcissism. New York 1975. Dt. Borderline – Störungen, Frankfurt 1978.

Kety, S. S., D. Rosenthal, P. H. Wender and F. Schulsinger: Mental Illness in the Biological and Adaptive Families of Adopted Schizophrenics. Amer. J. Psychiat. 128: 302–306, 1971.

Klein, M.: Notes on Some Schizoid Mechanisms. Int. J. Psycho-Anal. 27: 34–46, 1946.

Koestler, A.: The Ghost in the Machine. New York 1967.

Kohlberg, L.: Stage and Sequence: The Cognitive-Developmental Approach to Socialization. In: Guslin, D. A. (Hrsg.): Handbook of Sozialization, Theory and Research. Chicago 1968.

– and C. Gilligan: The Adolescent as a Philosopher: The Discovery of the Self in a Postconventional World. Daedalus 100: 1051–1086. Kohut, H.: The Analysis of the Self. New York 1972. Dt. Narzißmus. Frankfurt 1975.

– Forms and Transformations of Narcissism. Journal of the American Psychoanalytic Association, 14: 243–272, 1966.

Krüll, M.: Freuds Familie und die Verführungstheorie. Familiendynamik, 3: 43–70, 1978.

Laing, R. D.: The Divided Self. London 1960. Dt. Das geteilte Selbst. Reinbek 1976.

– Mystification, Confusion and Conflict. In: Boszormenyi-Nagy, I. and J. L. Framo (Hrsg.): Intensive Family Therapy, 343–363. New York, 1965.

Lang, H.: Die Sprache und das Unbewußte. Frankfurt 1973.

- Zur Frage sprachlicher Grundbedingungen psychischer Erkrankungen. In: G. Hofer und K. P. Kisker (Hrsg.): Die Sprache des Anderen. Bibliotheca Psychiatrica 154: 17–23, Basel 1976.

Laqueur, W.: Terrorismus. Kronberg 1977.

Lidz, T.: The Family and Human Adaptation. New York 1963.

– The Origin and Treatment of Schizophrenic Disorders. New York 1973. Dt. Der gefährdete Mensch. Ursprung und Behandlung der Schizophrenie. Fischer Tb 6318. Frankfurt 1976.

–, A. R. Cornelison, S. Fleck and D. Terry: The Intrafamilial Environment of the Schizophrenic Patient II. Marital Schism and Marital Skew. Amer. J. Psychiat. 114, 241–248, 1957.

–, S. Fleck and A. R. Cornelison: Schizophrenia and the Family. New York 1965.

Lincke, H.: Wirklichkeit und Illusion. Unveröff. Manuskript 1973.

Lindgren, A.: Pippi Langstrumpf. Hamburg 1969.

MacDougall, J.: The Psychosoma and the Psychoanalytic Process. Int. Rev. Psycho-Anal. 1: 437–459, 1974.

MacLean, P.: Psychosomatic Disease and the Visceral Brain. Psychosom. Med. 11: 338–353, 1949.

– Man and his Animal Brains. Modern Medicine, Febr., 3, 1964.

– New Findings Relevant to the Evolution of Psychosexual Functions of the Brain. J. Nervous and Mental Disease 135: 289–301.

Mahler, M.: Thoughts about development and individuation. Psychoanalytic study of the child, 16: 332–351.

Mahler, M. et al.: The Psychological Birth of the Human Infant. New York 1975.

Marcuse, H.: Negations/Essays in Critical Theory. Boston 1968. Dt. Ideen zu einer kritischen Theorie. es 300. Frankfurt 1969.

Marty, P. and M. de M'uzan: La Pensée opératoire. Rev. franç. psychoanal. 27 (Suppl.), 345–356, 1963.

Mead, G. H.: On Social Psychology. Chicago (The University of Chicago Press), 1956.

Minuchin, S.: Families and Family Therapy. Cambridge 1974.

–, L. Baker, B. L. Rosman, R. Liebman, L. Milman and Th. C. Todd: A Conceptual Model of Psychosomatic Illness in Children. Arch. Gen. Psychiat. 32: 1031–1038, 1975.

Montalvo, B. and J. Haley: In Defence of Child Therapy. Family Process 12, 227–244, 1973.

Palazzoli-Selvini, M.: Self-Starvation. London 1974.

Parsons, T.: The Social System. Glencoe, Ill. 1951.

– and R. Bales: Family, Socialization and Interaction Process. Glencoe, Ill. 1955.

Paul, H. and Grosser, G.: Operational Mourning and its Role in

Conjoint Family Therapy. Comm. Ment. Health J. 1, 333–345, 1965.

Perry, W. C.: Forms of Intellectual and Ethical Development in the College Years. Winston 1970.

Piaget, M.: The Language and Thought of the Child. New York 1926. Dt. Sprechen und Denken des Kindes. Düsseldorf 1972.

Piaget, J.: The Construction of Reality in the Child. New York 1954. Dt. Der Aufbau der Wirklichkeit beim Kinde. Stuttgart 1974.

Reich, W.: Die Sexualität im Kulturkampf. Kopenhagen 1936.

Reiss, D.: Varieties of Consensual Experience: Contrast Between Families of Normals, Delinquents and Schizophrenics. J. Nerv. Ment. Dis. 152: 73–95, 1971.

Rhoads, M. M. and B. W. Feather: The Applications of Psychodynamics to Behavoir Therapy. Am. J. of Psychiat. 131, 17–20, 1974.

Richter, H.-E.: Eltern, Kind und Neurose. Stuttgart 1968.

Ricoeur, P.: Die Interpretation. Ein Versuch über Freud. Frankfurt 1969.

Riesman, D.: The Lonely Crowd, New Haven, Yale University Press, 1950.

Scott, R. D.: ›Closure‹ in Family Relationships and the First Official Diagnosis; in: Schizophrenia 75, 265–281. Oslo 1976.

– and P. L. Ashworth: The »Axis Value« and the Transfer of Psychosis. A Scored Analysis of the Interaction in the Families of Schizophrenic Patients. Brit. J. Med. Psychol. 38, 97–116, 1965.

– ›Closure‹ at the First Schizophrenic Breakdown: A Family Study. Brit. J. Med. Psychol. 40, 109–145, 1967.

– The Shadow of the Ancestor: A Historical Factor in the Transmission of Schizophrenia. Brit. J. Med. Psychol. 42, 13–31, 1969.

– and A. Montanez: The Nature of Tenable and Untenable Patient-Parent Relationships and their Connection with Hospital Outcome. In: Rubinstein, D. and Y. O. Alanen (Hrsg.): Psychotherapy of Schizophrenia 226–242, Amsterdam 1972.

Searles, H. F.: Collected papers on schizophrenia and related subjects. New York, International Universities Press.

Shands, H. C.: The War with Words. Den Haag 1971.

– and J. Melzer: Linguistic Correlatives of Medical Disorder: Disproportional Disability. Vortrag gehalten am North American Semiotics Collegium, Tampa, 28.–30. Juli 1971.

Spiegel, J.: Transactions. New York 1971.

Sullivan, H. S.: Conceptions of Modern Psychiatry. New York 1940. Dt. Das psychotherapeutische Gespräch. Beitrag zur modernen Psychoanalyse und Psychotherapie. Fischer Tb 6313. Frankfurt 1976.

Szasz, T.: The Ethics of Psychoanalysis: The Theory and Method of Autonomous Psychotherapy. New York 1965.

Schafer, R.: Action. Its Place in Psychoanalytic Interpretation and Theory. In: The Annual of Psychoanalysis, 1: 159–196, 1973.

Schaffer, L. et al.: On the nature and sources of the psychiatrist's experience with the family of the schizophrenic. Psychiatry, 25: 32–45, 1962.

Schulz, C.: Self and Object Differentiation as a Measure of Change in Psychotherapy. In: J. Gunderson and L. Mosher (Hrsg.): Psychotherapy and Schizophrenia. New York 1975.

Stierlin, H.: The Adaptation to the »Stronger« Person's Reality. Psychiatry 22: 143–152, 1959.

- Some Comments on the Relevance for Psychotherapy of the Work of Gabriel Marcel. Rev. Existent. Psychol. Psychiat. I: 145–148, 1961.
- Conflict and Reconciliation. New York 1969.
- The Functions of »Inner Objects«. International Journal of Psychoanalysis 51: 321–329, 1970.
- Das Tun des Einen ist das Tun des Andern. Frankfurt 1971.
- Hölderlins dichterisches Schaffen im Lichte seiner schizophrenen Psychose. Psyche, 26: 530–548, 1972.
- Family Dynamics and Separation Patterns of Potential Schizophrenics. In: D. Rubinstein and Y. O. Alanen (Hg.): Proceedings of the Fourth International Symposium on Psychotherapy of Schizophrenia. 169–179, Amsterdam 1972.
- A Family Perspective on Adolescent Runaways. Arch. Gen. Psychiat., 29: 56–92, 1973.
- The Impact of Relational Vicissitudes on the Life Course of one Schizophrenic Quadruplet. In: Kaplan, A. R. (ed.): Genetic Factors in Schizophrenia. Springfield, Ill., 1972. Dt. Die Objektbeziehungen im Lebenslauf eines schizophrenen Vierlings. Psyche 27: 850–869, 1973.
- The Adolescent as Delegate of his Parents. Aust. and N. Z. J. Psychiat. 7, 249–256, 1973.
- Psychoanalytic Approaches to Schizophrenia in the Light of a Family Model. Int. Rev. Psycho-Anal. I, 169–178, 1974. Dt. Psychoanalytische Ansätze zum Schizophrenieverständnis im Lichte eines Familienmodells. Psyche 28: 116–134, 1974.
- Family Theory: An Introduction. In: A. Burton (Hg.): Operational Theories of Personality, New York 1974.
- Shame and Guilt in Family Relations: Theoretical and Clinical Aspects. Arch. Gen. Psychiat. 30, 381–389, 1974.
- Separating Parents and Adolescents/A Perspective on Running Away, Schizophrenia and Waywardness, New York, Quadrangle/The New York Times Book Co., 1974 (neue, erweiterte Auflage dieses Bu-

ches erschien 1981 bei Jason Aronson, New York). Deutsch: Das Drama von Trennung und Versöhnung im Jugendalter. Erweiterte deutsche Taschenbuchausgabe Frankfurt, Suhrkamp 1980.
– Von der Psychoanalyse zur Familientherapie. Stuttgart 1975.
– Eltern und Kinder. Das Drama von Trennung und Versöhnung im Jugendalter. Frankfurt 1975.
– Adolf Hitler – Familienperspektiven. Frankfurt 1975.
– Familientherapie von Adoleszenten. In: H. E. Richter, H. Strotzka und J. Willi (Hrsg.): Familie und seelische Krankheit. Reinbek 1976.
–, L. D. Levi and R. J. Savard: Parental Perceptions of Separating Children. Family Process, 10: 411–427, 1971.
– and K. J. Ravenscroft: Varieties of Adolescent Separation Conflicts. British Journal of Medical Psychology, 45: 299–313, 1973.
–, L. D. Levi and R. J. Savard: Centrifugal Versus Centripetal Separation in Adolescence: Two Patterns and Some of Their Implications. In: S. Feinstein and P. Giovacchini (Hrsg.): Annals of American Society for Adolescent Psychiatry. (Bd. 2): Developmental and Clinical Studies. New York, 1973.
–, I. Rücker-Embden, N. Wetzel und M. Wirsching: Das erste Familiengespräch/Theorie-Praxis-Beispiele. Stuttgart 1977.

Thaler-Singer, M.: Effects of Stressful Situations in Learning. Psychiatric Research Reports, Nr. 3, Washington 1956.
– Presidential Address; Engagement–Involvement: A Central Phenomenon in Psychophysiological research. Psychosom. Med. 36: 1–17, 1974.
– and L. C. Wynne: Thought Disorder and Family Relations of Schizophrenics. III: Methodology Using Projective Techniques. Arch. Gen. Psychiat. 12, 187–200, 1965.
– Thought Disorder and Family Relations of Schizophrenics: IV. Results and Implications. Arch. Gen. Psychiatry, 12: 201–212, 1965.
Turnbull, C.: The Mountain People. New York 1972.

Watzlawick, P.: Wie wirklich ist die Wirklichkeit. München 1976.
– Die Möglichkeit des Andersseins. Bern 1977.
–, J. H. Beavin and D. D. Jackson: Pragmatics of Human Communication. A Study of Interactional Patterns, Pathologics, and Paradoxes. New York 1960. Dt. Menschliche Kommunikation. Bern 1967.
–, J. Weakland and R. Fisch: Change. Principles of Problem Resolution. New York 1974. Dt. Lösungen. Bern 1974.
Weber, M.: Wirtschaft und Gesellschaft. 2. Aufl. Tübingen 1925.
Werner, H.: Comparative Psychology of Mental Development. New York 1957.

Wertheim, E. S.: Family Unit Therapy and the Science and Typology of Family Systems. Family Process 12: 361–376, 1973.

White, J. S.: Psyche und Tuberculosis: The Libido Organization of Franz Kafka. Psychoanalytic Study of Society 4: 185–251, 1967.

Willi, J.: Die Zweierbeziehung. Reinbek 1975.

Winnicott, D. W.: Metapsychological and Clinical Aspects of Regression within the Psychoanalytic Set-up. In: Collected Papers, 278–294, New York 1958.

– The Location of Cultural Experience. Int. J. of Psycho-Analysis 48: 368–372. 1967.

– Transitional Objects and Transitional Phenomena. A Study of the First Not-Me Possession. International Journal of Psychoanalysis 34: 89–97, 1953. Dt. in D. W. W.: Von der Kinderheilkunde zur Psychoanalyse, 293–312, München 1976.

Wynne, L. C.: Some Indications and Contraindications for Exploratory Family Therapy. In: I. Boszormenyi-Nagy and J. L. Framo (Hrsg.): Intensive Family Therapy. New York 1965.

– The Injection and the Concealment of Meaning in the Family Relations and Psychotherapy of Schizophrenics. In: Rubinstein, D. and Alanen, Y. O. (Hrsg.) Psychotherapy of Schizophrenia, 180–193. Amsterdam, 1972.

– Selection of the Problems to be Investigared in Family Interaction Research. In: J. L. Framo (Hg.): Family Interaction. A Dialogue between Family Researchers and Family Therapists. 86–92, New York 1972.

– The Psychopathological Aspects of Psychoses: Nongenetic Factors in the Family Setting. Presented at the 100th Meeting of National Mental Health Advisory Council, Washington, Sept. 18, 1975.

– Über Qual und schöpferische Leidenschaft im Banne des »double-bind« – eine Neuformulierung. Familiendynamik I, 24–35, 1976.

– and Singer, M. T.: Thought Disorder and Family Relations of Schizophrenics: I. A Research Strategy. Arch. Gen. Psychiatry 9: 191–198, 1963. II. A Classification of Forms and Thinking. Arch. Gen. Psychiatry 9: 199–206, 1963. Dt. Denkstörung und Familienbeziehung bei Schizophrenen. Teil I: Eine Forschungsstrategie. Psyche 19: 82–95, 1965. Teil II: Eine Klassifizierung von Denkformen. Psyche 19: 96–108, 1965.

–, J. M. Ryckoff, J. Day and S. I. Hirsch: Pseudo-mutuality in the Family Relations of Schizophrenics. Psychiatry 21, 205–220, 1958.

–, M. T. Singer and M. L. Toohey: Communication of the Adoptive Parents of Schizophrenics. In: Jorstadt, J. and E. Ugelstad (Hrsg.): Schizophrenia 1975: Psychotherapy, Family Therapy, Research. Oslo 1976.

Wynne, L. G., M. T. Singer, J. Bartko and M. L. Toohey.: Schizophrenics and their Families: Recent Research on Parental Communication. In: Tanner, J. M. (Hrsg.): Developments in Psychiatric Research. London 1976.

Wynne, L. C. Overview, in Wynne, L. C., Cromwell, R. L., Matthysse (Hrsg.): The Nature of Schizophrenia, New York, 1978.

Wördemann, F.: Terrorismus. Motive – Täter – Strategien. München 1977.

Quellenangaben

1. Kapitel: »Rolle« und »Auftrag« in der Familientheorie und -therapie, Familiendynamik 1, 36–59, 1976. Nachdruck in: P. Kutter (Hrsg,): Psychoanalyse im Wandel, es 881, Frankfurt, 1977

2. Kapitel: Innerer Besitz und Zwang zur Wahrheit: psychoanalytische und Familienperspektiven, Rundfunkvortrag, Hessischer Rundfunk, Abendstudio, 9. 3. 1976. Gedruckt in: Ehe 3 + 4, 132–147, 1975

3. Kapitel: Familientherapeutische Aspekte der Übertragung und Gegenübertragung, Familiendynamik 3, 182–197, 1977

4. Kapitel: »Familienpsychosomatik«, Familiendynamik 4, 272–293, 1976

5. Kapitel: Überlegungen zur Entstehung schizophrener Störungen, Nervenarzt 49, 50–57, 1978 (mit H. Lang als Co-Autor)

6. Kapitel: Schizophrener Konflikt und/oder Defekt. Nachdruck aus: Hexagon ‹Roche› 5, Nr. 7, 1–9, 1977: Das von Schizophrenie bedrohte Familienmitglied

7. Kapitel: Einzel- versus Familientherapie schizophrener Patienten: ein Ausblick, Familiendynamik 2 112–123, 1976. Nachdruck von: Jarl Jorstad und Endre Ugelstad (Hrsg.): Schizophrenia 75, Universitetsforlaget, Oslo, 1976

8. Kapitel: Liberation and Self-Destruction in the Creative Process. In: J. H. Smith (Hrsg.): Psychiatry and the Humanities, Bd. 1, New Haven u. London, Yale Univ. Press, 1976

9. Kapitel: Der mißlungene Dialog und seine Folgen. Rundfunkvortrag, Hessischer Rundfunk, Abendstudio, 7. 2. 1978

10. Kapitel: Familienterrorismus und öffentlicher Terrorismus. Auszug in: Familiendynamik 3, 170–198, 1978

Von Helm Stierlin
erschienen im Suhrkamp Verlag

Adolf Hitler. Familienperspektiven. Mit einem Vorwort von Alexander Mitscherlich. 1975. *suhrkamp taschenbuch* Band 236
Das Tun des Einen ist das Tun des Andern. Eine Dynamik menschlicher Beziehungen. 1976. *suhrkamp taschenbuch* Band 313
Delegation und Familie. Beiträge zum Heidelberger familiendynamischen Konzept. 1978. Kart.
Eltern und Kinder. Das Drama von Trennung und Versöhnung. Erweiterte Ausgabe. 1980. *suhrkamp taschenbuch* Band 618

Alphabetisches Gesamtverzeichnis der suhrkamp taschenbücher

Achternbusch, Alexanderschlacht 61
– Der Neger Erwin 682
– Die Stunde des Todes 449
– Happy oder Der Tag wird kommen 262
Adorno, Erziehung zur Mündigkeit 11
– Studien zum autoritären Charakter 107
– Versuch, das ›Endspiel‹ zu verstehen 72
– Versuch über Wagner 177
– Zur Dialektik des Engagements 134
Aitmatow, Der weiße Dampfer 51
Alegría, Die hungrigen Hunde 447
Alfvén, Atome, Mensch und Universum 139
– M 70 – Die Menschheit der siebziger Jahre 34
Allerleirauh 19
Alsheimer, Eine Reise nach Vietnam 628
– Vietnamesische Lehrjahre 73
Alter als Stigma 468
Anders, Kosmologische Humoreske 432
v. Ardenne, Ein glückliches Leben für Technik und Forschung 310
Arendt, Die verborgene Tradition 303
Arlt, Die sieben Irren 399
Arguedas, Die tiefen Flüsse 588
Artmann, Grünverschlossene Botschaft 82
– How much, schatzi? 136
– Lilienweißer Brief 498
– The Best of H. C. Artmann 275
– Unter der Bedeckung eines Hutes 337
Augustin, Raumlicht 660
Bachmann, Malina 641
v. Baeyer, Angst 118
Bahlow, Deutsches Namenlexikon 65
Balint, Fünf Minuten pro Patient 446
Ball, Hermann Hesse 385
Barnet (Hrsg.), Der Cimarrón 346
Basis 5, Jahrbuch für deutsche Gegenwartsliteratur 276
Basis 6, Jahrbuch für deutsche Gegenwartsliteratur 340
Basis 7, Jahrbuch für deutsche Gegenwartsliteratur 420
Basis 8, Jahrbuch für deutsche Gegenwartsliteratur 457
Basis 9, Jahrbuch für deutsche Gegenwartsliteratur 553
Basis 10, Jahrbuch für deutsche Gegenwartsliteratur 589
Beaucamp, Das Dilemma der Avantgarde 329
Becker, Jürgen, Eine Zeit ohne Wörter 20
– Gedichte 690
Becker, Jurek, Irreführung der Behörden 271
– Der Boxer 526
– Schlaflose Tage 626
Beckett, Das letzte Band (dreisprachig) 200
– Der Namenlose 536
– Endspiel (dreisprachig) 171
– Glückliche Tage (dreisprachig) 248
– Malone stirbt 407
– Molloy 229
– Warten auf Godot (dreisprachig) 1
– Watt 46
Das Werk von Beckett. Berliner Colloquium 225
Materialien zu Beckett »Der Verwaiser« 605
Materialien zu Becketts »Godot« 104
Materialien zu Becketts »Godot« 2 475
Materialien zu Becketts Romanen 315
Behrens, Die weiße Frau 655

Benjamin, Der Stratege im Literaturkampf 176
– Illuminationen 345
– Über Haschisch 21
– Ursprung des deutschen Trauerspiels 69
Zur Aktualität Walter Benjamins 150
Beradt, Das dritte Reich des Traumes 697
Bernhard, Das Kalkwerk 128
– Der Kulterer 306
– Frost 47
– Gehen 5
– Salzburger Stücke 257
Bertaux, Hölderlin 686
– Mutation der Menschheit 555
Beti, Perpétue und die Gewöhnung ans Unglück 677
Bierce, Das Spukhaus 365
Bingel, Lied für Zement 287
Bioy Casares, Fluchtplan 378
– Schweinekrieg 469
Blackwood, Besuch von Drüben 411
– Das leere Haus 30
– Der Griff aus dem Dunkel 518
Blatter, Zunehmendes Heimweh 649
Bloch, Spuren 451
– Atheismus im Christentum 144
Böni, Ein Wanderer im Alpenregen 671
Börne, Spiegelbild des Lebens 408
Bonaparte, Edgar Poe, 3 Bde. 592
Bond, Bingo 283
– Die See 160
Brasch, Kargo 541
Braun, J. u. G., Der Fehlfaktor 687
– Unheimliche Erscheinungsformen auf Omega XI 646
Braun, Das ungezwungne Leben Kasts 546
– Gedichte 499
– Stücke 1 198
– Stücke 2 680
Brecht, Frühe Stücke 201
– Gedichte 251
– Gedichte für Städtebewohner 640
– Geschichten vom Herrn Keuner 16
– Schriften zur Gesellschaft 199
Brecht in Augsburg 297
Bertolt Brechts Dreigroschenbuch 87
Brentano, Berliner Novellen 568
– Prozeß ohne Richter 427
Broch, Hermann, Barbara 151
– Briefe I 710
– Briefe II 711
– Briefe III 712
– Dramen 538
– Gedichte 572
– Massenwahntheorie 502
– Novellen 621
– Philosophische Schriften 1 u. 2 2 Bde. 375
– Politische Schriften 445
– Schlafwandler 472
– Schriften zur Literatur 1 246
– Schriften zur Literatur 2 247
– Schuldlosen 209
– Tod des Vergil 296
– Unbekannte Größe 393
– Verzauberung 350
Materialien zu »Der Tod des Vergil« 317
Brod, Der Prager Kreis 547
– Tycho Brahes Weg zu Gott 490

Broszat, 200 Jahre deutsche Polenpolitik 74
Brude-Firnau (Hrsg.), Aus den Tagebüchern Th. Herzls 374
Büßerinnen aus dem Gnadenkloster, Die 632
Bulwer-Lytton, Das kommende Geschlecht 609
Buono, Zur Prosa Brechts. Aufsätze 88
Butor, Paris-Rom oder Die Modifikation 89
Campbell, Der Heros in tausend Gestalten 424
Carossa, Ungleiche Welten 521
Über Hans Carossa 497
Carpentier, Explosion in der Kathedrale 370
– Krieg der Zeit 552
Celan, Mohn und Gedächtnis 231
– Von Schwelle zu Schwelle 301
Chomsky, Indochina und die amerikanische Krise 32
– Kambodscha Laos Nordvietnam 103
– Über Erkenntnis und Freiheit 91
Cioran, Die verfehlte Schöpfung 550
– Vom Nachteil geboren zu sein 549
– Syllogismen der Bitterkeit 607
Cisek, Der Strom ohne Ende 724
Claes, Flachskopf 524
Condrau, Angst und Schuld als Grundprobleme in der Psychotherapie 305
Conrady, Literatur und Germanistik als Herausforderung 214
Cortázar, Bestiarium 543
– Das Feuer aller Feuer 298
– Die geheimen Waffen 672
– Ende des Spiels 373
Dahrendorf, Die neue Freiheit 623
– Lebenschancen 559
Dedecius, Überall ist Polen 195
Degner, Graugrün und Kastanienbraun 529
Der andere Hölderlin. Materialien zum »Hölderlin«-Stück von Peter Weiss 42
Dick, LSD-Astronauten 732
– UBIK 440
Doctorow, Das Buch Daniel 366
Döblin, Materialien zu »Alexanderplatz« 268
Dolto, Der Fall Dominique 140
Döring, Perspektiven einer Architektur 109
Donoso, Ort ohne Grenzen 515
Dorst, Dorothea Merz 511
– Stücke 1 437
– Stücke 2 438
Duddington, Baupläne der Pflanzen 45
Duke, Akupunktur 180
Duras, Hiroshima mon amour 112
Durzak, Gespräche über den Roman 318
Edschmidt, Georg Büchner 610
Ehrenberg/Fuchs, Sozialstaat und Freiheit 733
Ehrenburg, Das bewegte Leben des Lasik Roitschwantz 307
– 13 Pfeifen 405
Eich, Ein Lesebuch 696
– Fünfzehn Hörspiele 120
Eliade, Bei den Zigeunerinnen 615
Eliot, Die Dramen 191
Zur Aktualität T. S. Eliots 222
Ellmann, James Joyce 2 Bde. 473
Enzensberger, Gedichte 1955–1970 4
– Der kurze Sommer der Anarchie 395
– Der Untergang der Titanic 681
– Museum der modernen Poesie, 2 Bde. 476
– Politik und Verbrechen 442
Enzensberger (Hrsg.), Freisprüche. Revolutionäre vor Gericht 111

Eppendorfer, Der Ledermann spricht mit Hubert Fichte 580
Eschenburg, Über Autorität 178
Ewald, Innere Medizin in Stichworten I 97
– Innere Medizin in Stichworten II 98
Ewen, Bertolt Brecht 141
Fallada/Dorst, Kleiner Mann – was nun? 127
Fanon, Die Verdammten dieser Erde 668
Feldenkrais, Abenteuer im Dschungel des Gehirns 663
– Bewußtheit durch Bewegung 429
Feuchtwanger (Hrsg.), Deutschland – Wandel und Bestand 335
Fischer, Von Grillparzer zu Kafka 284
Fleißer, Der Tiefseefisch 683
– Eine Zierde für den Verein 294
– Ingolstädter Stücke 403
Fletcher, Die Kunst des Samuel Beckett 272
Frame, Wenn Eulen schreien 692
Franke, Einsteins Erben 603
– Paradies 3000 664
– Schule für Übermenschen 730
– Sirius Transit 535
– Ypsilon minus 358
– Zarathustra kehrt zurück 410
– Zone Null 585
v. Franz, Zahl und Zeit 602
Friede und die Unruhestifter, Der 145
Fries, Das nackte Mädchen auf der Straße 577
– Der Weg nach Oobliadooh 265
Frijling-Schreuder, Was sind das – Kinder? 119
Frisch, Andorra 277
– Der Mensch erscheint im Holozän 734
– Dienstbüchlein 205
– Herr Biedermann / Rip van Winkle 599
– Homo faber 354
– Mein Name sei Gantenbein 286
– Montauk 700
– Stiller 105
– Stücke 1 70
– Stücke 2 81
– Tagebuch 1966–1971 256
– Wilhelm Tell für die Schule 2
Materialien zu Frischs »Biedermann und die Brandstifter« 503
– »Stiller« 2 Bde. 419
Frischmuth, Amoralische Kinderklapper 224
Froese, Zehn Gebote für Erwachsene 593
Fromm/Suzuki/de Martino, Zen-Buddhismus und Psychoanalyse 37
Fuchs, Todesbilder in der modernen Gesellschaft 102
Fuentes, Nichts als das Leben 343
Fühmann, Bagatelle, rundum positiv 426
– Erfahrungen und Widersprüche 338
– 22 Tage oder Die Hälfte des Lebens 463
Gadamer/Habermas, Das Erbe Hegels 596
Gall, Deletatur 639
García Lorca, Über Dichtung und Theater 196
Gespräche mit Marx und Engels 716
Gibson, Lorcas Tod 197
Gilbert, Das Rätsel Ulysses 367
Glozer, Kunstkritiken 193
Goldstein, A. Freud, Solnit, Jenseits des Kindeswohls 212
Goma, Ostinato 138
Gorkij, Unzeitgemäße Gedanken über Kultur und Revolution 210
Grabiński, Abstellgleis 478
Griaule, Schwarze Genesis 624

Grossmann, Ossietzky. Ein deutscher Patriot 83
Gulian, Mythos und Kultur 666
Habermas, Theorie und Praxis 9
– Kultur und Kritik 125
Habermas/Henrich, Zwei Reden 202
Hammel, Unsere Zukunft – die Stadt 59
Han Suyin, Die Morgenflut 234
Handke, Als das Wünschen noch geholfen hat 208
– Begrüßung des Aufsichtsrats 654
– Chronik der laufenden Ereignisse 3
– Das Ende des Flanierens 679
– Das Gewicht der Welt 500
– Die Angst des Tormanns beim Elfmeter 27
– Die linkshändige Frau 560
– Die Stunde der wahren Empfindung 452
– Die Unvernünftigen sterben aus 168
– Der kurze Brief 172
– Falsche Bewegung 258
– Hornissen 416
– Ich bin ein Bewohner des Elfenbeinturms 56
– Stücke 1 43
– Stücke 2 101
– Wunschloses Unglück 146
Hart Nibbrig, Ästhetik 491
– Rhetorik des Schweigens 693
Heiderich, Mit geschlossenen Augen 638
Heilbroner, Die Zukunft der Menschheit 280
Heller, Die Wiederkehr der Unschuld 396
– Enterbter Geist 537
– Nirgends wird Welt sein als innen 288
– Thomas Mann 243
Hellman, Eine unfertige Frau 292
Henle, Der neue Nahe Osten 24
v. Hentig, Die Sache und die Demokratie 245
– Magier oder Magister? 207
Herding (Hrsg.), Realismus als Widerspruch 493
Hermlin, Lektüre 1960–1971 215
Herzl, Aus den Tagebüchern 374
Hesse, Aus Indien 562
– Aus Kinderzeiten. Erzählungen Bd. 1 347
– Ausgewählte Briefe 211
– Briefe an Freunde 380
– Demian 206
– Der Europäer. Erzählungen Bd. 3 384
– Der Steppenwolf 175
– Die Gedichte. 2 Bde. 381
– Die Kunst des Müßiggangs 100
– Die Märchen 291
– Die Nürnberger Reise 227
– Die Verlobung. Erzählungen Bd. 2 368
– Die Welt der Bücher 415
– Eine Literaturgeschichte in Rezensionen 252
– Glasperlenspiel 79
– Innen und Außen. Erzählungen Bd. 4 413
– Klein und Wagner 116
– Kleine Freuden 360
– Kurgast 383
– Lektüre für Minuten 7
– Lektüre für Minuten. Neue Folge 240
– Narziß und Goldmund 274
– Peter Camenzind 161
– Politik des Gewissens, 2 Bde. 656
– Roßhalde 312
– Siddhartha 182
– Unterm Rad 52
– Von Wesen und Herkunft des Glasperlenspiels 382
Materialien zu Hesses »Demian« 1 166
Materialien zu Hesses »Demian« 2 316
Materialien zu Hesses »Glasperlenspiel« 1 80

Materialien zu Hesses »Glasperlenspiel« 2 108
Materialien zu Hesses »Siddhartha« 1 129
Materialien zu Hesses »Siddhartha« 2 282
Materialien zu Hesses »Steppenwolf« 53
Über Hermann Hesse 1 331
Über Hermann Hesse 2 332
Hermann Hesse – Eine Werkgeschichte
  von Siegfried Unseld 143
Hermann Hesses weltweite Wirkung 386
Hildesheimer, Hörspiele 363
– Mozart 598
– Paradies der falschen Vögel 295
– Stücke 362
Hinck, Von Heine zu Brecht 481
Hinojosa, Klail City und Umgebung 709
Hobsbawm, Die Banditen 66
Hofmann (Hrsg.), Schwangerschaftsunterbrechung 238
Hofmann, Werner, Gegenstimmen 554
Höllerer, Die Elephantenuhr 266
Holmqvist (Hrsg.), Das Buch der Nelly Sachs 398
Hortleder, Fußball 170
Horváth, Der ewige Spießer 131
– Der jüngste Tag 715
– Die stille Revolution 254
– Ein Kind unserer Zeit 99
– Jugend ohne Gott 17
– Leben und Werk in Dokumenten und
  Bildern 67
– Sladek 163
Horváth/Schell, Geschichten aus dem Wienerwald 595
Hsia, Hesse und China 673
Hudelot, Der Lange Marsch 54
Hughes, Hurrikan im Karibischen Meer 394
Huizinga, Holländische Kultur im siebzehnten
  Jahrhundert 401
Ibragimbekow, Es gab keinen besseren Bruder 479
Ingold, Literatur und Aviatik 570
Innerhofer, Die großen Wörter 563
– Schattseite 542
– Schöne Tage 349
Inoue, Die Eiswand 551
Jakir, Kindheit in Gefangenschaft 152
James, Der Schatz des Abtes Thomas 540
Jens, Republikanische Reden 512
Johnson, Berliner Sachen 249
– Das dritte Buch über Achim 169
– Eine Reise nach Klagenfurt 235
– Mutmassungen über Jakob 147
– Zwei Ansichten 326
Jonke, Im Inland und im Ausland auch 156
Joyce, Ausgewählte Briefe 253
Joyce, Stanislaus, Meines Bruders Hüter 273
Junker/Link, Ein Mann ohne Klasse 528
Kappacher, Morgen 339
Kästner, Der Hund in der Sonne 270
– Offener Brief an die Königin von Griechenland.
  Beschreibungen, Bewunderungen 106
Kardiner/Preble, Wegbereiter der modernen
  Anthropologie 165
Kasack, Fälschungen 264
Kaschnitz, Der alte Garten 387
– Ein Lesebuch 647
– Steht noch dahin 57
– Zwischen Immer und Nie 425
Katharina II. in ihren Memoiren 712
Kawerin, Das doppelte Portrait 725
Keen, Stimmen und Visionen 545
Kerr (Hrsg.), Über Robert Walser 1 483

- Über Robert Walser 2 484
- Über Robert Walser 3 556
Kessel, Herrn Brechers Fiasko 453
Kirde (Hrsg.), Das unsichtbare Auge 477
Kluge, Lebensläufe. Anwesenheitsliste für eine Beerdigung 186
Koch, Anton, Symbiose – Partnerschaft fürs Leben 304
Koch Werner, Jenseits des Sees 718
– Pilatus 650
– See-Leben I 132
– Wechseljahre oder See-Leben II 412
Koehler, Hinter den Bergen 456
Koeppen, Das Treibhaus 78
– Der Tod in Rom 241
– Eine unglückliche Liebe 392
– Nach Rußland und anderswohin 115
– Reise nach Frankreich 530
– Romanisches Café 71
– Tauben im Gras 601
Koestler, Der Yogi und der Kommissar 158
– Die Nachtwandler 579
– Die Wurzeln des Zufalls 181
Kolleritsch, Die grüne Seite 323
Komm schwarzer Panther, lach doch mal 714
Komm, der Idiot des Hauses 728
Konrád, Der Stadtgründer 633
– Besucher 492
Konrád/Szelényi, Die Intelligenz auf dem Weg zur Klassenmacht 726
Korff, Kernenergie und Moraltheologie 597
Kracauer, Das Ornament der Masse 371
– Die Angestellten 13
– Kino 126
Kraus, Magie der Sprache 204
Kroetz, Stücke 259
Krolow, Ein Gedicht entsteht 95
Kücker, Architektur zwischen Kunst und Konsum 309
Kühn, Josephine 587
– Ludwigslust 421
– N 93
– Siam-Siam 187
– Stanislaw der Schweiger 496
Kundera, Abschiedswalzer 591
– Das Leben ist anderswo 377
– Der Scherz 514
Lagercrantz, China-Report 8
Lander, Ein Sommer in der Woche der Itke K. 155
Laqueur, Terrorismus 723
Laxness, Islandglocke 228
le Fanu, Der besessene Baronet 731
le Fort, Die Tochter Jephthas und andere Erzählungen 351
Lem, Astronauten 441
– Der futurologische Kongreß 534
– Der Schnupfen 570
– Die Jagd 302
– Die Untersuchung 435
– Die vollkommene Leere 707
– Imaginäre Größe 658
– Memoiren, gefunden in der Badewanne 508
– Mondnacht 729
– Nacht und Schimmel 356
– Solaris 226
– Sterntagebücher 459
– Summa technologiae 678
– Transfer 324
– Über Stanisław Lem 586
Lenz, Hermann, Andere Tage 461

– Der russische Regenbogen 531
– Der Tintenfisch in der Garage 620
– Die Augen eines Dieners 348
– Neue Zeit 505
– Tagebuch vom Überleben 659
– Verlassene Zimmer 436
Lepenies, Melancholie und Gesellschaft 63
Lese-Erlebnisse 2 458
Leutenegger, Ninive 685
– Vorabend 642
Lévi-Strauss, Rasse und Geschichte 62
– Strukturale Anthropologie 15
Lidz, Das menschliche Leben 162
Link, Das goldene Zeitalter 704
Literatur aus der Schweiz 450
Lovecraft, Cthulhu 29
– Berge des Wahnsinns 220
– Das Ding auf der Schwelle 357
– Die Katzen von Ulthar 625
– Die Stadt ohne Namen 694
– Der Fall Charles Dexter Ward 391
MacLeish, Spiel um Job 422
Mächler, Das Leben Robert Walsers 321
Mädchen am Abhang, Das 630
Machado de Assis, Posthume Erinnerungen 494
Malson, Die wilden Kinder 55
Martinson, Die Nesseln blühen 279
– Der Weg hinaus 281
Mautner, Nestroy 465
Mayer, Außenseiter 736
– Georg Büchner und seine Zeit 58
– Wagner in Bayreuth 480
Materialien zu Hans Mayer, »Außenseiter« 448
Mayröcker. Ein Lesebuch 548
Maximovič, Die Erforschung des Omega Planeten 509
McCall, Jack der Bär 699
McHale, Der ökologische Kontext 90
Melchinger, Geschichte des politischen Theaters 153, 154
Meyer, Die Rückfahrt 578
– Eine entfernte Ähnlichkeit 242
– In Trubschachen 501
Miłosz, Verführtes Denken 278
Minder, Dichter in der Gesellschaft 33
– Kultur und Literatur in Deutschland und Frankreich 397
Mitscherlich, Massenpsychologie ohne Ressentiment 76
– Thesen zur Stadt der Zukunft 10
– Toleranz – Überprüfung eines Begriffs 213
Mitscherlich (Hrsg.), Bis hierher und nicht weiter 239
Molière, Drei Stücke 486
Mommsen, Goethe und 1001 Nacht 674
– Kleists Kampf mit Goethe 513
Morante, Lüge und Zauberei 701
Morselli, Licht am Ende des Tunnels 627
Moser, Gottesvergiftung 533
– Lehrjahre auf der Couch 352
Muschg, Albissers Grund 334
– Entfernte Bekannte 510
– Gegenzauber 665
– Gottfried Keller 617
– Im Sommer des Hasen 263
– Liebesgeschichten 164
– Noch ein Wunsch 735
Myrdal, Asiatisches Drama 634
– Politisches Manifest 40

Nachtigall, Völkerkunde 184
Nizon, Canto 319
- Im Hause enden die Geschichten. Untertauchen 431
Norén, Die Bienenväter 117
Nossack, Das kennt man 336
- Der jüngere Bruder 133
- Die gestohlene Melodie 219
- Nach dem letzten Aufstand 653
- Spirale 50
- Um es kurz zu machen 255
Nossal, Antikörper und Immunität 44
Offenbach, Sonja 688
Olvedi, LSD-Report 38
Onetti, Das kurze Leben 661
Painter, Marcel Proust, 2 Bde. 561
Paus (Hrsg.), Grenzerfahrung Tod 430
Payne, Der große Charlie 569
Pedretti, Harmloses, bitte 558
Penzoldts schönste Erzählungen 216
- Der arme Chatterton 462
- Die Kunst das Leben zu lieben 267
- Die Powenzbande 372
Pfeifer, Hesses weltweite Wirkung 506
Phaïcon 3 443
Phaïcon 4 636
Plenzdorf, Die Legende vom Glück ohne Ende 722
- Die Legende von Paul & Paula 173
- Die neuen Leiden des jungen W. 300
Pleticha (Hrsg.), Lese-Erlebnisse 2 458
Plessner, Diesseits der Utopie 148
- Die Frage nach der Conditio humana 361
- Zwischen Philosophie und Gesellschaft 544
Poe, Der Fall des Hauses Ascher 517
Politzer, Franz Kafka. Der Künstler 433
Portmann, Biologie und Geist 124
- Das Tier als soziales Wesen 444
Prangel (Hrsg.), Materialien zu Döblins »Alexanderplatz« 268
Prinzhorn, Gespräch über Psychoanalyse zwischen Frau, Dichter, Arzt 669
Proust, Briefe zum Leben, 2 Bde. 464
- Briefe zum Werk 404
- Im Schatten junger Mädchenblüte, 2 Bde. 702
- In Swanns Welt 644
Psychoanalyse und Justiz 167
Puig, Der schönste Tango 474
- Verraten von Rita Hayworth 344
Raddatz, Traditionen und Tendenzen 269
- ZEIT-Bibliothek der 100 Bücher 645
- ZEIT-Gespräche 520
Ramos, Karges Leben 667
Rathscheck, Konfliktstoff Arzneimittel 189
Recht, Verbrecher zahlen sich aus 706
Regler, Das große Beispiel 439
- Das Ohr des Malchus 293
Reik (Hrsg.), Der eigene und der fremde Gott 221
Reinisch (Hrsg.), Jenseits der Erkenntnis 418
Reinshagen, Das Frühlingsfest 637
Reiwald, Die Gesellschaft und ihre Verbrecher 130
Riedel, Die Kontrolle des Luftverkehrs 203
Riesman, Wohlstand wofür? 113
- Wohlstand für wen? 114
Rilke, Materialien zu »Cornet« 190
- Materialien zu »Duineser Elegien« 574
- Materialien zu »Malte« 174
- Rilke heute 1 290
- Rilke heute 2 355
Rochefort, Eine Rose für Morrison 575

- Frühling für Anfänger 532
- Kinder unserer Zeit 487
- Mein Mann hat immer recht 428
- Ruhekissen 379
- Zum Glück gehts dem Sommer entgegen 523
Rosei, Landstriche 232
- Wege 311
Roth, Der große Horizont 327
- die autobiographie des albert einstein. Künstel. Der Wille zur Krankheit 230
Rottensteiner (Hrsg.), Blick vom anderen Ufer 359
- Polaris 4 460
- Polaris 5 713
- Quarber Merkur 571
Rüegg, Antike Geisteswelt 619
Rühle, Theater in unserer Zeit 325
Russell, Autobiographie I 22
- Autobiographie II 84
- Autobiographie III 192
- Eroberung des Glücks 389
v. Salis, Rilkes Schweizer Jahre 289
Sames, Die Zukunft der Metalle 157
Sarraute, Zeitalter des Mißtrauens 223
Schäfer, Erziehung im Ernstfall 557
Scheel/Apel, Die Bundeswehr und wir. Zwei Reden 522
Schickel, Große Mauer, Große Methode 314
Schimmang, Der schöne Vogel Phönix 527
Schneider, Der Balkon 455
- Die Hohenzollern 590
- Macht und Gnade 423
Über Reinhold Schneider 504
Schulte (Hrsg.), Spiele und Vorspiele 485
Schultz (Hrsg.), Der Friede und die Unruhestifter 145
- Politik ohne Gewalt? 330
- Wer ist das eigentlich - Gott? 135
Scorza, Trommelwirbel für Rancas 584
Semprun, Der zweite Tod 564
Shaw, Der Aufstand gegen die Ehe 328
- Der Sozialismus und die Natur des Menschen 121
- Die Aussichten des Christentums 18
- Politik für jedermann 643
Simpson, Biologie und Mensch 36
Sperr, Bayrische Trilogie 28
Spiele und Vorspiele 485
Steiner, George, In Blaubarts Burg 77
- Der Tod der Tragödie 662
Steiner, Jörg, Ein Messer für den ehrlichen Finder 583
- Sprache und Schweigen 123
- Strafarbeit 471
Sternberger, Panorama oder Ansichten vom 19. Jahrhundert 179
- Gerechtigkeit für das 19. Jahrhundert 244
- Heinrich Heine und die Abschaffung der Sünde 308
- Über den Tod 719
Stierlin, Adolf Hitler 236
- Das Tun des Einen ist das Tun des Anderen 313
- Eltern und Kinder 618
Stolze, Innenansicht 721
Strausfeld (Hrsg.), Materialien zur lateinamerikanischen Literatur 341
- Aspekte zu Lezama Lima »Paradiso« 482
Strehler, Für ein menschlicheres Theater 417
Strindberg, Ein Lesebuch für die niederen Stände 402
Struck, Die Mutter 489

- Lieben 567
- Trennung 613
Strugatzki, Die Schnecke am Hang 434
- Picknick am Wegesrand 670
Stuckenschmidt, Schöpfer der neuen Musik 183
- Maurice Ravel 353
- Neue Musik 657
Suvin, Poetik der Science Fiction 539
Swoboda, Die Qualität des Lebens 188
Szabó, I. Moses 22 142
Szillard, Die Stimme der Delphine 703
Szczepański, Vor dem unbekannten Tribunal 594
Tendrjakow, Mondfinsternis 717
Terkel, Der Große Krach 23
Timmermans, Pallieter 400
Trocchi, Die Kinder Kains 581
Ueding (Hrsg.), Materialien zu Hans Mayer, »Außenseiter« 448
Ulbrich, Der unsichtbare Kreis 652
Unseld, Hermann Hesse – Eine Werkgeschichte 143
- Begegnungen mit Hermann Hesse 218
- Peter Suhrkamp 260
Unseld (Hrsg.), Wie, warum und zu welchem Ende wurde ich Literaturhistoriker? 60
- Bertolt Brechts Dreigroschenbuch 87
- Zur Aktualität Walter Benjamins 150
- Mein erstes Lese-Erlebnis 250
Unterbrochene Schulstunde. Schriftsteller und Schule 48
Utschick, Die Veränderung der Sehnsucht 566
Vargas Llosa, Das grüne Haus 342
- Die Stadt und die Hunde 622
Vidal, Messias 390
Waggerl, Brot 299
Waley, Lebensweisheit im Alten China 217
Walser, Martin, Das Einhorn 159
- Der Sturz 322
- Die Anselm Kristlein Trilogie, 3 Bde. 684
- Ein fliehendes Pferd 600

- Ein Flugzeug über dem Haus 612
- Gesammelte Stücke 6
- Halbzeit 94
- Jenseits der Liebe 525
Walser, Robert, Briefe 488
- Der »Räuber« – Roman 320
- Poetenleben 388
Über Robert Walser 1 483
Über Robert Walser 2 484
Über Robert Walser 3 556
Weber-Kellermann, Die deutsche Familie 185
Weg der großen Yogis, Der 409
Weill, Ausgewählte Schriften 285
Über Kurt Weill 237
Weischedel, Skeptische Ethik 635
Weiss, Peter, Das Duell 41
Weiß, Ernst, Georg Letham 648
- Rekonvaleszenz 31
Materialien zu Weiss' »Hölderlin« 42
Weissberg-Cybulski, Hexensabbat 369
Weltraumfriseur, Der 631
Wendt, Moderne Dramaturgie 149
Wer ist das eigentlich – Gott? 135
Werner, Fritz, Wortelemente lat.-griech. Fachausdrücke in den biolog. Wissenschaften 64
Wie der Teufel den Professor holte 629
Wiese, Das Gedicht 376
Wilson, Auf dem Weg zum Finnischen Bahnhof 194
Winkler, Menschenkind 705
Wittgenstein, Philosophische Untersuchungen 14
Wolf, Die heiße Luft der Spiele 606
- Pilzer und Pelzer 466
- Punkt ist Punkt 122
Wollseiffen, König Laurin 695
Zeemann, Einübung in Katastrophen 565
Zimmer, Spiel um den Elefanten 519
Zivilmacht Europa – Supermacht oder Partner? 137